La République radicale?

1898-1914

Madeleine Rebérioux

Nouvelle histoire
de la France contemporaine

11

La République
radicale?

1898-1914

Éditions du Seuil

EN COUVERTURE : René Rousseau-Decelle,
Séance à la Chambre des députés en 1907.
Archives Lauros-Giraudon. © SPADEM

ISBN 2-02-000671-5

© ÉDITIONS DU SEUIL, 1975

1

L'affaire Dreyfus

A l'extrême fin du siècle, la France, c'est d'abord l'affaire Dreyfus. A qui parcourt les célèbres volumes annuels rédigés presque à chaud par André Daniel — *l'Année politique 1898, 1899*, etc. —, il saute certes aux yeux que le mouvement ouvrier n'a pas abandonné ses objectifs propres (voir en octobre 1898 la grève des terrassiers de Paris), que la conquête coloniale se poursuit, non sans de rudes à-coups (l'affrontement anglo-français à Fachoda s'achève en novembre 1898, un mois après la capture de Samory, par le recul de la France), que le difficile partage du gâteau africain est pourtant entamé avec l'Angleterre, en même temps, que, dans le cadre du long proconsulat que Delcassé commence aux Affaires étrangères, l'alliance franco-russe est réaffirmée, avec des connotations nouvelles. Malgré ces pôles d'intérêt qui semblent lui être extérieurs, malgré la sourde histoire financière, celle des grands emprunts par exemple, qu'André Daniel ignore, c'est bien autour de « l'Affaire », avec une majuscule et sans autre prédicat, que s'organisent à la fois un débat d'une exceptionnelle intensité, d'une durée exceptionnelle aussi, et dans une large mesure, l'avenir politique de la République. Davantage : à des degrés divers, c'est la société française tout entière qui nous livre alors ses goûts, ses fantasmes, ses passions : un « incident » dévoile l'impossibilité du consensus national, les contradictions de la tradition patriotique, les vœux de la France du silence comme de celle qui s'agite et milite. La crise fait penser aux plus amples qu'ait connues la société française. En l'étudiant on ne rendra pas seulement compte d'un grand événement, on aura la possibilité de pratiquer une véritable coupe dans la vie politique et dans la mécanique du corps social français au moment où la France va basculer dans le xxe siècle.

1. L'affaire avant l'Affaire
1894-1897

Il faut remonter de quelques années en arrière pour trouver les origines factuelles de ce qui ne fut perçu pendant longtemps que comme une histoire d'espionnage dont certains détails font encore problème aujourd'hui.

L'arrestation de Dreyfus, 15 octobre 1894.

C'est à la fin du mois de septembre 1894 qu'apparut au Service de renseignements français, pudiquement appelé alors « Section de statistique » et dirigé par le colonel Sandherr, une « lettre-missive » annonçant à l'attaché militaire allemand, le lieutenant-colonel Maximilien von Schwartzkoppen en poste à Paris de 1892 à 1897, l'envoi de documents militaires français confidentiels. Cette lettre non signée, bientôt connue sous le nom de « bordereau », faisait état de relations déjà anciennes. Les notes d'information qu'elle annonçait n'ont pas été retrouvées, et il est difficile de prendre position sur l'importance des renseignements qu'elles auraient contenus. L'origine exacte du « bordereau » est aujourd'hui encore discutée : il était très vraisemblablement l'œuvre du commandant Esterhazy, comme l'ont pensé à l'époque les dreyfusards, comme l'a reconnu plus tard Esterhazy lui-même : c'est ce qu'affirment aujourd'hui, sur la base d'un examen extrêmement sérieux du dossier, aussi bien Marcel Thomas[1] qu'Henri Guillemin[2]. Mais est-il vraiment arrivé au service français par « la voie ordinaire », c'est-à-dire la corbeille à papiers de l'attaché militaire, soigneusement levée par une femme de ménage dévouée au contre-espionnage français? Ou s'agit-il d'une pièce forgée ailleurs, et, dans ce cas, où et à quelles fins? A cette question est indirectement liée celle de savoir si Esterhazy ne « travaillait » que pour lui.

1. Voir (51) *.
* Le chiffre entre parenthèses renvoie à la bibliographie générale.
2. *L'Énigme Esterhazy*, Paris, Gallimard, 1962.

Ces questions n'ont été soulevées que plus tard, parfois très récemment [1]. Sur le moment, les soupçons officiels des militaires puis des politiques se portèrent très rapidement, dès le 6 octobre, à la suggestion du lieutenant-colonel d'Aboville, et en raison de la teneur du bordereau, sur les officiers d'artillerie en stage à l'État-Major — ils étaient peu nombreux — et parmi eux, en raison de certaines similitudes d'écriture, sur le capitaine Alfred Dreyfus, officier brillant, mais de famille juive dans un milieu, le haut État-Major, où les israélites étaient extrêmement peu nombreux. Chargé d'assumer dans l'enquête les fonctions d'officier de police judiciaire, le commandant du Paty de Clam, fort d'une expertise en écriture, celle de Bertillon (mais faible d'une autre, celle de Gobert), organisa le 15 octobre l'arrestation de Dreyfus au cours d'une mise en scène passée ensuite à l'état d'image d'Épinal et longtemps célébrée par la caricature comme par la complainte. Le mécanisme était enclenché. La culpabilité de Dreyfus et l'urgence qu'il y avait à le faire condamner de façon éclatante étaient devenues actes de foi pour le chef d'État-Major, de Boisdeffre, le ministre de la Guerre, le général Mercier, et le président du Conseil, le progressiste Charles Dupuy.

Et sa condamnation, 22 décembre 1894.

Le procès du capitaine Dreyfus s'ouvrit le 19 décembre devant le premier conseil de guerre de Paris et se déroula à huis clos. Les présomptions n'avaient reçu aucun renfort tant soit peu sérieux. Elles restaient fondées sur la seule écriture du « bordereau ». Alfred Dreyfus avait tout nié dès le premier instant. On imaginait d'ailleurs mal les motifs éventuels de sa trahison : il appartenait à une famille d'industriels mulhousiens et son père avait en 1872 choisi la nationalité française : on ne pouvait invoquer contre lui ni l'incertitude patriotique ni le besoin d'argent. Ses relations féminines, demi-mondaines, ne l'avaient mis au contact d'aucun milieu repéré comme louche. Les juges militaires condamneraient-ils dans ces conditions? Ils pouvaient y

1. En particulier après la publication du *Journal de l'affaire Dreyfus*, de Maurice Paléologue, Paris (Plon, 1955) pourtant si peu convaincant à tant d'égards.

être poussés par la presse qui depuis le 31 octobre avait annoncé l'arrestation du capitaine et exigeait le rapide châtiment du traître. Le résultat n'était pourtant pas certain. Il fallut que le commandant Henry, parlant quasi officiellement en lieu et place du colonel Sandherr, jetât dans la balance tout le poids du Service de renseignements et que le ministre de la Guerre communiquât au président du tribunal, dans des conditions de totale illégalité, un « dossier secret » que ni l'inculpé ni son défenseur, Me Demange, n'avaient eu en main : il était composé de quelques pièces mises au point par Henry et Sandherr et dont deux au moins avaient été « forgées » par le Service de renseignements: c'était ajouter la forfaiture à l'illégalité.

Le 22 décembre, le conseil de guerre déclarait à l'unanimité Dreyfus coupable, et le condamnait à la déportation à vie dans une enceinte fortifiée. Le 5 janvier 1895, il subissait la pénible cérémonie de la dégradation militaire. Le 21 février, il embarquait à destination de l'île du Diable.

Le « frère admirable ».

Ni Alfred Dreyfus ni sa famille n'avaient pourtant perdu confiance : sans le dreyfusisme familial, il n'y aurait pas eu d'affaire Dreyfus, et la famille ce fut certes Lucie Dreyfus, qui écrivit tous azimuts, y compris au pape en latin, ce fut aussi la famille de Lucie, les Hadamard, ce fut surtout le frère aîné du capitaine, Mathieu, qui, citoyen français, gérait à Mulhouse la filature familiale. « Tous les siens étaient encore abattus sous la catastrophe, courbés sous le destin qui semblait invincible, qu'il se mit à l'œuvre, c'est-à-dire à chercher dans les ténèbres » (J. Reinach). Il s'adresse en vain aux journalistes et, par intermédiaire ou personnellement, au président de la République Félix Faure, au vice-président du Sénat Scheurer-Kestner. Il interroge des voyantes provinciales et se met en rapport avec des détectives anglais. Il s'efforce d'éviter le silence. Presque tous restaient hostiles. La communauté juive elle-même ne bougea pas : le grand rabbin de France, Zadock Kahn, promit bien « l'appui de sa grande autorité morale », ce fut tout ou à peu près; la grande bourgeoisie juive n'avait dans son écrasante majorité qu'un objectif : la tranquille jouissance de ses droits ; elle redoutait le désordre et se plaisait à présenter l'armée française comme une admirable école de tolérance. Depuis la mort du capitaine Mayer, tué en duel en 1892 par un antisémite notoire, le marquis de Morès, cette tendance s'était encore accentuée : le Consistoire, réuni par son président Alphonse de Rothschild, avait décidé qu'il était urgent de ne rien faire. Combien dérisoire apparaît dans ces conditions l'accusation du député nationaliste Castelin, dénonçant à la tribune, le 18 novembre 1896, les machinations d'un « syndicat Dreyfus ». Ses proches avaient évidemment rassemblé de l'argent pour sa défense. Et ils en avaient. Le reste est imaginaire.

Prompts à dénoncer les actes du pouvoir, il y avait traditionnellement les socialistes. Un milieu que les Dreyfus ne fréquentaient guère. Une partie des députés qui siégeaient à l'extrême gauche applaudit Castelin. Jaurès lui-même, au lendemain de la condamnation de Dreyfus, avait dénoncé l'indulgence du conseil de guerre et l'avait opposée à la peine capitale fréquemment appliquée aux simples soldats coupables d'un acte momentané d'insoumission. En soulignant ce qu'il appelait l'esprit de caste de la haute armée, il avait exprimé le sentiment commun du prolétariat militant. Pourquoi, hors tout élément nouveau, celui-ci se serait-il modifié ?

2. L'affaire devient l'Affaire

L'intervention de l'imprimé.

Ceux qui croient au pouvoir absolu de la presse ont écrit qu'elle avait été « la première et presque l'unique responsable de l'évolution de l'opinion » pendant l'affaire Dreyfus, Nous ne pensons pas que la presse enfante l'histoire, mais assurément elle y contribue. Les premiers déclics grâce auxquels le nom de Dreyfus va devenir objet de débats se déclenchent en effet dans le monde de l'imprimé, un peu plus vaste que celui des seuls journaux. Trois moments. A l'automne 1896, deux journaux au tirage important, *l'Éclair*, puis *le Matin* attirent l'attention sur les preuves qui ont entraîné la condamnation de Dreyfus. *L'Éclair* signale pour la première fois, d'ailleurs en la falsifiant, l'existence d'une des pièces constitutives du « dossier secret » de décembre 1894 : Schwartzkoppen, s'adressant à son ami l'attaché militaire italien Panizzardi y évoquait cette « canaille de D... ». A peu près au même moment un critique et publiciste juif, Bernard Lazare, convaincu par Mathieu, adresse à toutes les notabilités politiques et littéraires françaises et aux journalistes les plus connus une brochure favorable à Dreyfus et solidement argumentée. Peu d'échos. Un an plus tard, Mathieu, qui vient enfin de découvrir le nom de l'auteur du bordereau, le commandant Esterhazy, un condottiere audacieux perdu de vices, mais couvert dans l'armée par de hautes protections, fait part de sa certitude à la presse : *le Figaro* publie sa lettre le 16 novembre, en bonne place. Aussitôt répliques de la presse antisémite, vastes placards illustrés en l'honneur de « la victime des juifs », Esterhazy, distribués sur le boulevard. En quelques jours, de nombreux journaux sortent du silence. La grande majorité de la classe politique, les militants, l'intelligentsia, se taisent encore. Le 13 janvier 1898, c'est le troisième épisode, cette fois décisif : au surlendemain de l'acquittement d'Esterhazy, qui avait demandé à être inculpé, *l'Aurore* publie à 300 000 exemplaires une « Lettre au président de la République » signée Émile Zola et coiffée par Georges Clemenceau d'un titre foudroyant : « J'accuse. » L'intervention de Clemenceau, polémiste redoutable et redouté, surtout celle de Zola, allaient donner à l'Affaire un exceptionnel retentissement : l'auteur des *Rougon-Macquart* était connu pour ne pas aimer s'engager politiquement et c'est en effet d'abord en romancier qu'il avait reconnu dans l'Affaire un « drame poignant », aux « personnages superbes »; surtout sa réputation s'étendait très au-delà des cercles littéraires : *Germinal* avait été publié en feuilleton par de nombreux organes socialistes en France et à l'étranger. Son geste provocateur portait l'Affaire devant les masses en contraignant le pouvoir à engager un procès contre le plus populaire des grands écrivains français. On comprend que Jules Guesde ait appelé son pamphlet « le plus grand acte révolutionnaire du siècle ».

Minoritaires et marginaux.

Revenons sur les premiers acteurs, dont l'obstination avait assuré l'ascension de la condamnation de Dreyfus au rang d'affaire nationale. Ce ne sont, dira-t-on, que des individus. Oui, mais représentatifs. Et de quoi ? presque sans exception de milieux en quelque façon marginaux, minoritaires en tout cas sur quelques points importants.

Voyons Bernard Lazare. Ce jeune écrivain, qu'a-t-il donc publié ? Non pas des romans, mais un poème et un recueil de contes philosophiques. Ce journaliste, de quel côté s'est-il rangé ? Au début des années 90, à l'époque des attentats anarchistes, il est de ceux qui ont apporté leur soutien à « l'Idée », comme le montre la petite revue qu'il dirige jusqu'en 1893, *les Entretiens politiques et littéraires;* lors du « procès des Trente » en 1894, il témoigne pour Jean Grave et en 1895 il figure parmi les premiers collaborateurs des *Temps nouveaux.* Juif enfin, mais de quelle espèce ? Léon Blum dira : « De la grande race », de la race des « justes ». En tout cas, il diffère de bien des autres : fort incroyant, il affiche un mépris universel à l'égard de toutes les religions et n'en excepte pas le judaïsme; fort indépendant par rapport au Consistoire, il ne se sent nullement tenu par son attitude passive et, tout en aspirant à la totale assimilation des juifs français dans la société française, il commence à penser, devant la montée de l'antisémitisme, que ce ne sera pas si facile. « Le capitaine Dreyfus, écrit-il dans sa brochure de 1896, appartient à une classe de parias. » Juif donc, mais que son comportement par rapport aux autres marginalise.

Et Scheurer-Kestner ? Par son titre — il appartient à la catégorie en voie d'extinction des sénateurs inamovibles —, ses activités sociales — il dirige une fabrique de produits chimiques —, sa fonction — la vice-présidence du Sénat —, ne relève-t-il pas au contraire de la bonne société ? Certes, mais il est protestant, et, quoique la bourgeoisie huguenote ait fait aisément carrière dans les honneurs républicains où l'appelait souvent l'ancienneté de son dévouement, le protestantisme reste en France non seulement une religion mais une famille d'esprit minoritaire où, à rang égal, on passe pour plus contestataire qu'ailleurs, plus confiant dans une conscience susceptible d'être éclairée par Dieu que dans les décisions hiérarchiques qui traînent avec elles on ne sait quel relent de papisme. Il faut d'ailleurs noter auprès de lui, parmi les tout premiers dreyfusards, la présence d'autres protestants : ainsi Gabriel Monod, fondateur de la *Revue historique*, l'avocat Louis Leblois, qui sera pour son dreyfusisme suspendu par ses confrères du barreau de Paris, et bientôt un collaborateur connu du *Temps* et de la *Revue politique et parlementaire :* Francis de Pressensé.

D'autres Français ont été précocement sensibles au malheur de Dreyfus. Leurs origines régionales ou nationales, sans les faire étrangers en France, les classaient pourtant hors du commun. Ainsi ceux qui venaient des provinces perdues. Scheurer-Kestner se considère comme le protecteur de tous les Alsaciens de France. Leblois est Alsacien et aussi le commandant Picquart, son ami et confident : Picquart qui, à la tête du Service de renseignements, après la mort de Sandherr, découvre le premier la preuve de la culpabilité d'Esterhazy à partir du « Petit Bleu », ce qui lui vaut aussitôt une lointaine disgrâce. Ces phénomènes de solidarité semblent avoir joué au-delà des Alsaciens : Bernard Lazare a ainsi relaté l'accueil chaleureux que lui fit, à la fin de 1896, Amilcar Cipriani, compagnon de Garibaldi, interdit dans son pays, défenseur de toutes les justes causes : membre du comité « Cuba libre », en 1896, il allait partir contre la Turquie aux côtés des Grecs; ce fut sans doute le premier socialiste convaincu.

Y compris au début chez les intellectuels.

Les premiers intellectuels ralliés à la révision se recrutent aussi, à l'exception naturellement de Zola, légèrement *out :* non pas dans les institutions où s'épanouit l'intelligentsia confirmée, mais chez les jeunes; non pas dans les groupes de jeunesse socialiste déjà constitués — Alexandre Zévaès, le principal leader du groupe des Étudiants collectivistes, accuse, en novembre 1896, dans *la Petite République*, Bernard Lazare d'être « l'un des plus fidèles admirateurs de Sa Majesté Rothschild » —, mais, dans ce milieu politiquement plus flou, l'École normale supérieure de la rue

d'Ulm. Assurément certains adultes de l'École sont dans le coup :
le surveillant général Paul Dupuy et surtout le bibliothécaire
Lucien Herr : ce philosophe, Alsacien lui aussi, bon connaisseur
de Hegel, socialiste et membre actif du parti ouvrier socialiste
révolutionnaire d'Allemane, ne pratiquait pourtant guère le
prosélytisme systématique; il se départit de sa réserve une fois
convaincu, à partir de l'été 1897, pour soutenir la cause de Dreyfus.
Aux yeux des jeunes normaliens, Herr, qui avait passé la trentaine,
devait déjà faire figure d'ancêtre. La promotion littéraire de 1894,
celle de Charles Péguy et d'Albert Mathiez, de Félicien Challaye
et de Paul Mantoux, de Georges Weulersse et de Mario Roques,
fut presque en entier, dès 1897, passionnément dreyfusarde.
Plusieurs élèves se proclamaient socialistes dès leur entrée à
l'École : ainsi ceux qui partageaient la chambre de Péguy, la
« turne Utopie ». Le dreyfusisme fut pour eux l'incarnation du
socialisme tel qu'ils le rêvaient : un vaste mouvement d'éducation
visant à renforcer les âmes, à donner aux individus les moyens de
résister à la pression de la société, à la pression du mensonge d'où
qu'il vienne, aux demi-mesures dont une âme forte ne peut se
contenter. Leur ardeur et leur jeunesse ont sans doute contribué
de façon décisive à convaincre Jaurès d'entrer activement dans
l'Affaire. Son témoignage du moment, et celui de Péguy, un peu
plus tardif, coïncident : « Dès maintenant, écrivait Jaurès dans
la Lanterne au surlendemain de « J'accuse », nous saluons avec
une émotion respectueuse tous ces jeunes hommes, cette élite
de pensée et de courage, qui, sans peur, proteste publiquement
contre l'arbitraire croissant des porteurs de sabre, contre le
mystère dont ils environnent leur palinodie de justice. A ces
jeunes hommes, je suis presque tenté de demander pardon pour
nos tergiversations et nos lenteurs. »

Histoire de deux ans.

    L'événement ne cesse pas au lendemain de la bombe Zola. Sans
en évoquer les péripéties feuilletonesques, il faut en rappeler les
principales étapes : à chaque nœud de la crise s'enroule un lam-
beau de l'organisme social. Puis, après tout, des hommes, des
femmes, et non pas seulement, au loin, Alfred Dreyfus — le plus

mal informé de tous —, ont vécu avec passion ces événements : ils
y ont conforté ou modifié leur opinion; ils se sont indignés, api-
toyés ou réjouis; ils ont vécu.

Chaque grand moment de l'Affaire entraîne, à partir de janvier
1898 et jusqu'à la fin de 1899, les conséquences contraires à ce
qu'en espéraient ceux qui avaient porté le coup. L'ironie de l'histoire ne s'est peut-être jamais dévoilée avec plus de vivacité.
Ainsi « J'accuse » dont Zola attendait le procès, enfin civil, qui
lui permettrait de faire éclater la vérité, débouche le 23 février,
après plainte en diffamation, habilement limitée par les soins du
général Billot, ministre de la Guerre, sur la condamnation de Zola
à un an de prison ferme. Condamnation qui sera confirmée en
appel le 18 juillet. La déclaration du général de Pellieux, faisant
état d'une pièce « secrète » mais à ses yeux authentique, où Dreyfus
était nommé en toutes lettres — c'est le futur « faux Henry » —,
avait emporté une décision sans aucun doute conforme à l'espérance du public. Quelques mois plus tard, un nouveau ministre de
la Guerre, Cavaignac, fils du vétéran des luttes républicaines au
temps de la Restauration, décide le 7 juillet de sortir du silence
que ses prédécesseurs s'étaient imposé : il donne lecture des trois
pièces, à ses yeux accablantes, tirées du volumineux dossier constitué par l'État-Major. Les révisionnistes semblent écrasés. Mais
voici que cet imprudent discours déclenche le processus qui va
aboutir à l'examen honnête du dossier par un officier étranger à sa
construction, à l'arrestation et au suicide le 31 août du colonel
Henry, contraint d'avouer sa forfaiture. La révision est-elle enfin
certaine? Beaucoup le croient[1]. Erreur : pendant l'hiver et le
printemps, la démission en cascade des ministres de la Guerre qui
s'y opposent, l'attitude des plus hauts magistrats de la Cour de
cassation conspirent à l'empêcher. Ce n'est que le 3 juin 1899 que
la Cour casse le jugement de 1894 et renvoie Dreyfus devant un
nouveau conseil de guerre à Rennes. La confiance est grande cette
fois du côté des révisionnistes. A tort. Après un mois de délibé-
ration, le conseil de guerre condamne une nouvelle fois Dreyfus,

1. R. Martin du Gard a évoqué dans la deuxième partie de *Jean
Barrois* le « cri sauvage de triomphe » qui accueillit la nouvelle dans les
milieux dreyfusards.

à vrai dire à la majorité des voix seulement, et en assortissant sa condamnation de surprenantes circonstances atténuantes. C'est l'effondrement? Non. Le président de la République, Loubet, signe le 19 septembre 1899 la grâce d'Alfred Dreyfus. Celui-ci l'accepte sans renoncer à agir pour que soit publiquement reconnue son innocence. Le 2 juin 1900, le Sénat vote l'amnistie. Il faudra néanmoins attendre le 12 juillet 1906 pour que la Cour de cassation casse sans renvoi le jugement de Rennes et lave ainsi le capitaine Dreyfus de toute accusation. Il mourra en 1935.

3. L'appareil d'État

Gouvernement et Parlement.

Il a donc fallu attendre l'été 1899 — au vrai la constitution du ministère Waldeck-Rousseau le 22 juin — pour que le gouvernement se décide à prendre dans l'affaire Dreyfus une position conforme aux exigences minimales de la tradition républicaine. Le moins qu'on puisse dire des prédécesseurs de Waldeck, c'est qu'ils ont fait preuve soit d'une étonnante obstination, soit d'un surprenant laxisme. L'obstination est d'abord le fait du cabinet Méline, dont l'installation dans la longue durée parlementaire frappe puisqu'il reste en fonction du 29 avril 1896 au 15 juin 1898 : c'est pendant ces deux années, à l'époque où les républicains de gouvernement rompent avec les radicaux et renoncent à la politique de concentration républicaine pour se satisfaire de l'abstention sympathique, voire de l'appui, de la droite ralliée ou non à la République, que l'Affaire acquiert ses dimensions nationales. C'est alors que s'instaure, entre le président du Conseil et le ministre de la Guerre, cette complicité étroite qui pourra bien par la suite se relâcher, non pas s'effriter totalement : au général Billot qui, le 18 novembre 1896, s'abrite, lors de l'interpellation Castelin, derrière l'autorité de la chose jugée, Méline fait écho; à Méline qui, le 4 décembre 1897, déclare : « Il n'y a pas d'affaire Dreyfus », répond la voix de Billot. Vu de l'extérieur, l'accord

est infrangible, quelles qu'aient pu être un temps les hésitations
du ministre. Au lendemain des élections de 1898, la situation
pourrait bouger : au pouvoir depuis le 28 juin, voici Henri Brisson
dit l'intègre, ex-président de la Commission d'enquête sur l'affaire
de Panama, franc-maçon notoire, bon radical. Il n'est sans doute
pas enchanté des éclats de son ministre de la Guerre, Cavaignac,
mais qui donc l'avait fait prince? et qui donc fait appel, après
l'aveu de Henry, à deux autres ministres non moins hostiles à
toute révision, Zurlinden qui trois jours après sa démission est
nommé gouverneur de Paris, puis Chanoine? Certes, Brisson
semble réagir avec quelque fermeté le 25 octobre, lorsque Chanoine
démissionne avec éclat, mais c'est . pour se retirer sans avoir
vraiment combattu et son successeur Charles Dupuy, ainsi que
le nouveau ministre de la Guerre — un civil cette fois, et un vieux
de la vieille — Freycinet, laisseront traduire Picquart en conseil
de guerre. Cabinet modéré homogène, cabinet de concentration à
dominante radicale ou à dominante modérée, le pouvoir politique
témoigne soit de sa décision antirévisionniste, soit d'une impuissance si étendue qu'elle pourrait passer pour une volonté d'impuissance.

   Les raisons politiques ne manquent pas. Elles ne sont pourtant
pas évidentes. Comment comprendre en particulier que les élections
d'avril 1898 et le retour au pouvoir d'un cabinet présidé par un
radical aient si peu modifié la situation? N'eût-il pas été normal que
Brisson prît le contre-pied d'un prédécesseur si médiocre « républicain »? Ce fut fait d'ailleurs et amplement, mais en d'autres
domaines : appelé à préciser son programme, Brisson déclara,
le 30 juin 1898, qu'il s'agissait essentiellement « d'enlever toute
part d'influence sur la direction des affaires aux ennemis du régime
voulu par la nation ». Le mouvement préfectoral toucha plus du
tiers des départements, et dix préfets durent quitter le corps[1].
Intransigeant sur ce point, Brisson avait ailleurs fait la part du
feu. Il faut reconnaître que la situation n'était pas facile au Parlement. Presque tous les groupes sortent déçus, voire dupés, des
élections de 1898 : les socialistes qui espéraient sinon la victoire

   1. Jeanne Siwek-Pouydesseau, *Le Corps préfectoral sous les III*[e] *et
IV*[e] *Républiques*, Paris, A. Colin, 1969.

définitive, du moins une poussée décisive [1], se retrouvent à peine
un peu plus forts, et ce léger progrès numérique est déprécié
aux yeux de tous par l'échec spectaculaire de Guesde à Roubaix
et de Jaurès à Carmaux; les catholiques ralliés, qui ont, avec
Étienne Lamy, diligenté par Léon XIII, tenté de constituer une
fédération électorale ouverte à la conjonction des centres, voient
celle-ci éclater au premier choc sous la pression de l'opinion; les
radicaux eux-mêmes, dont l'aile modérée sort du scrutin sensiblement affaiblie, se jugent plus transformés que confortés par les
progrès de leur gauche. Au total la Chambre ne diffère guère
de la précédente, si ce n'est par les déceptions qu'elle additionne.
D'ailleurs la campagne électorale ne s'était pas faite sur l'affaire
Dreyfus. La classe politique intéressée, mais non passionnée,
n'avait pas voulu prendre position : l'Affaire se situait hors de ses
sphères traditionnelles d'intervention et à la base les comités
électoraux avaient gardé le silence. Deux exceptions au moins,
défavorables aux dreyfusards : le radical-socialiste Hubbard fut
battu à Fontainebleau; le marquis de Solages reconquit son siège
contre Jaurès. Sans doute avait-il d'autres atouts en main,
mais l'exemple ne devait pas pousser un politicien habile comme
Brisson à beaucoup d'intransigeance.

Armée et magistrature.

Quel rôle jouèrent, dans les choix politiques du pouvoir, ces
deux pièces maîtresses de l'appareil d'État, l'armée et la magistrature? Il n'est évidemment pas question de confondre leurs attitudes,
leurs responsabilités. Il s'agit en tout cas de deux corps bien
différents. Le contingent, cette piétaille toujours renouvelée, ne
fait pas l'armée : celle-ci n'existe que par ses cadres, officiers et
sous-officiers, très nombreux. Ils vivent comme en marge de la
société civile : les écoles militaires sont coupées de l'Université,
les changements fréquents de garnison empêchent les contacts

---

1. En janvier 1898, Jaurès annonçait la victoire du socialisme dans
dix ans, dans la revue *Cosmopolis*, et Guesde à Tourcoing, en décembre
1897, déclarait : « Le commencement du siècle prochain sera le commencement de l'ère nouvelle. »

extérieurs; on ne progresse dans les cadres qu'au gré de promotions où les pouvoirs civils, le ministère, n'interviennent jamais. L'armée possède ses règles et sa juridiction. Dans ce milieu strictement hiérarchisé, au sommet duquel se détache l'État-Major général, un service bénéficie de droits spéciaux qui s'étalent au grand jour dans l'affaire : seuls le chef d'État-Major et son sous-chef contrôlent le tout-puissant Service de renseignements. Toucher à l'État-Major, toucher aux Renseignements, c'est critiquer l'armée dans ce qu'elle a de plus haut. Qu'il a petite mine, à côté, le pouvoir civil dont elle dépend officiellement : les ministres de la Guerre, eux, se savent éphémères et à travers eux c'est tout le pouvoir politique qui peut se sentir frappé de fragilité. En cas de conflit ils choisissent de s'identifier avec ceux qui passent pour incarner l'armée et, en son nom, il leur arrivera de défaire les ministères.

Faut-il pour autant croire factieuse l'armée française? Les courants d'opinion qui la traversent, l'origine sociale et idéologique du corps des officiers ne laissent pas d'inquiéter. Nous ne disposons pas, pour la fin du siècle, de renseignements aussi sûrs que ceux fournis vingt ans plus tôt par les papiers de Gambetta [1] : neuf dixièmes des généraux de division, les trois quarts des officiers supérieurs étaient alors royalistes ou bonapartistes. Mais au temps où les républicains ont conquis la République, rien n'est venu enrayer la poussée conservatrice dans les cadres militaires. Le pourcentage d'élèves de Saint-Cyr, de Navale et même de Polytechnique sortis d'établissements religieux a sensiblement augmenté — en 1896 près du quart des « cyrards » de première année ont été élèves des pères, à Navale plus du tiers — et, quoique Boulanger ait rayé des cadres le duc d'Aumale, on a vu réapparaître dans l'annuaire de Saint-Cyr les Rohan-Chabot et les Clermont-Tonnerre. Pour les membres de ces vieilles familles qui croient possible de servir l'État sans servir idéologiquement la République, l'armée est un ultime recours. « Avec le départ et le remplacement des chefs de la vieille armée d'origines sociales beaucoup plus disparates, les liens n'ont cessé de se renforcer et de se multiplier

---

1. F. Bédarida a eu accès à deux mémorandums de février 1876 et de l'automne 1878, véritables fichiers des officiers supérieurs : cf. « L'armée et la République », *Revue historique*, juill.-sept. 1964.

entre les hautes sphères de l'armée et les milieux dirigeants du monde conservateur [1]. »

Monde à part, société close et majoritairement réactionnaire, voire antirépublicaine, l'armée, cette « grande muette » dont les membres n'ont pas le droit de vote, n'intervient pourtant pas comme une force de pronunciamiento. Elle n'a pas pris position en tant que telle pendant la crise boulangiste. Pendant l'Affaire, elle se garde des tentatives ou des tentations de coup d'État : lors des funérailles du président de la République Félix Faure, le 23 février 1899, le général Roget, pourtant très antidreyfusard, refuse de suivre Déroulède qui tente de l'entraîner sur l'Élysée. Il est vrai qu'à l'État-Major général comme au ministère de la Guerre, en ces lieux où justement avait été fabriquée et maintenue la condamnation de Dreyfus, les républicains étaient depuis longtemps fortement majoritaires et relativement peu nombreux, malgré leur influence, les vrais « généraux de jésuitière » comme de Boisdeffre. La haute armée ne se dresse donc pas contre la République : ce n'est pas une armée de coup d'État ouvert. Mais de quel nom désigner sa pratique, cet efficace matraquage qu'elle exerce avec d'autant plus de vigueur que le pouvoir civil ne peut se résoudre ni à enquêter sur ses actes, ni à lui imposer son autorité? Les militaires de tout grade n'hésitent pas à faire connaître publiquement leur sentiment en envoyant leur obole et souvent leur nom à la souscription ouverte en décembre 1898 par le journal de Drumont, *la Libre Parole*, pour permettre à la veuve du colone-Henry de poursuivre en justice Joseph Reinach [2]. Au total, l'armée joue pendant l'Affaire le rôle d'un groupe de pression longtemps invincible.

Tout autre est le cas de la magistrature. Les antidreyfusards les plus violents ne s'y trompent pas qui, avant toute décision de la justice civile, multiplient les injures contre les « enjuponnés » alors qu'ils couvrent de fleurs les arrêts des conseils de guerre. On connaît mal la composition du corps des magistrats, mais les

---

1. Voir (45), p. 198.
2. La liste des souscripteurs, classés par profession, a été publiée en 1899, chez Stock, par P. Quillard, sous le titre *le Monument Henry*. Parmi les très nombreux officiers on relève, outre cinq généraux d'active, le nom du capitaine Weygand.

règles de recrutement et d'avancement fixées pour l'essentiel en 1810, les placent, en l'absence de tout concours et de toute commission de classement, dans la dépendance presque totale du ministère. Il ne faut pas s'étonner si seuls les magistrats en retraite signent de leur nom la souscription Henry et si une étroite symbiose s'établit entre les choix du garde des Sceaux et les décisions des magistrats les plus en vue. Lors du procès Zola, la partialité du président de la Cour, Delagorgue, confine à la servilité. Pendant l'hiver 1898-1899, alors que la Chambre criminelle de la Cour de cassation conduit une enquête impartiale sur la révision éventuelle du procès Dreyfus, le garde des Sceaux Lebret, le président de la Chambre civile Quesnay de Beaurepaire et le premier président Mazeau travaillent en commun à la dessaisir au profit de la réunion de toutes les Chambres. La loi de dessaisissement, votée le 1er mars 1899, n'empêchera d'ailleurs pas la Cour de casser le jugement du premier conseil de guerre, le gouvernement s'y étant rallié. Plutôt que comme groupe de pression, le corps des magistrats se conduit, malgré son indépendance officielle, en agent du pouvoir politique.

Fonction répressive.

A vrai dire, entre le gouvernement, l'armée et la magistrature, existe une permanente collaboration. Tous trois participent en effet à une même tâche : la défense de l'ordre social unit étroitement les généraux élevés ou non chez les jésuites, les magistrats dociles et les dirigeants républicains. Les grèves de la métallurgie, celles du charbon, en font la preuve. Aubin, La Ricamarie, Decazeville, Fourmies, Carmaux : il n'est pas d'étape marquante de la geste ouvrière où la troupe ne soit appelée pour renforcer la gendarmerie. Certes, il devient de plus en plus difficile de l'employer « préventivement » et, de plus en plus, c'est à titre « répressif », pour rétablir l'ordre troublé par quelque manifestation, drapeau rouge au vent, que les forces armées occupent le carreau des mines ou les alentours des grandes usines. Certes aussi, la troupe ne tire pas toujours, la cavalerie ne manifeste pas un constant enthousiasme pour les charges policières, et les fantassins sont toujours susceptibles de fraterniser avec les ouvriers. Mais les préfets n'hésitent

guère à recourir au déploiement de l'appareil militaire pour inti-
mider les grévistes et les amener à composition. Le gouvernement
spécule tout autant, et peut-être davantage, sur la crainte que la
menace des sanctions judiciaires inspire aux travailleurs en lutte :
de l'appareil de justice sourd, comme sous l'Ancien Régime, une
menace obscure, imprécise ; l'inculpation, l'arrestation, isolent la
victime, l'humilient, lui ôtent ce qui fait sa force : l'appartenance à
un groupe. Enfin, la notion de délit varie d'une grève à l'autre,
sur ordre du ministre, et l'application de la loi se modifie en fonction des accords que passent à la base préfets et procureurs, au
sommet l'Intérieur et la Justice. Un souci commun, dont l'application peut être nuancée, anime les éléments répressifs de l'appareil
d'État. Créateur entre eux de bonne coopération, il joue dans le
sens de l'antidreyfusisme.

4. Les deux France

Manifestations et organisations.

La violence des passions déchaînées en France par l'Affaire
a surpris le monde. Certes, la presse les amplifie parfois : les
rapports de police signalent par exemple, au lendemain de la
deuxième condamnation de Dreyfus, qu'aucune poussée de colère
brutale n'accompagne les réactions très vives des journaux. Pourtant, le comportement de la presse est lui-même partie prenante
dans l'âpreté des affrontements : pendant des mois l'Affaire
occupe la une de nombreux journaux et les titres-bandeaux s'y
multiplient, à l'exemple du *Matin*, au début ardemment antidreyfusard, ou de *la Petite République*, où Jaurès publie « Les
preuves » en août-septembre 1898. Dans la rue l'agitation est,
d'abord et pendant longtemps, le fait des antidreyfusards. Ils ont
pour eux le nombre, la passion, parfois l'exemple d'Alger où
l'antijudaïsme colonial se greffe sur un sentiment autonomiste
grandissant pour déclencher, dans la deuxième quinzaine de
janvier 1898, ce que Ch.-R. Ageron a appelé « une révolution

manquée[1] ». A Marseille, où les israélites sont nombreux, les manifestations qui suivent « J'accuse » s'accompagnent d'attaques contre leurs boutiques. Plus une ville de province est peuplée, plus les manifestations y sont précoces et de longue durée.

Les meetings, eux, sont organisés par les deux camps, surtout à Paris où abondent les salles qui peuvent contenir de 4 000 à 10 000 auditeurs : salle Chaynes au rond-point de la Villette, manège Saint-Paul au cœur du vieux Paris, manège Guyanet avenue de la Grande-Armée, où les antidreyfusards se regroupent après le suicide de Henry, Tivoli Vauxhall, forteresse du dreyfusisme. Les gardes municipaux en occupent les abords de bonne heure, aux soirs de réunions, et leur rudesse est proverbiale. Des couches sociales nouvelles, mêlées aux travailleurs et aux étudiants, font ainsi l'expérience des meetings ouvriers.

Dans les villes universitaires — Bordeaux, Aix, Lyon, Rennes, Nancy — les étudiants sont en flèche : leur origine sociale leur vaut souvent une certaine indulgence de la part de la police. La majorité du quartier Latin reste à droite et l'on conspue les cours des professeurs dreyfusards. Mais la réplique ne tarde pas. En hommage à Péguy, Daniel Halévy a raconté ces heures de façon inoubliable : « Une voix criait : Durkheim est attaqué; Seignobos est envahi! — Rassemblement ! répondait Péguy, qui affectionnait toujours les expressions militaires... Tous sautaient sur leur canne et avec lui filaient à la Sorbonne[2]... » Partout les chansons s'affrontent : au « Ça ira! » et à « l'Internationale », armes vocales des dreyfusards, répond l'hymne nationaliste, construit sur un calembour en l'honneur de Déroulède.

Les familles enfin se divisent. Faut-il rappeler le dessin, entre tous fameux, de Caran d'Ache, paru dans *le Figaro* du 13 février 1898 : « Un dîner en famille? » Dix bons bourgeois à table. « Surtout ne parlez pas de l'affaire Dreyfus », recommande le maître de maison pendant qu'un valet apporte la soupière. Un peu plus tard tables et chaises s'écroulent, les dîneurs en viennent aux mains. « Ils en ont parlé. »

Atomisés au départ, dreyfusards et antidreyfusards ne tardent pas à s'organiser. Des structures nouvelles surgissent dans la

1. Voir (80), t. I, livre III. — 2. Voir (16).

société française, d'autres, anciennes, sont réactivées. Voici venu le temps des ligues. En tête des premières, la Ligue pour la défense des Droits de l'homme, conçue par le sénateur Ludovic Trarieux, ancien ministre de la Justice, en février 1898, au cœur du procès Zola. Son assemblée générale constitutive a lieu le 4 juin, son manifeste est rendu public un mois plus tard. Marquée par ses origines un peu feutrées, par la personnalité de son fondateur, républicain politiquement très modéré qui entend ne pas aller plus loin que la défense des Droits de l'homme définis en 89, la Ligue se donne un Comité central où les hommes politiques, peu nombreux, sont choisis pour leur modération — le vieux radical Ranc est le plus à gauche — et où dominent les intellectuels de grand renom. Elle s'interdit toute initiative politique. Certes, les circonstances la poussent à l'action et l'empêchent de s'en tenir à l'étude de cas individuels : elle collecte de grosses sommes — en un an 168 000 francs — pour faire connaître la vérité sur l'Affaire, ses sections locales organisent de nombreux meetings, surtout elle fournit des présidents et une caution aux réunions publiques. Mais son recrutement reste limité : de 4 580 adhérents à la fin de 1898, elle passe un an plus tard à 8 580. La Ligue acquiert une audience de masse, ce n'est pas un mouvement de masse : une structure d'accueil plutôt, et de travail. A l'autre bord renaît la Ligue des patriotes, gambettiste lors de sa fondation en 1882, bénie alors par Hugo et... Joseph Reinach. Déroulède et son fidèle lieutenant Marcel Habert la remettent sur ses rails en septembre 1898. Autre temps, autres rails : il ne s'agit plus de regrouper tous les patriotes républicains, mais d'organiser, face à la République parlementaire et semi-dreyfusarde, régime « des mandarins et des mandrins », les partisans de l'armée et d'un régime plébiscitaire. Une sœur lui survient : une rivale? C'est la Ligue de la patrie française. Elle achève de s'organiser en janvier 1899, à l'heure où le pouvoir politique commence à s'orienter timidement vers la révision : aux mouvements de balancier du gouvernement répondent, en un premier temps, la défense, au besoin contre lui, des « Droits de l'homme », en un second, celle de la « Patrie ». Un critique littéraire mondain, Jules Lemaître, un poète et dramaturge populaire, François Coppée, portent la nouvelle ligue sur les fonts baptismaux. Barrès entre à son comité directeur. De courte doctrine, se voulant mouvement de masses, elle évite d'en appeler, comme Déroulède, aux « saintes baïonnettes de France » et peut annoncer, au bout de deux mois, quelque 100 000 adhérents. La Ligue des Patriotes serait presque un ordre, la Ligue de la Patrie française est un mouvement qui se gonfle au vent de l'opinion et ne se dégonflera guère moins vite. Voici enfin, bastion de l'extrême droite antirépublicaine, la Ligue antisémitique, fondée en 1890 par Drumont et que dirige depuis 1896 un personnage assez louche, Jules Guérin.

A partir de février 1899, les manifestations antidreyfusardes s'en prennent à la République et à ceux qui la représentent, notamment le nouveau président de la République, Émile Loubet, un sénateur modéré mais élu avec les voix de la gauche. Au champ de courses d'Auteuil, le 4 juin, il est même frappé. Le 11 juin, les forces de l'extrême gauche convoquent à Longchamp pour le Grand Prix, une puissante manifestation. La République paraît en danger, la rue est en mouvement.

Deux discours.

« Deux chœurs tragiques qui s'injurient » : c'est le directeur de l'Institut Pasteur, Émile Duclaux, vice-président de la Ligue des Droits de l'homme, qui a trouvé cette formule pour signaler l'existence des « deux France ». Chaque camp n'était-il pas convaincu d'incarner la France à lui seul? Zola, le 6 janvier 1898, en appelait dans sa « Lettre à la France » à « ceux qui t'aiment, ceux qui veulent ton honneur et ta grandeur ». Ainsi parlait aussi ce professeur, ancien soldat, qui, au cri de « Vive la France » répété par son père et sa mère, versait 1,50 francs à la souscription Henry. Deux groupes s'expriment au nom de l'idée radicalement différente qu'ils se font de la patrie. Les slogans criés lors des affrontements de rue, des meetings ou des bagarres universitaires traduisent dans le langage des masses des oppositions longuement mûries ailleurs, les symboles opposent deux systèmes de valeurs.

Les antidreyfusards déclarent combattre « pour l'armée » qui ne peut se tromper et qui, se trompât-elle, doit être défendue à la face du monde car elle incarne la France éternelle, sa continuité, et aussi son unité par-delà les clivages politiques et les luttes sociales, facteurs de division. L'autorité de la chose jugée est nécessaire au maintien de l'État, de la patrie. Vérité ou pas, qu'importe ? la théorie du « faux patriotique » légitimé par la nécessité d'affirmer la France face à l'étranger n'est pas propre à Drumont, à Déroulède ou à Maurras : Maurice Barrès l'exprime à peu près dans les mêmes termes. Une telle idéologie est évidemment imperméable aux « preuves », ses déterminations sont ailleurs. En face les dreyfusards : la Justice et la Vérité, voilà leurs objectifs proclamés. La France qu'ils déclarent défendre c'est celle qui, en promulguant les Droits de l'homme, s'est, aux yeux du monde entier, identifiée au Droit. Beaucoup sans doute admettraient volontiers que la vraie France commence en 89, lorsque triomphent la raison et l'esprit critique contre les puissances maléfiques et obscures du passé : France du suffrage universel et de la démocratie parlementaire d'où l'on peut glisser vers la démocratie sociale. Le régime républicain doit affirmer sa vraie nature contre les forces organisées qui, de l'intérieur ou de l'extérieur, s'efforcent de l'entraîner à rebours de l'histoire : le sabre, et le goupillon que Clemenceau lui associe de bonne heure : l'alliance du cléricalisme et du pouvoir militaire est le thème qui va permettre de faire passer l'Affaire dans la problématique politique française.

Idéologie et société.

Pendant longtemps, en effet, les lignes de partage de l'Affaire sont restées essentiellement idéologiques. Deux discours s'affrontent, sur lesquels les actes se moulent. Mais ils ne correspondent ni aux forces politiques organisées — c'est justement pour combler en partie cette carence que se créent les ligues — ni aux classes sociales. La confusion des débats parlementaires dit bien l'inaptitude des partis à se situer par rapport à l'événement. Sans doute nationalistes, monarchistes et bonapartistes ont ils choisi dès le début leur camp et avec eux l'écrasante majorité de l'armée et du clergé, des cadres traditionnels de la France. La stupeur du prince de Guermantes lorsqu'il découvre que sa femme fait, comme lui, dire secrètement des messes pour Dreyfus nous en apprend autant sur l'opinion de la bonne société, que la chute du tirage du *Soleil*, lorsque le journal royaliste passe au dreyfusisme. Du côté catholique, retenons le mot d'Eugène Veuillot, désireux pourtant de dégager les responsabilités de l'Église en tant que corps : « Prêtres et fidèles ont été presque tous individuellement pour la chose jugée et pour l'armée [1]. » Le dreyfusisme catholique n'est pas un mythe : Paul Viollet est avec Trarieux aux origines de la Ligue des Droits de l'homme et, lorsqu'il la quitte, c'est pour fonder le Comité catholique pour la défense du droit, mais celui-ci ne regroupe guère plus d'une centaine de membres, la grande presse catholique — *la Croix, le Pèlerin* — lui reste irréductiblement hostile.

Dans les milieux et les groupes traditionnellement républicains, la division règne non seulement chez les progressistes — Poincaré, Barthou, Yves Guyot et *le Siècle* sont favorables, les premiers tard et discrètement, à la révision, Méline et la majorité des notables lui sont hostiles — mais aussi chez les radicaux. A Toulouse, la puissante *Dépêche*, où écrivent pourtant Jaurès et Clemenceau, reste longtemps antirévisionniste et antidreyfusarde, jusqu'au procès de Rennes inclus : René Goblet, approuvé par la rédaction, interprète l'attitude de Dreyfus, lors de son second procès, comme un signe, sinon une preuve, de culpabilité. De vieux frères de combat comme Ranc qui tient *le Radical* révisionniste et Lockroy se séparent. Quoique le temps chez les radicaux joue en faveur de la révision, comme le montre l'évolution de Brisson, de Bourgeois et même de Pelletan, Clemenceau ne parvient pas à représenter l'ensemble du radicalisme. Jaurès pas davantage l'ensemble du socialisme : Millerand, Viviani, qui regardent « du côté de leurs circonscriptions » attendent la découverte du faux Henry pour se décider. Le comportement de la direction du parti ouvrier français a surpris davantage : après avoir salué « J'accuse », les guesdistes votent, le 7 juillet 1898, l'affichage du discours de Cavaignac et la déclaration de leur conseil national, le 24 juillet, sonne comme une rupture brutale avec toute tendance au dreyfusisme : « Les prolétaires n'ont rien à faire dans cette bataille qui n'est pas la leur... Le parti ne saurait, sans duperie et sans trahison... suspendre sa propre guerre. » Le plus puissant des partis socialistes renonce à politiser le dreyfusisme, au moment où Jaurès souligne que Dreyfus, victime innocente, « n'est plus ni un officier ni un

1. *L'Univers-Le Monde*, 10 septembre 1898.

bourgeois » mais « l'humanité elle-même » et qu'il est de l'intérêt du prolétariat de précipiter le discrédit et la chute des corps les plus réactionnaires de l'appareil d'État. A l'exception de la vieille France et des professions — l'armée — ou des milieux — le clergé — qui s'y rattachent de près, les clivages passent à l'intérieur des classes sociales, en tout cas des organisations qui parlent pour elles.

C'est pourquoi ils traversent si brutalement la couche des intellectuels. L'usage du mot, en tant que substantif, apparaît semble-t-il pendant l'Affaire : Clemenceau, toujours doué pour les baptêmes, aurait trouvé, en janvier 1898, pour la première pétition favorable à la révision, ce titre : « Manifeste des intellectuels ». Le mot et la chose étaient dans l'air, en particulier dans les milieux socialistes, mais les réactions soupçonneuses et méprisantes de Barrès et de ses amis [1] vont conférer à ce concept, à l'heure de sa naissance, une coloration de gauche qu'il va garder jusqu'à nos jours. Cela ne signifie nullement que tous les intellectuels qui s'engagent dans l'Affaire soient favorables à la révision : l'anti-dreyfusisme a aussi les siens — Maurras parlera du « parti de l'intelligence » — et les analyses postérieures de Gramsci sur « les intellectuels organiques » ont rarement été plus adéquates. Les premiers intellectuels engagés se groupent pourtant derrière Zola ; hors Barrès, que Blum avait espéré convaincre, et Paul Valéry, qui enverra 20 francs — « non sans réflexion » — à la souscription Henry, on remarque parmi eux presque tous les écrivains d'avant-garde, liés ou non au mouvement symboliste et aux jeunes revues comme la *Revue Blanche* : Fernand Gregh et André Gide, Mallarmé et Saint-Pol Roux, Marcel Proust et le très jeune Apollinaire. Les peintres impressionnistes aussi : Bonnard et Vuillard comme Pissarro et Signac, ces derniers plus engagés politiquement. Les gros bataillons viennent pourtant de l'Université et se retrouvent volontiers chez l'éditeur Stock ou à la librairie Bellais, au cœur du quartier Latin. On les rencontre aussi, mêlés aux écrivains, dans quelques salons accueillants : celui des Ménard-Dorian plus universitaire, celui de Mme de Caillavet où trône Anatole France. L'engagement du clerc semble vif à l'École des hautes études, aux

---

1. Ils ne sont pas seuls. La *Dépêche* voit dans cette appellation et cette initiative un signe inquiétant d'élitisme.

Chartes, au Collège de France, où la critique des textes est à l'honneur, à l'Institut Pasteur où l'observation scientifique est reine; à la Sorbonne, à l'École normale supérieure il touche non seulement de nombreux professeurs, mais le gros des étudiants en Lettres et certains scientifiques — P. Langevin, J. Perrin —, alors que le Droit, la Médecine sont antidreyfusards.

Le Droit, la Médecine : les disciplines les plus nombreuses et les plus anciennes, les seules pendant longtemps à accueillir de vrais étudiants. L'antidreyfusisme, qui a trouvé plus rapidement ses troupes et ses salons que ses théoriciens, recrute dans l'ensemble ses intellectuels chez les gens arrivés : écrivains à l'auditoire rassis, souvent membres de l'Institut — Bourget, Brunetière, de Voguë —, critiques littéraires dont la presse porte la réputation dans les salons, auteurs de masse aussi, de Jules Verne à Daudet et à Gyp. Mais Zola et France, les locomotives du dreyfusisme, sont eux aussi des écrivains à succès et on aurait tort de s'imaginer la Sorbonne majoritairement dreyfusarde : le 18 juillet 1898, son Assemblée refuse, par 21 voix contre 16, l'autorisation demandée par Jaurès, docteur ès-lettres et ancien maître de conférences, de professer dans la vieille maison un cours libre sur les principes du socialisme [1].

Le ton même de cette discussion, dans ce milieu traditionnellement amorti, soulignait l'impossibilité presque totale de la neutralité dans l'intelligentsia. C'est pourquoi le silence de Marcelin Berthelot surprit. La tentative d'union et d'apaisement, esquissée en janvier 1899 par quelques écrivains et universitaires notables — l'historien quasi officiel de la République Lavisse, le philosophe Boutroux et Jean Aicard, le poète de l'école primaire —, sombre dans l'indifférence malgré le patronage de Waldeck-Rousseau. Chez les intellectuels, il y avait bien deux France.

---

1. M. Launay, « Jaurès, la Sorbonne et l'affaire Dreyfus », *Bulletin de la Société d'études jaurésiennes*, juill.-sept. 1967.

Une troisième France?

Le pays était-il tout entier concerné? Depuis quelques années les historiens mettent cette idée en doute [1] : l'agitation et même l'intérêt pour les problèmes soulevés n'auraient été le fait que d'actives minorités, à peine élargies par rapport aux temps originels. Les Français auraient, dans leur immense majorité, vécu l'Affaire dans l'indifférence. Le caractère urbain des manifestations ne fait guère de doute. Mais l'intérêt? Les exhortations au calme de tant d'hommes politiques témoignent d'une inquiétude qui reste à expliquer plus que de l'indifférence de ceux à qui on fait, souvent en vain, appel. Au reste prières ou récriminations apaisantes ont une fonction politique et servent le respect de la chose jugée, les adversaires de la révision. L'analyse des journaux permet aujourd'hui des conclusions plus précises. L'étude de J. Ponty [2], qui porte sur cinquante quotidiens de Paris et de province, atteignant dix millions de lecteurs, conduit à penser qu'au plus fort de l'Affaire, un tiers de ceux-ci au maximum fut vraiment mobilisé. C'est à la fois peu et beaucoup. L'écrasante majorité des journaux est d'ailleurs antidreyfusarde : 96 % en février 1898, 85 % encore lors du procès de Rennes. *Le Petit Journal* de Judet — tirage : un million —, aux robustes assises provinciales, maintient jusqu'au bout, sans fléchir, sa ligne nationaliste. *La Croix* aussi, qui, avec *le Pèlerin*, touche environ un demi-million de lecteurs auxquels il faudrait ajouter le public très nombreux des *Croix* locales, est solidement implantée dans la paysannerie ou dans la nouvelle classe ouvrière d'origine rurale : ainsi dans le Nord [3]. *Le Progrès* de Lyon est un des rares journaux de province dont la ligne soit depuis le début favorable à la révision. Dans ces conditions l'indifférence de la France rurale est sans doute majoritaire, mais non unanime. Reste le prolétariat. Là aussi il est difficile de se prononcer. En janvier 1898, à Paris, les manifestations ne touchent pas les quartiers ouvriers du nord-est. Mais parmi les 100 000 premiers adhérents

1. Cf. J.-P. Peter, « Dimensions de l'affaire Dreyfus », *Annales ESC*, nov.-déc. 1961.
2. Janine Ponty, *La France devant l'affaire Dreyfus. Contribution à une étude sociale d'opinion publique*, EPHE, 1971 (thèse de 3e cycle encore inédite).
3. Voir (44), chap. 1.

de la Ligue de la patrie française il y aurait 10 000 ouvriers parisiens, notamment des cheminots, et, en sens contraire, un département aussi guesdiste que l'Aube, patrie du textile misérable, salue en février 1899 avec un enthousiasme indescriptible, Jaurès, ce « cœur d'or » qui s'est totalement engagé dans l'Affaire. Majoritairement bourgeoise, l'Affaire ne l'a certainement pas été exclusivement.

Ne faudrait-il pas en tout cas distinguer une évolution? C'est au cours du premier semestre 1899 que l'Affaire se politise : non pas dans la perspective largement révolutionnaire qu'espérait Jaurès, — les socialistes désunis sont incapables de prendre la tête du mouvement, la direction de la CGT reste à l'écart, ainsi que le plus important des journaux anarchistes, *les Temps nouveaux* —, mais en s'intégrant dans les cadres conceptuels et politiques de la nation. La République était-elle vraiment menacée? Elle semblait vaciller, en proie aux coups des généraux de jésuitière et des moines ligueurs. Ne s'en prenait-on pas au Président lui-même, dont l'absence de pouvoir accroissait le caractère symbolique? Guesdistes et vaillantistes acceptèrent de constituer en janvier 1899, un Comité d'entente avec les socialistes indépendants et le parti ouvrier socialiste révolutionnaire. En juin un rapprochement de fait s'esquissa entre socialistes et anarchistes dreyfusards dont les journaux appelèrent à la manifestation de Longchamp et les républicains désireux eux aussi de donner un coup d'arrêt. Le camp dont les lignes de force et les avancées se dessinent le 11 juin est celui de la majorité qui va soutenir quinze jours plus tard le ministère Waldeck-Rousseau ou tout au moins s'abstenir de voter contre lui. Rude bataille parlementaire. La « défense républicaine » lentement mûrie ne l'emporte à la Chambre qu'avec 25 voix de majorité. L'entrée au ministère de la Guerre du général marquis de Galliffet, « l'égorgeur de la Commune », conduit guesdistes et vaillantistes à se réfugier dans l'abstention; l'arrivée au ministère du Commerce du « collectiviste » Millerand — le premier socialiste à participer à un ministère bourgeois —, critiquée par les socialistes révolutionnaires, est dénoncée par la grande majorité des progressistes comme un pas décisif vers le socialisme; les radicaux avancés ne considèrent pas Waldeck-Rousseau comme un homme de gauche et ils n'ont pas tort. Il faut que Brisson à la tribune fasse le signe maçonnique de détresse pour limiter les défec-

tions « républicaines ». Son accord avec Waldeck-Rousseau est
sur ce point total : pour ces hommes qui appartiennent à la même
génération, seuls les monarchistes, les bonapartistes et l'Église
sont à la source du mal. Leur complot doit être brisé, et il peut
l'être par quelques mesures immédiates et par la reprise de la
politique anticléricale. Ceux qui dans le pays hésitaient — la troisième France — se retrouvent en terre de connaissance. L'Affaire
prend une dimension politique classique : elle s'achève.

5. Les idéologies révélées par l'Affaire

Le moment est venu de regarder, dans le miroir de l'affaire
Dreyfus, les idéologies qui s'y reflètent et de scruter leurs origines.

De l'espionnite à l'occultisme et au cléricalisme.

L'Affaire baigne dans un climat d'espionnite et de mystère.
La crainte haletante des espions au service d'une « puissance
étrangère » que la bienséance interdit de nommer n'est pas le
propre des Renseignements. Très populaire, elle alimente pour une
part la croyance en l'existence du « syndicat » Dreyfus, soupçonné
non seulement de payer pour sauver le traître, mais de travailler
avec lui. Anatole France en fera, quelques années plus tard, un
des thèmes à succès de cette histoire de France racontée à travers
l'affaire Dreyfus, *l'Ile des pingouins :* dans le système d'écriture
de Pyrot (Dreyfus), « ces mots : trois bocks et vingt francs pour
Adèle signifient : J'ai livré trente mille bottes de foin à une puissance étrangère... » Mais l'aventure au coin de la rue ne saurait se
contenter d'histoires de femmes de ménage. C'est ce que comprend
à merveille Esterhazy. *Le Petit Journal* fait ses beaux jours d'épisodes aussi rocambolesques que celui de « Speranza », la « dame
voilée » censée avoir procuré au beau commandant le « document
libérateur ». Jaurès, dans *les Preuves*, doit prendre la peine de
démonter les ressorts de ce roman à épisodes.

L'analyse rationnelle, celle des chartistes et des savants, bute enfin, au pays de la libre pensée, sur la mode du spiritisme, si répandue, que des dreyfusards de la première heure ont recours aux services d'une voyante du Havre. On dira que l'hypnotisme, pratiqué sous contrôle médical, permet des expériences scientifiques sur les phénomènes de transmission de pensée et de voyance à distance. Il est vrai. Mais aux yeux du grand public, la transition est insensible qui, de ces expériences, conduit aux thèmes les plus noirs de l'occultisme. La dernière décennie du siècle voit justement grandir l'intérêt pour les mondes obscurs : c'est en 1889 que Schuré a publié *les Grands Initiés* et au goût pour l'étrange de Huysmans ou de Gustave Moreau répondent, dans le domaine du *design*, les incubes-chandeliers et les chauves-souris en porte-manteau [1]. La crédulité, la passion du mystère, l'appétit pour le sensationnel débordent les milieux catholiques. La presse à sensation, les romans-feuilletons aux rebondissements fertiles, les contes et nouvelles ont contribué, dans les années précédentes, à la création de ce climat.

Les contemporains posèrent la question en termes plus brutaux. Combat pour percer le brouillard des multiples épisodes et des fausses preuves, l'Affaire a rendu sa jeunesse à l'esprit critique et ses fraîches couleurs au scientisme, menacé par le renouveau d'une religiosité active dans des milieux divers. La renaissance mystique apparue quelques années plus tôt chez les intellectuels s'était en effet juxtaposée aux formes nouvelles prises par la dévotion catholique en milieu populaire : miracles et prophéties, reliques et visions. Le clergé régulier ne s'était guère montré scrupuleux dans le choix des arguments destinés à combattre la franc-maçonnerie dont le pape Léon XIII avait dit en 1884, dans l'encyclique *Humanum genus*, qu'elle était le parti de Satan. Sa fraction la plus riche et la plus active avait même, entre 1895 et 1897, accepté pour argent comptant les extravagantes révélations sur le « palladisme [2] » organisées par un mystificateur habile et désargenté, Léo Taxil. Ces mêmes pères assomptionnistes et leurs puissantes *Croix* jouaient en 1898-1899 un rôle antidreyfusiste militant : l'abbé Pichot, un des rares prêtres dreyfusards, pensait que, si les publi-

---

1. Eugen Weber, *Satan franc-maçon*, Paris, Julliard, 1964.
2. Il s'agit, croit-on, du culte de Satan, réservé aux plus hauts maçons de tous les rites et de tous les pays.

cations de la Bonne Presse n'avaient pas surexcité les prêtres, le clergé se serait borné à affirmer sa confiance dans l'État-Major. On comprend mieux dès lors que la dénonciation du cléricalisme soit apparue, non seulement aux hommes politiques républicains, mais aux couches populaires qui les soutenaient, et aux intellectuels dreyfusards, comme un dénominateur commun. En combattant l'éducation dispensée par les prêtres, en faisant reculer leur puissance, on permettrait aux Français de voir la société sous son vrai jour : ils renonceraient à leurs habitudes de pensée périmées, ils deviendraient tous républicains. Une nouvelle affaire Dreyfus serait désormais impossible.

De l'antisémitisme...

Tous les antidreyfusards ne sont pas des adeptes de l'occultisme. Tous ne sont pas au même degré hantés par les dangers de l'espionnage. Mais beaucoup ont été touchés par la lame de fond de l'antisémitisme et on assiste chez la plupart d'entre eux à l'intégration d'éléments composites dans une idéologie nouvelle, le nationalisme.

S'il est certain que ni *le Petit Parisien*, ni même *le Petit Journal* n'utilisent pendant l'Affaire des arguments antisémites, si les manifestations ouvertement antisémites ont été rares [1], la passion antidreyfusarde doit pourtant être analysée à la lumière des tendances antisémites qui se sont développées en France depuis le début des années 80. A l'origine, deux courants : le vieil antijudaïsme catholique, l'antisémitisme socio-économique qui se proclame anticapitaliste et se veut moderne. A l'arrivée : l'antisémitisme nationaliste. Les juifs français sont pourtant peu nombreux : un peu plus de 71 000 en 1897, dont 45 000 dans la région parisienne; il est vrai que ce chiffre établi par le Consistoire ne tient pas compte du prolétariat juif de la casquette et de la fourrure récemment chassé de Russie. Localement les israélites sont souvent bien intégrés : ainsi à Bordeaux [2]. Ils ne sont pas non plus organisés en une communauté solide : la bourgeoisie juive ne montre guère

1. Voir la démonstration de J. Ponty (48).
2. Élizabeth Cazenave, « L'affaire Dreyfus et l'opinion bordelaise », *Annales du Midi*, janv.-mars 1972.

d'enthousiasme à accueillir les misérables immigrants de l'Est ; l'érosion de la foi ne l'a guère moins touchée que les catholiques.

Cependant *la Bonne Presse* ne cesse de rappeler, depuis le début des années 80, que « la question du Christ » et du peuple déicide est à l'origine du problème juif : « Ils sont maudits si nous sommes chrétiens [1]. » Plus virulents que d'autres, surtout maîtres d'une presse influente, les assomptionnistes ne sont pas seuls. Un certain nombre de *Semaines religieuses* — une minorité il est vrai [2] — croit aussi au meurtre rituel, à la malédiction qui pèse sur Israël et la hiérarchie catholique, que Drumont accuse pourtant d'être « enjuivée », ne les désavoue guère malgré la prudence concordataire. Ces influences se surajoutent à celles des cantiques, livres pieux et manuels en usage dans les écoles privées pour intégrer ces accusations au substrat de la conscience catholique.

La vague antisémite est en outre renouvelée par un courant qui a grandi pendant la deuxième moitié du siècle et dont les catholiques sont aussi les porteurs mais dont ils n'ont pas le monopole : ainsi à Marseille où la boutique, même laïque, tient en haine les techniques de vente concurrentielles pratiquées par la boutique juive. En utilisant la condamnation médiévale de l'agiotage on dénonce à présent dans les juifs les « rois de l'époque » selon l'expression employée en 1845 par le fouriériste Toussenel : le banquier qui ne produit pas, et qui s'engraisse du travail d'autrui — ouvrier, industriel, commerçant — tel devient le stéréotype du juif. Chez les incroyants il arrive que le concept de « juiverie » soit employé, en l'absence de tout juif, pour désigner les comportements jugés scandaleux : Jaurès lui-même l'utilise parfois en ce sens à son retour d'Algérie en 1895 [3] et, bien plus souvent, des socialistes, des radicaux, voire un catholique républicain comme l'abbé Lemire. Mais on échappe malaisément aux fastes du vocabulaire : dans leur grande majorité, ceux qui font usage de ce concept glissent d'autant plus aisément vers le racisme que la brocante pseudo-scientifique issue du darwinisme, de l'anthropologie et de la linguistique leur fournit d'étranges modèles. Sur la piste de Broca,

1. Père Bailly, *La Croix*, 6 novembre 1894.
2. Voir (52).
3. Cf. Charles-Robert Ageron, « Jaurès et la question algérienne », *le Mouvement social*, janv.-mars 1963.

l'anthroposociologie s'acharne, avec Vacher de Lapouge, à classer les races selon des traits physiques et la linguistique fournit le principe de la bipartition entre Aryens et Sémites [1].

Sans doute l'analyse raciale est-elle souvent secondaire. Il arrive même que les antisémites nient officiellement la composante essentialiste de leur racisme : ainsi fait de temps en temps la Bonne Presse lorsque le souvenir lui revient qu'un Juif peut se convertir. Mais le nouvel antisémitisme se caractérise par la synthèse virulente de tous ces antisémitismes. Le premier à la réaliser, à en faire une vision globale du monde, est Édouard Drumont (1844-1917), républicain converti au catholicisme, nourri de fausse science, aux dons évidents de polémiste populaire. *La France juive* (1886), ce best-seller, a été souvent imité. Le quotidien que Drumont dirige depuis 1892, *la Libre Parole*, tire à quelque 100 000 exemplaires. Élu député « antijuif » d'Alger en 1898, il crée le portrait-robot du juif où les traits physiques sont choisis comme annonciateurs de ses traits moraux : « Les principaux signes auxquels on peut reconnaître le juif restent donc : ce fameux nez recourbé, les yeux clignotants, les dents serrées, les oreilles saillantes, les ongles carrés au lieu d'être arrondis en amande, le torse trop long, le pied plat, les genoux ronds, la cheville extraordinairement en dehors, la main moelleuse et fondante de l'hypocrite et du traître. »

... au nationalisme.

Du traître : c'est à la nation française que les antisémites opposent les juifs en bloc : étrangers dans une France trop bonne qu'ils trahissent par leur seule existence avant de la trahir, comme Dreyfus, en acte. L'antisémitisme constitue une des pièces maîtresses de l'idéologie nationaliste en gestation depuis le boulangisme, au nom de laquelle est conduite la bataille antidreyfusarde.

La religion de la patrie était restée, jusqu'à la fin du XIXe siècle, une idéologie républicaine, dans la lignée des jacobins et de Michelet. En portant au premier plan la recherche d'une pseudo-homo-

---

1. L. Poliakov, *Le Mythe aryen*, Paris, Calmann-Lévy, 1971, 2e partie, chap. 5.

généité nationale, elle pouvait s'infléchir vers l'exaltation de l'État au détriment de l'universalité des droits de l'homme. A Paris et dans le Sud-Ouest le radicalisme fut fortement porteur de cette tendance. Mais, à partir du boulangisme, les hommes qui se réclament du « parti national », venus d'horizons politiques divers, ont en commun, de plus en plus souvent, la condamnation des cadres politiques de la république bourgeoise et même de ses institutions accusées d'affaiblir « la France », de la diviser et de la livrer à ses ennemis. L'affaire leur permet de se donner une base de masse en s'identifiant avec l'armée : certes, celle-ci avait depuis une dizaine d'années subi de dures critiques tant dans certains milieux intellectuels où l'on moquait la grossièreté de la vie militaire, que dans la classe ouvrière où on la maudissait à chaque grève. Mais des études récentes ont montré [1] que dans la petite bourgeoisie républicaine, volontiers lectrice d'écrivains de gauche — Séverine, Mirbeau, etc. —, le culte de l'armée, de sa discipline et de son autorité n'avait guère reculé. En se posant en défenseur de l'armée nationale, instrument d'unité et rempart contre l'étranger, et en adversaire du judaïsme traître par nature, le nationalisme vise à se définir comme la doctrine du consensus national.

Pourquoi?

Qu'il ait été ou non pensé dans toutes ses implications, c'était là un choix habile. La crainte que soit brisé le lien qui rassemblait les Français d'opinions différentes au pied de la statue de Strasbourg et assurait un minimum de paix sociale en mettant au ban de la nation les révolutionnaires accusés de la rompre — telle avait été la fonction, en 1894, des lois « scélérates » — n'est pas seulement le fait des antidreyfusards militants, mais pendant longtemps de beaucoup de ceux que l'on disait passifs. Ainsi s'explique, et non seulement par la pression de l'appareil d'État, l'ignorance ou la mauvaise foi, le long maintien de ce slogan lancinant : « Il n'y a pas d'affaire Dreyfus. » L'apaisement, ce mot clef, le pouvoir ne cesse de s'en réclamer. Pourquoi cette volonté de paix intérieure, ce profond désir d'ordre que l'Affaire trouble et

1. Patrick Dumont, *La Petite Bourgeoisie vue à travers les contes quotidiens du Journal (1894-1895)*, Paris, Minard, 1973.

dont le nationalisme qui le brise tente de se faire un bouclier? La mutilation subie en 1871 n'est pas oubliée. Les rapports entre la France et les grandes puissances sont encore fragiles : la constitution des grands blocs diplomatiques est à peine entreprise alors que les dirigeants poursuivent une politique d'expansion coloniale qui risque de mettre en danger les relations européennes et même la paix : du 26 septembre 1898, date à laquelle la mission anglaise arrive sur le Haut-Nil devant la forteresse délabrée de Fachoda où, depuis juillet, le capitaine Marchand a hissé le drapeau français, jusqu'à l'ordre d'évacuation donné par le gouvernement français le 4 novembre, se déploie l'exaltation anglophobe en partie refoulée depuis 1870 par le souvenir des provinces perdues. La crise de Fachoda apparaît aujourd'hui comme une survivance. A l'époque les choses étaient moins claires. L'éventualité d'un rapprochement franco-allemand n'avait pas été écartée par Gabriel Hanotaux, ministre des Affaires étrangères avant l'entrée de Delcassé dans le cabinet Brisson. Certes, la diplomatie de Delcassé, les énormes besoins en capitaux des Russes et la pression des banques françaises désireuses d'un profit stable et élevé vont y mettre bon ordre : le partage de l'Afrique est réglé avec l'Angleterre par la note du 21 mars 1899; les accords signés avec la Russie le 9 août suivant modifient les finalités officielles de l'alliance : celle-ci n'a plus seulement pour but le « maintien de la paix », mais celui de « l'équilibre entre les forces européennes »; la portée des relations financières franco-russes se modifie également : désormais « les négociations seront autant le fait des gouvernants que des financiers [1] ». Mais à cette date l'Affaire s'achève et elle s'est déroulée dans un tout autre contexte.

La situation internationale n'est pas seule en cause. La bourgeoisie française est stratifiée en d'innombrables couches rivales sur lesquelles le pouvoir des vrais puissants n'est que rarement perçu. La multiplicité des intérêts divergents rend même très difficile toute décision parlementaire, sauf lorsque l'accord se fait — ainsi en faveur du protectionnisme pour défendre les producteurs français face à l'étranger. Le monde rural lui-même n'est pas tout à fait sûr : chez les bûcherons de l'est du Massif

1. Voir (95), chap. 7.

central, les feuillardiers du Limousin, les grands mouvements récents ne sont pas oubliés et les frontières idéologiques divisent la paysannerie. Enfin, malgré la reprise économique, le pouvoir persiste à présenter les grandes grèves comme une menace pour l'unité nationale : lorsqu'en octobre 1898 les ouvriers du bâtiment désertent les chantiers de Paris, le gouvernement fait venir des troupes de province pour renforcer la garnison de la capitale et les mairies des arrondissements deviennent autant de foyers d'où rayonnent les patrouilles.

Faut-il donc penser, comme l'a suggéré J.-P. Peter, que la volonté d'apaisement se comprend comme « l'expansion d'un instinct collectif de conservation dans une société trop divisée dont les conflits profonds condamnaient l'organisme national à une extrême fragilité »? Peut-être, mais à condition de savoir quelles sont les couches sociales qui éprouvent le plus vivement ce désir de conservation et pourquoi. Il s'agit essentiellement comme le montrent la composition des ligues et celle des manifestations, de la petite bourgeoisie. Proche des couches populaires à partir desquelles elle se renouvelle et s'étoffe sans cesse, sa mentalité l'en sépare dès que dans « le peuple » le fait et l'idéologie de classe prennent le dessus. Elle ne dispose pas des cadres de pensée et d'action qui se constituent dans les classes ouvrières. Malgré l'influence politique officielle dont la dote le suffrage universel, elle ne se sent pas toujours à son aise dans les structures traditionnelles créées par les anciens ou les nouveaux notables, et elle reste étrangère au mouvement syndical comme au socialisme. Petits fonctionnaires, employés et artisans, petits commerçants aux ambitions culturelles et matérielles difficiles à assouvir gardent avec leurs familles ouvrières et paysannes de nombreux contacts, mais s'inquiètent des poussées qui secouent la société industrielle et des mutations auxquelles elle les contraint. Claude Willard a montré, à propos des cabaretiers et des employés municipaux des villes du Nord en train de passer au socialisme, comment les atteignait la sclérose bureaucratique. La prolongation de la dépression économique dans les campagnes touche les habitants des petits bourgs. Politiquement divisée, croyante ou non, la petite bourgeoisie s'inquiète de ce monde nouveau auquel accèdent les Français, sans qu'elle se sente vraiment capable, elle si nombreuse, si laborieuse et si épargnante, de s'y situer. Son évolution est la grande affaire de la France : que va devenir ce que Jaurès appelle « la démocratie urbaine et rurale »?

6. Les résultats

Victoire apparente.

En apparence les dreyfusards sont vainqueurs, au terme d'un ardent et patient travail d'explication et de propagande et malgré une presse qui a évolué vers le révisionnisme mais qui, au moment du procès de Rennes, n'était encore qu'à 15 % vraiment dreyfusarde. La grâce puis la réhabilitation de Dreyfus aboutissent à sa réintégration dans l'armée. Waldeck-Rousseau prend un certain nombre de décisions qui visent des officiers supérieurs particulièrement compromis — de Pellieux, Zurlinden — et des leaders antidreyfusards et comploteurs, dont Déroulède. Deux décrets Galliffet remettent en fait les décisions d'avancement dans l'armée aux soins du ministre et, en diminuant les clientèles, contribuent à faire sortir les militaires de leur isolement. L'autorité du pouvoir civil est affermie. De très bonnes récoltes, l'alacrité des affaires, la consolident.

Plus profondément, l'Affaire, qui a rapproché dans la volonté et même dans l'action travailleurs et intellectuels, a convaincu ces derniers que la consolidation de la démocratie passait par leur participation active à la vie sociale et par l'instruction du peuple. L'école primaire ne suffit plus. Il est temps de dévoiler les mécanismes des tyrannies. « Socialisme d'éducation » : ce vocable cher à Péguy pourrait servir à désigner de nombreuses initiatives. Trois nouveaux périodiques au moins se fixent cet objectif : *le Mouvement socialiste* de Lagardelle qui naît en janvier 1899, les *Cahiers de la quinzaine* de Péguy en janvier 1900, *Pages libres* de Charles Guieysse — un officier qui avait démissionné de l'armée après le procès Zola — en janvier 1901. Beaucoup d'enseignants parmi les abonnés : 600 sur les 2 000 que compte *Pages libres* en 1902. L'Affaire aide également au développement des établissements libres d'enseignement supérieur, aérés par l'apparition des sciences humaines : à l'ombre de la sociologie se glisse au Collège libre des sciences sociales, créé en 1895, à l'École des hautes études sociales, qui s'en sépare en 1900, l'étude des institutions ouvrières, des doctrines socialistes et de sujets d'actualité sociale et politique. Objectif : initier aux sciences sociales un public déjà instruit. Et les prolétaires? pour eux — croit-on — surgissent de toutes parts les universités populaires, aujourd'hui encore si mal connues. Le mouvement n'est pas né de l'Affaire, mais de deux courants différents : l'anarchisme d'éducation qui éclaire la première UP, fondée en 1896, les « Soirées ouvrières de Montreuil », et un courant positiviste, assez proche de l'École coopérative de Nîmes, dont s'inspire G. Deherme en créant, en janvier 1898, faubourg Saint-Antoine, la « Coopération des idées pour l'instruction supérieure du peuple ». Mais c'est l'Affaire qui lui donne toute son ampleur : de 1899 à 1901, les UP éclosent un peu partout, à Paris d'abord et en banlieue, puis en province. Ensemble, déclare Jaurès, nous chasserons « les fantômes de la nuit ».

Victoire donc pour les objectifs premiers de l'intelligentsia dreyfusiste. Et pourtant, pauvre victoire... Peut-on dire que le problème moral posé par l'Affaire ait été vraiment résolu? La grâce de Dreyfus est un geste d'humanité individuelle et d'apaisement politique — il évite le recours en cassation et une nouvelle relance de l'Affaire — non de justice. En l'acceptant — et qui pouvait lui en faire grief? — Alfred Dreyfus cesse d'être un symbole. En acceptant qu'il l'accepte, Jaurès lui-même, profondément déchiré, sait que l'Affaire cesse d'être « une protestation aiguë contre l'ordre social ». Ou — les deux ne se recouvrent pas totalement — contre l'ordre moral : c'est ce que Péguy écrira une dizaine d'années plus tard, dans un texte célèbre, *Notre jeunesse* : « L'affaire Dreyfus fut comme toute affaire une affaire essentiellement mystique. Elle vivait de sa mystique. Elle est morte de sa politique [1]. » 1900 sera la grande année du dreyfusisme dont la crise va s'ouvrir bientôt. Mais, contrairement à une opinion aujourd'hui répandue, ni Sorel ni Péguy, faute d'avoir saisi les vraies dimensions de l'antidreyfusisme, n'ont témoigné dans leurs jugements, d'une lucidité supérieure à celle d'un Jaurès, voire à

1. Péguy, *Œuvres en prose*, Paris, Gallimard, 1959-1961, t. II, p. 538.

celle, toute politicienne, d'un Waldeck-Rousseau. Il nous est plus facile d'être lucides aujourd'hui : le culte du terroir, la mystique de la race, le pouvoir des militaires, le tout au nom de l'ordre national, ces mots nous parlent, ces images se profilent derrière nous. Le dreyfusisme mérite sans doute d'être une valeur éternelle. L'antidreyfusisme, lui, était assurément prémonitoire. Mais nul ne le reconnut pleinement.

Et victoire réelle.

Dans ce combat il y eut pourtant des vainqueurs. L'ordre qui triomphe après tant de « désordres », ce n'est ni celui dont rêvaient les nationalistes, ni celui qui s'annonçait à travers le ralliement, ni même l'ordre ancien.

L'arrivée du ministère Waldeck-Rousseau au pouvoir annonce la défaite des nationalistes que les élections municipales de mai 1900 entérinent, tout au moins en province où les déplacements de voix sont souvent favorables à des coalitions entre radicaux et socialistes : ainsi à Lyon, à Bourges et à Reims. Spectaculaire, le passage de Paris d'un radicalisme socialisant au nationalisme — 45 sièges sur 80 — isole la capitale au moment où s'ouvre l'Exposition. Le phénomène nationaliste déploie ici ses pompes et ses œuvres sans se situer dans la lignée cléricale traditionnelle. Mais la victoire générale fait apparaître cette inquiétante réalité comme une bizarrerie. Dans l'ensemble du pays le nationalisme a bien été refoulé. Une partie de la petite bourgeoisie, un moment tentée, en a été détachée.

Ce succès coïncide avec un reclassement original des partis. Voilé dans la combinaison Waldeck-Rousseau par la présence de personnalités rutilantes, et par la légèreté de la participation radicale, il apparaît mieux dans les soutiens que le cabinet obtient dans le pays. A l'exception du Nord-Est, de la Normandie et du Massif armoricain, la nouvelle coalition reçoit les félicitations de la grande majorité des conseils généraux et d'arrondissement, des conseils municipaux, des préfectures et des sous-préfectures. Ce qui la caractérise? La liquidation politique du ralliement, et l'effondrement complémentaire des républicains progressistes, scindés en trois tronçons : leur droite rejoint les conservateurs,

leur centre maintient un titre parlementaire bien dévalué, leur
gauche qui aime le pouvoir et sait reconnaître les voies qui permet-
tront d'y revenir fonde, avec Étienne et Rouvier, l'Union démocratique. En profondeur, et avant même que le combat contre
les congrégations soit entamé, c'est, sur la base du rejet du ralrie-
ment, dont les élections de 1898 avaient révélé la fragilité dans
l'opinion, l'anticléricalisme qui ressoude les « bons républicains ».
Sur ce terrain l'opinion socialiste peut suivre. L'Union des gauches
va assurer pour un temps la stabilité, née dans les années 80,
de la politique de concentration.

Les reclassements qui se manifestent n'ont pas seulement un
caractère conjoncturel. C'en est fini en France d'un certain nombre
d'incertitudes. Les perspectives d'union contre la république des
politiciens et des fripons, d'une partie de l'extrême gauche prolétarienne et d'une partie de la petite bourgeoisie nationaliste, se
sont effondrées. Une tentative de rassemblement comme celle
dont le journal de Barrès *la Cocarde* avait été le symbole en 1894-
1895 n'est plus possible : Barrès a choisi son camp, les socialistes
aussi. Dans le pays le prestige de la république parlementaire
s'est affermi, même auprès de ceux qui combattent la république
bourgeoise. Du coup, dans les cadres politiques de la gauche,
l'antisémitisme a été balayé : on ne retrouvera plus de formules
suspectes dans la presse radicale ou socialiste de province; en
1912, la SFIO, lors de son congrès de Lyon, comme le bureau
confédéral de la CGT, condamneront unanimement et sans débat les
tentatives de la nouvelle extrême droite pour faire pénétrer l'antisémitisme dans la classe ouvrière. En revanche, l'antimilitarisme
va s'y développer, ainsi que dans les couches populaires les plus
proches du prolétariat. La condamnation du « sabre » cesse d'être
l'apanage de quelques groupes militants. Rempart de la nation
ou menace contre la République? A présent ces deux visions de
l'armée coexistent.

L'Affaire a enfin exercé, dans l'histoire de la société française,
une fonction à l'époque méconnue. Elle marque l'entrée dans la
vie publique de couches nouvelles s'exprimant par des moyens
nouveaux. En réalité le règne absolu des comités de notables et
des intermédiaires élus a pris fin. Transformation préparée de
longue date, mais qui s'accomplit pendant l'Affaire. La classe

politique dirigeante se berce en vain, dès 1900, de l'espoir que les temps de l'Affaire sont à cet égard révolus[1]. Si les grandes ligues sont moribondes, sauf la Ligue des Droits de l'homme, de plus petites viennent au monde : nous les retrouverons, et d'abord celle de l'Action française. Les syndicats, les coopératives, les sociétés professionnelles, les associations universitaires se sentent parties prenantes dans la vie publique : beaucoup participent au grand défilé organisé le 19 novembre 1899 pour l'inauguration de la statue de Dalou : le *Triomphe de la République*. On tient des permanences, on colle des placards, on distribue des feuilles volantes. L'influence des sociétés de pensée progresse. L'illustration fait pénétrer de force certains thèmes dans l'imagination des foules. La grande presse sort consolidée de l'Affaire, et bon gré mal gré, elle a dû prendre parti : Jean Dupuy du *Petit Parisien* entre dans le ministère Waldeck-Rousseau. Les femmes elles-mêmes, tenues en tous domaines à l'écart de la vie publique, par les républicains comme par leurs adversaires traditionnels, s'y sont parfois mêlées. Des nobles d'Armorique ont appelé les « femmes de Bretagne » à se mobiliser en « filant leur quenouille »; la tendresse féminine pour « le pauvre orphelin » du colonel Henry s'est confondue avec les invectives contre les juifs. Inversement, Zola a reçu de nombreuses lettres de femmes pleurant les malheurs de Dreyfus, de Picquart. Le premier groupe de femmes socialistes s'est constitué pendant l'Affaire et trois femmes sont entrées au comité central de la Ligue des Droits de l'homme. *La Fronde* de Marguerite Durand a été dreyfusiste, ardemment. Jusqu'aux députés qui interviennent : le 30 juin 1898, la Chambre, libérale, a voté la proposition Viviani accordant aux femmes pourvues des diplômes exigés le droit d'exercer la profession d'avocat. Menus indices, mais qui concernent l'ensemble du corps social. N'est-ce pas lui aussi qui va se transformer avec la constitution en partis organisés sur le plan national, des radicaux, des socialistes, avec la constitution de la CGT? Et le nationalisme, un temps refoulé, sous quelle forme va-t-il réapparaître? Le XXe siècle commence.

1. Cf. le discours de Waldeck-Rousseau à Toulouse le 28 oct. 1900 : « Les meetings où se préparaient les désordres du lendemain se sont tus, la rue est redevenue l'avenue animée et paisible que la clameur des cortèges a cessé de remplir. »

2

La France du Bloc
et l'ascension du radicalisme

De 1899 à 1905 l'organisation, l'ascension du radicalisme, contemporaine des processus par lesquels se structurent les nouveaux partis socialistes, est incompréhensible hors l'affleurement, à la surface du tissu social, d'un mouvement profond qui permet à de nouvelles couches de s'insérer dans la vie publique. C'est comme un trésor commun où puisent les forces politiques qui participent à la défense républicaine et bientôt au Bloc des gauches.

1. Le vivier commun

Ses eaux abondantes proviennent de groupements divers mais dont aucun n'est le monopole d'une catégorie socioprofessionnelle : tout un réseau de sociétés de pensée où se retrouvent les bons républicains qui vont devenir parfois les membres, les sympathisants, en tout cas les électeurs des partis en train de s'organiser. Par elles se réalise l'entrée dans la pratique politique de citoyens — mais beaucoup plus rarement de citoyennes — qui, en leur absence, seraient souvent restés dans l'isolement, l'insociabilité.

purged

La franc-maçonnerie.

Au convent de septembre 1899, le Grand Orient s'épure de ses loges antisémites, notamment algériennes, et en avril 1900 des francs-maçons chez qui s'était développé un esprit ouvertement antisémite. D'autres loges surgissent aussitôt; dans le Gard, qui serait avec la Charente-Inférieure et le Lot-et-Garonne un des départements les plus maçonnés de France, deux nouvelles loges se créent : « l'Aurore » (Uzès) en 1900, le « Progrès-Humanité » (Saint-Ambroix) en juin 1903. Le mouvement tout entier se radicalise. Le rationalisme de certains francs-maçons les pousse à simplifier à l'extrême le rituel; les « Enfants de Gergovie » (Clermont-Ferrand) considèrent qu'il est temps d'ouvrir une « enquête générale sur l'état d'esprit qui règne » dans l'armée. Les loges adhèrent ardemment à la politique de défense républicaine : 4 000 maçons en tablier défilent devant le monument de Dalou le 19 novembre 1899 et le convent de 1901 décide la constitution de comités républicains chargés d'organiser la propagande en faveur des candidats ministériels aux élections de 1902. Cette flamme unitaire n'empêche pas la diversité des options : les questions sociales sont discutées pendant les convents; dans le Nord les maçons guesdistes qui contrôlent le grand journal républicain, *le Réveil du Nord*, jouent un rôle important dans la scission du POF; Viollette préside l'Union amicale des francs-maçons socialistes constituée lors du convent de 1901, mais, quoique — ou parce que... — peu perméables à la notion de parti, les loges se considèrent comme plutôt radicales. Depuis 1896 ce sont d'ailleurs des radicaux qui « tiennent le maillet » au Grand Orient : le pasteur Frédéric Desmons, député puis sénateur du Gard; Louis Lucipia, l'ancien proscrit de la Commune, un temps président du conseil municipal de Paris; Desmons à nouveau, puis ses disciples Delpech et Lafferre.

L'option radicale, facilitée depuis 1876 par la suppression dans la constitution du Grand Orient de toute référence à l'existence de Dieu et à l'immortalité de l'âme, répondrait assez bien à ce que nous savons — à vrai dire peu de chose — du recrutement des loges. Dans les départements fortement maçonnés, il est dominé par la petite bourgeoisie — instituteurs, percepteurs, employés communaux, boutiquiers, artisans — et s'est en vingt ans nettement démocratisé. Mais dans ceux où n'existent qu'une ou deux loges, le coût des transports s'ajoute au poids des notables républicains pour freiner l'enthousiasme maçonnique chez les petites gens et l'infanterie des loges se recrute pour l'essentiel chez les professeurs, médecins et chirurgiens, avocats et notaires, négociants et, en pays protestant, pasteurs. Au reste, le caractère initiatique de la maçonnerie limite son recrutement, sans doute plus que le taux, modique, des cotisations, et le Grand Orient refuse de s'ouvrir aux femmes malgré le vote de plus d'un tiers des maçons [1]. Avec quelques centaines de loges dont le nombre d'adhérents ne dépasse sans doute que rarement la trentaine, le Grand Orient, si étroitement uni au Bloc, ne peut passer pour un mouvement de masses.

La Ligue des Droits de l'homme.

L'extension rapide de la Ligue — quelque 25 000 adhérents en 1901, plus de 40 000 en 1906 — la distingue nettement de la maçonnerie, plus fermée. En raison de ses origines, les intellectuels y occupent une place privilégiée [2]. Sa vocation à défendre les citoyens contre toute injustice, le puissant service de contentieux dont elle dispose et l'influence dont elle jouit au ministère de la Justice lui valent un taux de recrutement élevé parmi les juristes, les avocats, mais aussi dans la France protestante, petite bourgeoise et rurale : dans le Gard des villages entiers, pasteur en tête, se déclarent ligueurs. Les radicaux n'en ont pas et n'en auront jamais la présidence; Ludovic Trarieux la garde jusqu'en 1903 et c'est le nouveau député socialiste de Lyon, protestant comme Desmons, et venu des mêmes milieux politiques que Trarieux, Francis de Pressensé, qui lui succède alors. Autour d'Allemane et de Sébastien Faure, socialistes et anarchistes y jouent un rôle grandissant : d'assez nombreux responsables de bourse du travail y adhèrent et des syndicalistes, cheminots notamment, entrent à son comité central. Celui-ci est d'ailleurs majoritairement radical et les fédérations départementales jouent parfois le rôle de relais vers le radicalisme : ainsi en est-il dans la douce Charente et à Lyon où les sections de la Ligue qui ont soutenu, au cours de sa carrière politique, Victor Augagneur, pèsent lourd, en novembre 1905, dans la conquête de la mairie par un universitaire radical au brillant avenir, Édouard Herriot.

---

1. Il n'en est pas de même de l'Obédience du droit humain, mixte depuis sa création en 1893-1894.
2. Renseignements puisés auprès de J.-P. Rioux, qui prépare une thèse sur la Ligue des Droits de l'homme.

La Libre Pensée.

Beaucoup plus populaire, voire prolétarien, le recrutement des sociétés de Libre Pensée où les radicaux-socialistes, et de plus en plus les socialistes, puisent une large part de leur vigueur, mais où les purs waldeckistes se sentent souvent mal à l'aise. Dans les groupes où les classes riches font défaut et où les intellectuels — à l'exception des instituteurs — sont peu nombreux, dominent cafetiers et menus fonctionnaires, vignerons et petits exploitants, employés et ouvriers : si les cheminots et les gars du bâtiment l'emportent en Côte-d'Or, les ouvriers de la grande industrie constituent le gros des troupes du Nord et du Pas-de-Calais et avec le siècle les femmes commencent à pénétrer dans la Libre Pensée. Les effectifs se gonflent rapidement : dès le début du siècle la Libre Pensée dijonnaise compte quelque 200 membres ; des communes de quelques centaines d'habitants ont leur groupe, souvent très actif. Ces organisations de masse et de base hésitent, sauf dans le Nord, à se fédérer. Il faut beaucoup d'efforts à un prêtre défroqué, Victor Charbonnel, et à l'hebdomadaire anticlérical franco-belge *la Raison*, qu'il dirige depuis 1901, pour obtenir la création en novembre 1902, de l'Association nationale des libres penseurs de France, dont la commission exécutive regroupe tout l'état-major dreyfusard.

Les cérémonies laïques confortent chez les libres penseurs le sentiment d'appartenir eux aussi à une communauté, celle des vrais républicains : baptêmes, mariages, premières communions, enterrements laïques, contre-processions et manifestations contre les croix dans les cimetières. On fait gras le Vendredi saint pour affirmer sa liberté de conscience comme on mange la tête de veau à l'anniversaire de la mort de Louis XVI pour moquer les rois. La France ne vit pourtant pas partout sa laïcité selon les mêmes modalités : alors que les loges sont particulièrement actives dans le Midi, c'est dans l'Est allemaniste, dans la vallée du Rhône, enfin dans le Nord et le Pas-de-Calais que la Libre Pensée recrute les troupes les plus nombreuses. C'est là que socialistes et radicaux ont les occasions les plus fréquentes de se définir en se côtoyant : qu'est-ce qu'un radical ? Qu'est-ce qu'un socialiste ? Ces questions,

avant d'affleurer au jour de gloire des élections locales, se débattent
d'abord dans ces sociétés. En affirmant que la libre pensée ne
connaît pas de limite et que la propriété doit être soumise à son
examen comme l'armée et les croyances religieuses, en liant
« l'émancipation intellectuelle et morale » des individus à « l'affranchissement matériel et économique de la classe ouvrière[1] », les
libres penseurs travaillent moins à l'unité des gauches qu'ils ne
rendent petit à petit nécessaire leur différenciation. A partir de
départements pionniers — l'Isère, la Côte d'Or, le Nord et le
Pas-de-Calais où la Fédération créée en mai 1901 entend « propa-
ger les principes du matérialisme scientifique », la conquête de la
Libre Pensée par l'idéologie socialiste gagne toute la France.

Les organisations laïques.

Libres penseurs, les instituteurs le sont le plus souvent, même
s'ils font baptiser leurs enfants. Petits parmi les petits, ces hommes
et ces femmes, qui, après quatorze ans de service, gagnent 100 francs
par mois alors que la pension à l'auberge en coûte 75, ces « Jean
Coste[2] » prolongent souvent leur classe où la défense de la laïcité
se confond avec les leçons quotidiennes par l'animation d'activités
extérieures. On les rencontre dans les loges comme à la Ligue
des Droits de l'homme, dans les sociétés de Libre Pensée ou le
comité républicain de leur localité. Au fil des causeries pour
adultes organisées pendant l'hiver progresse l'acculturation d'une
paysannerie restée souvent fruste : on lui apprend à se défier
de l'alcool et de la routine, on lui enseigne l'hygiène et l'amour
de la République. Communs à la quasi-totalité des instituteurs,
ces objectifs ne les empêchent pas de se diviser au sujet de l'armée
ou de la question sociale : le vivier de l'enseignement primaire
sera dans l'ensemble plus favorable au radicalisme qu'au socialisme lorsque les divergences se creuseront entre l'un et l'autre
courant. La laïcité militante inspire également une revue qui

1. Amendement Doizié à la charte de la Libre Pensée (Rome, sept.
1904).
2. C'est le titre d'un roman de A. Lavergne que les *Cahiers de la
quinzaine* publient en 1901.

commence à paraître en juin 1902, les *Annales de la jeunesse laïque*.
Fondée par Georges Etbert [1], elle entend alors regrouper toutes les
nuances républicaines, du colonel Picquart à Malato, d'Henry
Bérenger à Jaurès : « Sont laïques tous ceux qui ont la foi en la
raison humaine, qui la veulent forte et émancipée. » Et l'éditorial
des *Annales* ajoute en octobre 1902 : « Sont jeunes... tous ceux
qui aiment la jeunesse, qui s'intéressent à ses efforts. » Cette
définition, consolante, n'empêche pas le premier congrès de la
Fédération des jeunesses laïques, qui se tient à Paris les 8 et 9 novembre 1902, de réunir pour l'essentiel la seule jeunesse des écoles. La
nouvelle Fédération affirme vite son originalité antireligieuse —
« le christianisme est l'ennemi de toute vie, de tout progrès » —,
pacifiste et internationaliste, favorable à l'émancipation de la
femme, thème de son deuxième congrès. Elle devient bientôt lieu
de débats, voire d'affrontements entre « républicains » et « socialistes ».

Les universités populaires.

Au bouillonnement de ces années s'intègrent spectaculairement
les « UP ». Les premières sont antérieures à l'Affaire : les « Soirées
de Montreuil » naissent en 1896 et la « Coopération des idées »,
que G. Deherme anime faubourg Saint-Antoine, au début de 1898.
Mais de 1899 à 1902 leur essor se situe dans le sillage du dreyfusisme. Si l'enthousiasme décline dans la capitale à partir de 1902,
la vitalité du mouvement reste intacte en province. La carte des UP
qui se font représenter au congrès de mai 1904 met en évidence
les terres chaudes et les terres froides. Difficile à interpréter, elle
suggère une implantation sociologique urbaine qui privilégie
en général les anciens métiers sur la grande industrie et une implantation idéologique qui recouvre les régions de vif affrontement
entre les « forces du passé » et celles du présent. A l'origine de ce
réseau institutionnel de conférences, de causeries, de fêtes éducatives, apparaît presque toujours l'idée que « le peuple », assise
innombrable de la République, peut être dévoyé et que les intellec-

---

1. C'est l'anagramme d'un ancien collaborateur de la *Revue socialiste*,
G. Béret.

tuels ont pour devoir de le détourner, en l'enseignant, des pièges du cléricalisme et du nationalisme. Ainsi se prolongent chez beaucoup les engagements de deux années passionnées. Populiste, voire paternaliste, le mouvement qui porte les intellectuels vers les UP? Sans doute. En tout cas, c'est au lendemain de l'Affaire que surgit ce désir d'une rencontre entre travailleurs manuels et intellectuels qui semblait exclue des premières années de la République.

Les difficultés étaient grandes : des cours magistraux sans lien le plus souvent avec l'expérience quotidienne des ouvriers ou avec leur vie militante, des travailleurs fatigués par une dure journée, parfois encore analphabètes — en 1901, 14 % des hommes et 21 % des femmes de plus de quinze ans sont illettrés —, deux langages hétérogènes... Pourtant, la rencontre se fit et, lorsque l'UP avait pour support une bourse du travail, il lui arriva d'être durable : ainsi à Bourges à partir d'avril 1900, à Laval à partir de novembre 1901. Au départ des municipalités modérées subventionnèrent certaines UP, les inspecteurs d'académie autorisèrent les professeurs des lycées à parler aux ouvriers : éducation mutuelle, échange de services, ces mots reviennent souvent. Mais on peut suivre, en liaison avec la reprise des luttes ouvrières et les affrontements locaux, le processus de raidissement au terme desquels la cohabitation entre intellectuels et ouvriers devient difficile, voire impossible : à Laval, dès mai 1902, deux professeurs d'École normale démissionnent de l'UP; un avocat renonce à y « conférencier »; son fondateur et président Félicien Challaye, jeune professeur de philosophie, est en juillet déplacé d'office; à Bourges à partir de 1908 les ouvriers deviendront minoritaires au conseil d'administration de l'UP et les thèmes sociaux n'y seront plus abordés. Voies différentes, résultats voisins.

Pendant quelques années pourtant, toutes ces sociétés de pensée apparaissent étroitement emmêlées et les points de désaccord sont dissimulés par la nécessité de combattre l'ennemi commun. Comme le dit un des rapporteurs au congrès de mai 1904, lorsque les conférenciers se déclarent radicaux, radicaux-socialistes ou socialistes, ce ne sont que « des prénoms : le nom de famille est républicain ». Les mêmes hommes en ville se retrouvent souvent dans les divers comités. Au village, le même noyau suffit à tout : ainsi

en est-il dans l'Yonne que commence à parcourir un professeur de
Sens, Gustave Hervé, que son antimilitarisme rend populaire et
qui, sympathique commis-voyageur de la Libre Pensée, popularise
l'antimilitarisme. Il n'est pas de trop de toutes les forces « avancées » pour que perce enfin cette « démocratie » dont l'idéologie
n'est pas encore fixée. Les socialistes en bénéficient parfois, comme
dans l'Yonne, les radicaux le plus souvent. Aux yeux des catholiques pratiquants et des notables républicains qui ne se laissent
pas volontiers embarquer dans l'armée fraternelle de l'émancipation humaine, ce sont en majorité des « autoritaires » et des
hommes dangereux pour l'ordre social.

2. L'organisation des partis républicains

La publication à Paris, en 1901, du livre pionnier de M. Ostro-
gorski, *la Démocratie et l'Organisation des partis politiques*, est
contemporaine de la naissance des organisations nationales qui se
réclament de la politique de défense républicaine assumée par
Waldeck-Rousseau ou tout au moins la soutiennent lorsque le
risque se présente qu'elle soit en péril. Les partis qui naissent alors
— parti radical et radical-socialiste, parti socialiste de France et
parti socialiste français et même l'Alliance démocratique —
cherchent à s'organiser au-delà des groupes parlementaires dont le
proche passé a montré l'inadéquation à une opinion publique en
mutation. Les regroupements auxquels procèdent vieux et nouveaux
routiers de la lutte politique et sociale ne sont pas simples tactiques
d'appareils, ils s'insèrent dans la bataille d'arguments et d'idées
qui se développe dans le pays.

Le radicalisme se ressaisit.

Les radicaux n'assument dans le ministère Waldeck-Rousseau que des fonctions secondaires, en particulier des Travaux
publics avec Pierre Baudin. Cette faiblesse traduit d'abord le déclin
de leur force parisienne sous le poids du nationalisme : les élections municipales de 1900, avec la spectaculaire défaite de Lucipia,

sonnent le glas du radicalisme parisien dont la province n'a pas
encore pris clairement le relais. Elle exprime surtout leur incohé-
rence : entre eux ni accord profond sur les questions nouvelles,
ni discipline de groupe, ni leader reconnu : Goblet achève sa carrière, Clemenceau reste à l'écart, Pelletan passe pour un foudre de
guerre. Qui donc est radical? Même au Parlement la réponse se
voile d'obscurité. Sous les frondaisons du Luxembourg le vocable
a conservé sa charge inquiétante : pas de radicaux au Sénat mais
un groupe d'une soixantaine de membres dit de la « Gauche démocratique » et qui comprend de nombreux radicaux mais pas tous et
pas seuls. A la Chambre, le terme, pour certains, a cessé de semer
l'effroi : ils sont depuis 1898 une centaine qui lui accolent l'épi-
thète « socialiste » et qui ont élu Pelletan comme président de
leur groupe; mais presque aussi nombreux ceux dont la pudeur
s'offusque encore : sous la présidence d'un ancien peintre militaire,
Dujardin-Beaumetz que ses activités originelles voueront plus
tard au secrétariat aux Beaux-Arts, ils adhèrent, comme au Sénat,
à la « Gauche démocratique ». Il est enfin des radicaux non inscrits — ainsi Léon Bourgeois, le père du « solidarisme » et d'autres
qui le sont trop : l'un d'eux n'adhère pas à moins de trois groupes
parlementaires. Après l'exclusion, en décembre 1898, des députés
ouvertement nationalistes et antisémites, les « vrais radicaux »,
ceux qui ont voté « à gauche » dans la plupart des scrutins importants seraient, selon J. Kayser, environ 150.

Dans le pays pourtant se dire radical n'est pas dépourvu de
sens. Certes, de l'ancien credo, bien des articles sont tombés en
désuétude : révision de la Constitution, suppression du Sénat,
hostilité aux conquêtes coloniales. Mais un bon radical est pourvu
de signes distinctifs : il sait s'attacher aux réalités locales, il connaît
les allées du pouvoir et s'isole le moins possible de l'administration; la République n'est à ses yeux ni une simple forme constitutionnelle à laquelle on pourrait se rallier du bout des lèvres, ni la
source mystique du bonheur telle que l'ont vue si longtemps tant
d'ouvriers; c'est le régime qu'illumine le soleil de 89, voire celui
de 93 et auquel s'attaque « l'inacceptable coalition » dirigée par
l'Église romaine. Face à cet ennemi le discours radical est celui du
progrès dans les limites qu'impliquent l'attachement à la propriété
privée et finalement le respect de l'ordre social.

A l'heure du waldeckisme, les radicaux se ressaisissent assez vite. Déchargés du pouvoir comme des jeux de l'opposition parlementaire, ils ont le temps de se mettre à l'écoute de la « démocratie », surtout en province où nombre de parlementaires modérés voient passer peu à peu au radicalisme une partie de leurs troupes. Dans cette évolution la presse nationale — *le Radical, la Lanterne* et un nouveau quotidien, *l'Action*, que lance en mars 1903 un jeune écrivain, Henry Bérenger — joue un certain rôle. Mais plus grand encore celui de la presse locale ou régionale : grands quotidiens déjà anciens et en pleine expansion comme la *Dépêche* dans le Sud-Ouest ou *le Progrès* dans la région lyonnaise, journaux plus modestes comme *le Réveil social* dans le Nord, voire *le Petit Rouennais*, hebdomadaires d'arrondissement lancés par le comité d'un candidat à l'occasion d'une élection, ils sont nombreux ceux qui, à partir des noyaux urbains, rayonnent sur le réseau des bourgs et des gros villages et qui prêtent leur voix aux sociétés de pensée, aux comités où se structure la vitalité provinciale.

Naissance du parti radical et radical-socialiste.

Au début de 1901 les initiatives viennent des états-majors radicaux de la capitale et non pas des groupes parlementaires longtemps réticents, ni des provinces où la conquête est pourtant en bonne voie. Les contacts se nouent entre le Comité d'action pour les réformes républicaines — qui, à la fin de la précédente législature, avait déjà rassemblé parlementaires, comités et loges pour réunir les munitions indispensables aux élections et où un radical d'ancienne souche, député de Paris depuis 1883, Gustave Mesureur, et un avocat franc-maçon, René Renoult, jouent un grand rôle —, la Ligue d'action républicaine constituée pour préparer les manifestations du 14 juillet 1900 et le Comité républicain du commerce et de l'industrie venu au monde en mars 1899 : son président Alfred Mascuraud (1848-1926), Parisien de souche, antiboulangiste dès 1887, dirige la Chambre syndicale de la bijouterie, qu'il a fondée en 1873. Le 8 avril 1901, le Comité d'action rend public un appel pour la tenue à Paris d'un « congrès du parti républicain-radical » dont il faut « assurer l'unité » pour « combattre le cléricalisme, défendre la République » et réaliser un programme de

« réformes démocratiques » en vue des élections de 1902. Inutile d'en dire davantage : notre programme « existe tel que nos pères... l'ont formulé [1] ».

Partie d'en haut, cette initiative va dans le sens des aspirations de nombreux militants dont l'ascension politique n'est possible, faute d'argent et de notoriété, que s'il existe un minimum d'organisation au sommet et, à la base, des comités capables de s'intéresser aux élus et à leurs actes. Aussi la province répond-elle avec chaleur, même chez les radicaux du Midi, quelque peu inquiets pourtant d'un congrès convoqué sur des bases aussi floues : s'agit-il seulement de préparer les élections, ou de fonder un parti? Si la deuxième hypothèse est la bonne, se voudra-t-il composante du bloc républicain ou expression politique du Bloc tout entier? Est-il possible enfin d'esquiver la question sociale au nom de la défense de la République? Sur tous ces points le Comité d'action fait silence. Et ce silence finalement le sert. Dès lors les élus ne peuvent guère ne pas suivre. Du 21 au 23 juin 1901, se retrouvent à Paris les représentants de 155 loges, de 215 journaux, de 476 comités. Plus de 1 100 élus, dont 201 députés et 78 sénateurs sont là ou ont fait connaître leur accord. Des leaders radicaux, seul Clemenceau fait défaut. De ces assises sort un organisme ambivalent dont les statuts ne seront d'ailleurs adoptés qu'en 1903. Le « parti républicain radical et radical-socialiste » est composé de « comités, ligues, unions, fédérations, sociétés de propagande, groupes de Libre Pensée, loges, journaux et municipalités [2] » qui acceptent les « programmes » votés aux deux premiers congrès. Cette base multiple, vivace, insère la nouvelle organisation dans le tissu national créé par certains secteurs de la bourgeoisie et de la petite bourgeoisie, mais exclut les organismes proprement ouvriers, syndicats et bourses du travail : choix de classe que l'usage du mot « socialiste » ne suffit pas à démentir. L'adhésion directe des élus au parti, l'autorité qu'ils détiennent officiellement dans les congrès où leur voix vaut celle d'un délégué revient à privilégier les électeurs sur les adhérents. Ce privilège, les élus entendent le tenir à l'abri de tout contrôle gênant : aussi gémissent-ils parfois sur la tyrannie des

1. Mesureur, dans *la Lanterne*, 10 juin 1901.
2. Art. 1 du règlement approuvé au congrès de Marseille en 1903.

journaux radicaux [1], plus rarement sur celle des fédérations départementales, dont l'existence, tardive, reste souvent nominale. Le
système, qui ne prévoit ni carte ni cotisation individuelle n'empêche
même pas un groupe de base de se faire représenter par un non-
radical, voire, comme cela se produira en 1905, par un socialiste.
Pour permettre le rassemblement le plus ample possible, la déclaration du parti au Congrès de Paris se caractérise surtout par la
volonté d'agir vite : « C'est la fin de l'ère des ajournements. » Le
verbe a gardé son prix et la distance qu'il entretient avec l'acte
est assez faible en certains domaines pour donner, en d'autres,
confiance.

Largement enraciné dans le pays, le parti radical affirme ainsi
sa vocation à rassembler toutes les voix du Bloc républicain. Sa
finalité est d'abord électorale. L'existence d'un comité exécutif, élu
par le congrès annuel, mais trop nombreux pour être vraiment
efficace, celle du comité directeur désigné par le comité exécutif
et qui se mue bientôt en bureau avec président, secrétaires et trésorier, ne doit pas faire illusion, malgré la personnalité obstinée —
ainsi J.-L. Bonnet — ou passionnée — ainsi Pelletan — de tel
secrétaire ou président du parti. Le comité exécutif, souvent critiqué, plus souvent ignoré, n'est qu'un rouage de l'organisme qui
part en 1901 à la conquête du pouvoir. La vraie puissance du radicalisme, il faut à cette date la chercher dans ses élus, dans ses comités, dans les forces vives locales et régionales que les congrès
réunissent une fois par an sans pouvoir prétendre à les contrôler
ni même à les orienter. Plus tard elle lui viendra de l'appareil
d'État où il s'efforcera de pénétrer et de ses liens avec certains
milieux d'affaires.

L'Alliance républicaine démocratique.

La constitution du parti radical contraint les waldeckistes à se
définir. La tâche n'était pas facile et elle n'était pas souhaitée.
Beaucoup de parlementaires transitaient selon les scrutins de
l'abstention au vote ministériel : ainsi Louis Barthou et les dépu-

---

1. A. Huc s'en expliquera dans la *Dépêche* le 5 mars 1908.

tés pyrénéens de sa clientèle, ou Raymond Poincaré qui, inquiet du soutien « collectiviste » à la défense républicaine, pouvait d'autant moins se séparer de Waldeck qu'à Commercy les catholiques dénonçaient sans relâche son unique discours en faveur de la révision du procès Dreyfus. Position inconfortable qui, pour des parlementaires élus comme progressistes, rendait nécessaire en période préélectorale, quelque effort vers la cohérence. Ainsi prend naissance en octobre 1901 l'Alliance républicaine démocratique. Rien d'un parti : un regroupement, plutôt qu'un groupement, très lâche, à peine un cadre : une « alliance » d'hommes politiques privés de toute assise politiquement structurée mais sensibles à l'opinion de leurs électeurs, fort riches souvent et liés aux « grands intérêts ». Le nouveau mouvement se donne deux présidents : A. Carnot, président du conseil général de la Charente, membre de l'Institut et frère de l'ancien président de la République, et l'ancien gouverneur de la Banque de France, J. Magnin. Ainsi les grandes affaires et l'intelligentsia officielle président à ses destinées. Parmi ses membres les plus notoires : Barthou et Poincaré, Rouvier et Étienne, H. Chéron et J. Siegfried, deux ministres aussi : J. Caillaux et J. Dupuy. Ce rassemblement, ministériel certes — ce qui est une caution —, mais à droite de la coalition ministérielle et fortement lié au monde des affaires — ce qui rassure —, obtient vite le soutien de la presse à grand tirage : *le Petit Parisien*, *le Matin*, *le Journal*. Le manifeste qu'il adresse aux électeurs, savamment balancé sur sa droite comme sur sa gauche, tourne pourtant sa pointe contre « les candidats patronnés ou favorisés par la coalition clériconationaliste » et c'est avec le parti radical que des engagements « d'union et de concorde » sont pris.

Les partis socialistes.

Le terme de parti s'applique mieux aux forces socialistes qui se structurent entre décembre 1899 et mars 1902. Ici l'organisation ne naît pas d'une exigence électorale, même si la perspective des élections n'est jamais absente. L'aspiration unitaire a sa source théorique dans l'unité de classe du prolétariat, affirmée par les guesdistes, vécue par les allemanistes, intégrée à la réflexion philosophique de Jaurès. D'autres considérations, plus conjoncturelles, modulent chez lui comme chez Vaillant, le leader du parti socialiste révolutionnaire, le désir d'unité : pour la défense de la République contre le nationalisme militariste et clérical, pour entamer l'œuvre de transformation sociale, la pression d'un grand parti ouvrier paraît indispensable. Mais l'unité socialiste se heurte à de nombreux obstacles : patriotisme d'organisation des groupements les plus anciens et en particulier du guesdisme; inquiétude devant le ralliement au socialisme en expansion de couches nouvelles et de leaders soupçonnés de carriérisme, tel, après son entrée quelque peu équivoque dans le cabinet Waldeck-Rousseau, Alexandre Millerand. La poussée unitaire à la base est cependant assez forte, au lendemain de l'Affaire, pour que, malgré la condamnation formelle du « millerandisme » par le POF et le PSR, se tienne, à Paris, salle Japy, du 3 au 8 décembre 1899, le premier congrès général des organisations socialistes. Le « parti socialiste » qui en sort est composé des cinq organisations nationales antérieures : POF, PSR, POSR, FTS, Confédération des socialistes indépendants. Juxtaposées, ces forces ne fusionnent pas. De plus les conditions politiques qui ont rendu Japy possible se modifient rapidement : les dangers qui, croyait-on, menaçaient la République reculent, et la confiance ouvrière dans la politique de participation ministérielle fléchit même chez les cheminots, particulièrement sensibles pourtant à l'intervention de l'État. Les fédérations allemanistes de l'Est suggèrent alors que se constituent des fédérations départementales autonomes rassemblant tous les groupes qui se réclament du socialisme, y compris les syndicats et les coopératives, quelle que soit l'organisation nationale à laquelle ils se rattachent, et le mouvement se développe très rapidement. Mais il se heurte à l'opposition absolue du POF qui y voit une menace pour son existence jusque dans ses fiefs du Nord et du Pas-de-Calais. Au congrès de Wagram (28-30 septembre 1900) ses militants quittent la salle. Au congrès de Lyon (26-28 mai 1901) un mois avant la fondation du parti radical, le PSR, sommé de choisir, rejoint les guesdistes. La scission est consommée.

Ce sont dès lors deux partis socialistes qui s'organisent, bien différents. L'Unité socialiste-révolutionnaire, constituée à Ivry en novembre 1901 entre le POF, le PSR et l'Alliance communiste issue en 1896 d'une mini-scission allemaniste, débouche en sep-

tembre 1902 sur la création du parti socialiste de France. « Parti
de révolution et par conséquent d'opposition à l'État bourgeois »,
il pose en principe le refus du budget, de la participation au gouvernement et des alliances avec les partis de la bourgeoisie. Parti
centralisé, son conseil central et surtout sa commission exécutive,
élue par le congrès annuel, disposent de pouvoirs assez étendus.
Parti de militants plus que d'élus, il est appauvri par de nombreux
départs, surtout dans le Midi. Fondé sur l'unité organique, il
constate que celle-ci se réalise assez bien. A l'autre pôle le parti
socialiste français s'organise dès le congrès de Lyon sur la base
des fédérations départementales où s'étaient engagés allemanistes
et indépendants. Pendant les premiers jours de mars 1902 il définit
son programme à Tours. Organisme de « transformation sociale
et de défense républicaine », il se veut partie prenante dans le Bloc
républicain. Le comité interfédéral qui passe pour le diriger n'est
composé que de délégués des fédérations. Parti d'élus plus que
de militants, c'est le groupe parlementaire qui proclame sa ligne
politique, malgré les vives tensions qui l'opposent au comité
interfédéral. Groupement d'opinion, il a comme voix quasi officielle
la Petite République, quotidien de large audience. Deux partis
socialistes donc, à l'écart desquels restent huit fédérations pleinement autonomes, trop révolutionnaires pour le PSF, trop unitaires
pour le PS de F, ainsi que les cadres du POSR qui, en janvier 1902,
quittent le comité interfédéral. Mais à vrai dire les socialistes révolutionnaires votent eux aussi pour Waldeck-Rousseau dès que le
gouvernement est menacé, ou tout au moins s'abstiennent. Les
deux partis socialistes, même lorsque l'hypothèque millerandiste
les oppose, font finalement figure de « partis républicains ».

3. La victoire du Bloc

Les élections législatives. 27 avril-11 mai 1902.

Peu d'élections ont été aussi longuement préparées et passionnément disputées que celles de 1902. Le très faible pourcentage
national des abstentions le 27 avril — 20,8 % des inscrits, 3,1 % de

moins qu'en 1898 — rappelle que c'est « la République » qui semble en cause : sinon son existence du moins sa nature qui, pour beaucoup de Français, se confond avec son existence. Il y a sans doute à droite des gens qui se disent républicains, il n'y a de bons républicains que ceux qui soutiennent la politique de défense républicaine. Dans l'ensemble du pays, deux camps : gauche contre droite. Dès le premier tour, pourtant traditionnellement propice aux candidatures multiples, deux candidats et deux seulement s'opposent le plus souvent. Au second tour les désistements fonctionnent quasi sans défaillance : à droite, entre les candidats de la Ligue de la patrie française, les conservateurs traditionnels dont il est souvent bien difficile de distinguer les hommes de l'Action libérale fondée par Jacques Piou en juillet 1901 et les progressistes antiwaldeckistes comme l'industriel roubaisien Eugène Motte ; à gauche, ils s'étendent aux collectivistes les plus hostiles au millerandisme : à Lille le comité exécutif du parti radical appelle à voter pour un guesdiste de souche, Delory, que Pelletan en personne vient soutenir. Au total, sur 589 circonscriptions, 415 sont pourvues dès le premier tour et il n'y en a que 9 où trois candidats s'affrontent au second.

La violence du discours électoral de 1902, son ton pathétique, sa dénonciation véhémente de l'adversaire disent la force des passions auxquelles les candidats font appel, mais aussi leur confusion. Fort peu de programmes en effet et, quand il en est, voisins sur de nombreux points : à droite comme à gauche, pour gagner la fraction hésitante du corps électoral, on se prononce pour la République, une répartition plus juste des impôts, l'amélioration du sort des déshérités de la fortune et même le service militaire de deux ans. Sur la politique extérieure, motus, alors que la diplomatie française entre dans une période décisive. Sur la situation des colonies, silence, alors que l'Algérie, l'Indochine ont fait beaucoup parler d'elles. Symbolique, la profession de foi du radical Doumer à Laon : « Je suis trop connu pour avoir besoin de développer un programme. » Comme l'écrira Goblet en juin 1902, ce qui a tenu lieu de programme, ce sont des déclarations d'adhésion ou d'opposition au ministère. Ministériel, antiministériel, ces vocables se chargent de passion. Derrière eux se dissimulent les références à ce que Waldeck n'a pas vraiment fait : régler la « question religieuse », républicaniser l'État. Mais, aux yeux des « vrais républicains », la formule qui affirme la continuité et replie le Bloc sur l'application des mesures prises par Waldeck-Rousseau constitue un engagement de modération sociale, décisif pour gagner les voix des modérés. A droite, de même, elle permet de regrouper l'ensemble des contestataires : ennemis traditionnels de la République, ralliés inquiets, bourgeois de tous ordres affolés par l'alliance des « républicains » avec les socialistes.

La coalition parlementaire qui dirigeait la France depuis 1899 sort consolidée des élections. Le Bloc a vaincu. A la chambre une majorité de 80 à 90 sièges. Mais au premier tour 200 000 voix à peine séparent les deux camps. A la différence de la France militante, la France électorale n'a que modestement bougé en une vingtaine d'années. La répartition des sièges dans chaque camp ne manque pas d'intérêt. A droite la poussée des nationalistes est médiocre sauf à Paris où, poursuivant la conquête de la capitale, ils balaient radicaux et socialistes des arrondissements du centre et du quartier Latin et mettent notamment en échec Mesureur et Brisson[1], Allemane, Groussier et Viviani. Entre les progressistes antiministériels et l'ancienne droite conservatrice, l'osmose se parfait au point que l'on répète mal l'existence électorale de l'Action libérale : Piou est d'ailleurs battu en Haute-Garonne. Les bastions de la droite restent le Nord-Est, le Nord et l'Ouest, en particulier la Normandie et elle conserve des positions non négligeables, voire étoffées, des Landes à l'Ardèche.

A gauche, le mécanisme électoral qui met en avant les modérés en cas d'élections bipolaires joue à plein, renforcé par le caractère anticlérical d'une campagne qui ignore la classe ouvrière. Les efforts antérieurs des militants socialistes en sont en partie annulés. Certes, le nombre de voix qu'ils recueillent continue à augmenter, mais non leur poids spécifique parlementaire : ils ont moins de 50 élus. Principales victimes : les socialistes révolutionnaires, une dizaine seulement, dans la Seine ouvrière, le Nord et le Pas-de-Calais, l'Allier et l'Isère ; les guesdistes surtout ont perdu plus du tiers de leurs électeurs et dans le Midi méditerranéen leur défaite confine à l'effondrement. A l'intérieur de la « famille socialiste »

1. Il est repêché au 2e tour à Marseille.

le fléchissement du PS de F profite à ceux qui se réclament de la défense républicaine. Les radicaux-socialistes eux-mêmes sont en minorité par rapport à ceux qui refusent l'adjectif. Sur leur droite enfin une centaine d'élus qui se réclament plus ou moins de l'Alliance démocratique, et dont un certain nombre comme Poincaré ont joué quasi ouvertement un double jeu. Au total la gauche se renforce ou reste stable dans tous les départements à forte densité industrielle à l'exception de la Seine-Inférieure. Elle progresse nettement dans les départements peu industrialisés du Sud-Ouest — où, des Pyrénées à la Dordogne, elle gagne douze sièges — de la vallée de la Saône et des Alpes, du Massif central. Mais la victoire du Bloc s'accompagne de tensions internes grossièrement favorables aux courants les plus antisocialistes et l'orientation du pouvoir politique n'est pas inscrite dans l'arithmétique parlementaire au lendemain des élections.

Les conditions de la victoire du Bloc.

Pour en éclairer les limites et les composantes il convient à présent de regarder du côté des soutiens financiers du Bloc, du côté aussi de la conjoncture.

L'action du Comité républicain du commerce et de l'industrie reste plus inconnue que méconnue. Ascension rapide : au bout de quelques mois il fait figure de personnage collectif quasi officiel et son banquet automnal donne chaque année au président du Conseil l'occasion de prononcer son discours-programme de rentrée. Dès 1902 il groupe quelque 4 000 membres. En juillet 1905 il en comptera 12 000 [1]. Il finance assez largement les candidats du ministère. Mais à quelles conditions? Moyennant quelles promesses? Nous l'ignorons. Le Comité en sa jeunesse recrute d'abord dans le patronat des vieilles industries, chez les hommes du négoce viticole et dans la boutique. De Paris il rayonne sur Lyon et Saint-Étienne, Amiens et Lille, Rouen et Nancy, mais surtout sur les terres du gros rouge et des vins plus fins. Son

---

1. E. Davesne, *Le Comité républicain du commerce, de l'industrie et de l'agriculture*, Nevers, 1912. (Le ralliement des notables ruraux se fait en 1908.)

influence est assurément pour quelque chose dans l'esquive économique et sociale qui caractérise la campagne républicaine de 1902 et en particulier dans l'ambiguïté des formulations fiscales. Sans doute pousse-t-il à un accord privilégié entre les hommes de l'Alliance démocratique et le radicalisme dont il est partie prenante : le 6 octobre 1902 Combes fera frémir les notables du Comité en évoquant devant eux « les revendications hautaines d'un socialisme exaspéré[1] ».

La mise en relation des élections et de la conjoncture est plus problématique. La vague de grèves de l'année 1902 — près de 5 millions de journées chômées — n'a pas son équivalent pendant la décennie précédente, mais la grève générale des mineurs est postérieure aux élections et, quoique les grèves défensives du printemps aient sans doute contribué au recul de la popularité de Millerand, il serait aventureux d'en tirer des conclusions électorales. Il faut surtout les replacer dans un plus vaste ensemble : celui de la brève crise boursière et industrielle qui secoue l'économie de 1901 à 1903; poussée brève du chômage, réductions de salaire, inquiétude exploitée par les adversaires du Bloc : cela peut contribuer à expliquer, en milieu urbain, certaines poussées à droite, ainsi à Rouen où plusieurs centaines de dockers se prononcent pour l'adversaire du député radical sortant[2]. La crise de 1901 se situe pourtant dans le contexte général de bonne marche des affaires qui a sans doute contribué à modérer la portée, sinon l'écho, de la crise dreyfusiste : elle ne l'interrompt ni en tous les secteurs, ni en tous les secteurs au même moment. Enfin dans un pays resté majoritairement rural, mais où la pression paysanne sur la population active a diminué, la petite paysannerie a quelques raisons, dans certaines régions, de se sentir rassurée : le chemin de fer créateur d'emploi et de commercialisation a facilité par exemple l'apparition de cultures maraîchères dans le sillon rhodanien et l'écoulement de la viande dans la vallée de la Saône. Toutefois, non seulement la brutale croissance du vin languedocien à partir de 1900 commence à semer l'inquiétude

1. E. Combes, *Discours*, Paris, 1909, p. 88.
2. P. Mansire, « La presse et les élections de 1902 en Seine-Inférieure », *La Presse en province sous la IIIe République*, Paris, A. Colin, 1958 (sous la direction de J. Kayser).

— de 18 F en 1900 l'hectolitre passe à 14 F en 1901 sans que la surproduction ait encore déroulé toute la chaîne de ses conséquences — mais le relèvement des revenus du fermier ou du propriétaire exploitant n'est encore ni net ni général[1]. Dans ce temps court, hésitant et contrasté, la petite paysannerie n'emboîte guère le pas à ceux qui insistent sur le marasme des affaires. La diversité des situations régionales laisse toute sa chance au poids de l'idéologie en particulier républicaine, et, à partir des bourgs, à ses agents les plus persuasifs en milieu rural, les radicaux.

Radicalismes régionaux.

Les radicaux ou le radicalisme? La carte électorale du radicalisme fait apparaître la diversité des radicaux. En gros, deux France : au nord d'une ligne qui va de la Gironde à la Savoie, les départements où les élus radicaux le sont sans étiquette; ce sont aussi ceux où le socialisme révolutionnaire s'est le mieux maintenu. Au sud la région — quelque vingt-quatre départements — où les députés ajoutent massivement le qualificatif de socialiste à celui de radical; c'est aussi celle où le recul guesdiste, en Languedoc comme en Provence, est le plus profond. Diverses études régionales ou locales[2] permettent parfois d'affiner les résultats législatifs.

Au nord trois cas au moins, sans compter le vieux radicalisme parisien de tradition clemenciste, qui a éclaté sous la poussée du socialisme d'abord, du nationalisme ensuite et dont il ne subsiste que des débris électoraux. Un département exorbitant : le Nord où le radicalisme, né tardivement et dans la classe ouvrière face à une puissante bourgeoisie catholique, s'est trouvé tôt coincé dans son essor par la montée du socialisme dont il ne peut, à moins de périr, se démarquer pleinement; influencé par de fortes personnalités comme celle du professeur d'anatomie Charles

---

1. G. Dupeux le fait commencer en 1903 dans le Loir-et-Cher.
2. En particulier la thèse d'État de H. Lerner sur *La Dépêche de Toulouse, contribution à l'étude du radicalisme français;* l'article de R. Vandenbussche sur « L'histoire politique du radicalisme dans le département du Nord, 1870-1905 », *Revue du Nord*, 1965; le mémoire de D. et G. Fabre sur *l'Implantation du radicalisme dans la Haute-Garonne, 1870-1914*, Toulouse, 1973.

Debierre, le radicalisme du Nord, organisé en cercles actifs plutôt qu'en comités électoraux, est favorable à une fédération solide et manifeste une exceptionnelle inclination pour l'esprit de parti. Cette attitude tranche sur celle de la majorité des départements du Bassin parisien où le radicalisme rassemble des républicains satisfaits, modérément enclins au militantisme de masse, hostiles à tout progrès du socialisme sur ces terres où la grande industrie voisine avec la grande culture. Par hostilité aux notables traditionnels ces radicaux sont en accord passager avec le Bloc, mais c'est parmi eux que se recruteront dès 1904 les premiers « dissidents » — ainsi dans l'Aisne autour de Paul Doumer — et un peu plus tard ceux qui préconiseront la rupture complète avec les socialistes : un Klotz dans la Somme, un Mougeot dans la Haute-Marne. Le vote radical est également prépondérant dans une vaste zone intermédiaire qui prend en écharpe la France de l'ouest du Massif central à la vallée de la Saône. Il s'agit de départements à population stagnante ou déclinante, essentiellement ruraux : l'ancienneté de la déchristianisation et des échanges avec les grandes villes y a coïncidé, dès 1849, avec de nombreuses voix « démo-soc ». Un radicalisme bien assis — dans l'Ain, dans le Jura, tous les élus étaient déjà radicaux en 1898 —, en expansion pourtant aux dépens des républicains ministériels — la Corrèze — ou de la droite : la Haute-Saône, la Côte-d'Or.

A ces radicalismes s'oppose celui du Midi rouge, de l'Aquitaine au Languedoc et à la Provence : un courant vigoureux, dynamique — il donne, en 1902, 65 élus au parti —, aux nuances certes diverses, mais qu'unifient non seulement l'anticléricalisme mais un goût quotidien pour la politique et les pratiques liées à une socialisation ancienne. Dans le Midi provençal et bas-languedocien le radical-socialisme continue de progresser sur un terreau depuis longtemps favorable aux idées avancées et propice aux passages entre radicalisme et socialisme : pour le moment la poussée de la vigne confirme cette orientation. En Aquitaine il s'agit d'une conquête dont un des instruments principaux est le journal d'Arthur Huc et des frères Sarraut, la *Dépêche*. La Haute-Garonne, son fief d'origine, n'a jamais été et ne sera plus jamais aussi radicale qu'en ce début du siècle : 43 % des inscrits, plus de 50 % des suffrages exprimés; sur 7 sièges 6 députés radicaux ou radicaux-socialistes.

Parti des villes le radicalisme a gagné les campagnes, ces laissées-pour-compte du développement, au fur et à mesure qu'elles s'ouvraient à la vie moderne : plus difficilement dans les zones de plateaux et de montagnes et dans les régions où prédominait le métayage, source de soumission paysanne, plus abondamment dans les vallées, les zones de faire-valoir direct et les régions à forte tradition protestante. L'apogée de 1902 est dû à la confiance, encore, des électeurs urbains jouxtée à celle, déjà, des ruraux. Dans ce pays où, à l'exception du vignoble et des grands ports, la vie économique stagne et où, le rapport de la terre apparaissant souvent aléatoire, des clientèles nombreuses quêtent la sécurité, le radicalisme se développe dans une atmosphère chaleureuse et querelleuse, il suscite une adhésion qui appelle un grand nombre de menues satisfactions, il ne se sent pas encore vraiment menacé par un socialisme dont les assises ouvrières sont locales et isolées.

Le ministère Combes et l'organisation du Bloc.

Élus comme « ministériels » mais incontestablement plus à gauche que sous la précédente législature, les députés du Bloc vont lier leur politique à celle d'un nouveau gouvernement dont la durée ne sera inférieure que de six mois à celle du long ministère de défense républicaine.

La démission de Waldeck-Rousseau, officielle le 3 juin 1902, n'a pas perdu tout son mystère : maladie? pressentiment de difficultés face à une Chambre renouvelée? désir de se mettre en réserve de la République? Les radicaux organisent rapidement, comme leur succès leur en donne la possibilité, l'occupation des pouvoirs publics : dès le 1er juin, le progressiste Deschanel est éliminé de la présidence de la Chambre par Léon Bourgeois; le 6 juin Loubet, sur le conseil de Waldeck-Rousseau, fait appel pour former le gouvernement à un sénateur radical de la Charente, Émile Combes. Cet homme de soixante-sept ans est né, comme Jaurès dans le Tarn, dans une famille d'artisans pauvres. Médecin et républicain sous l'Empire, marié à une jeune fille de bonne bourgeoisie charentaise, il a fait une carrière politique provinciale à Pons, la ville natale de sa femme : conseiller municipal en 1869, maire en 1874, conseiller général en 1879, sénateur en

1885 : un cursus typique. Signe particulier : il doit à un oncle
curé d'avoir pu faire de solides études secondaires et supérieures
avant de quitter le séminaire sans avoir jamais reçu les ordres.
Franc-maçon de longue date, c'est un spiritualiste convaincu,
ce qui n'empêche pas son anticléricalisme de s'inspirer moins
du souci de sauvegarder l'indépendance de l'État que d'un mépris
inquiet pour la vie vaine des couvents. Les quatre groupes parlementaires qui lui font confiance par 329 voix, le 12 juin, vont
constituer sa majorité : Union démocratique (visage parlementaire de l'Alliance démocratique), gauche radicale, radicaux-
socialistes, socialistes, auxquels s'agrègent sur de nombreux
thèmes les socialistes-révolutionnaires. Ils se partagent le bureau
de la Chambre, où Jaurès entre en janvier 1903, et les responsabilités ministérielles : mais les socialistes qui souhaitent éviter une
seconde affaire Millerand et dont l'aile modérée de la majorité
n'apprécierait guère la présence, ne pénètrent pas dans le cabinet.
Avec deux radicaux-socialistes dont Pelletan, quatre radicaux
et quatre républicains ministériels dont Delcassé aux Affaires
étrangères et Rouvier aux Finances pour rassurer la Banque,
c'est un ministère « équilibré » et où ne se retrouvent que trois
membres du cabinet waldeckiste. Entre la Chambre et le ministère
s'organise durablement l'ancienne délégation des groupes de
gauche qui était apparue à la fin de 1900 pour étudier le problème
des congrégations. Représentation permanente des forces politiques constitutives du Bloc, la Délégation des gauches est formée
dorénavant de délégués élus par chaque groupe parlementaire
à la proportionnelle; organe directeur de la coalition, elle prévoit
la tactique, gère les séances et assure la liaison avec le ministère.
C'est un organisme original et mal connu, présidé par un élu
radical de Saône-et-Loire, Ferdinand Sarrien, et que Jaurès
oriente dans la voie d'une alliance privilégiée entre socialistes
ministériels et radicaux.

Sur quoi repose le magistère combiste qui s'instaure dès l'été
1902? P. Sorlin a souligné la part du mythe dans la vision commune de Waldeck en Périclès de la République, dont la pure
parole aurait subjugué les Chambres. On échappe avec Combes
à cette tentation. Le petit médecin provincial est un politique
habile mais il manque d'éclat et de foudre. Son influence repose

bien plutôt à Paris sur la Délégation et dans le pays sur la volonté militante de l'aile gauche de sa majorité. Des corps élus constitués, des sociétés en tout genre arrivent en permanence adresses de félicitations, plus tard exhortations. La *Dépêche* interdit toute velléité d'indépendance aux 40 députés, aux 20 sénateurs du Sud-Ouest dont les électeurs sont ses fidèles lecteurs, en leur faisant comprendre que leur fidélité au Bloc est la condition de leur réélection; elle réaffirme cette clef de voûte du combisme : l'alliance entre socialistes et radicaux. Se démarquer nettement du marxisme, cette doctrine contraire à la pensée libre, mais non des socialistes, ne proscrire aucune idée nouvelle même en matière de propriété, ce n'est sans doute pas l'idéologie de Combes, ce devient peu à peu celle du combisme dans ses zones les plus vivaces. C'est en quoi l'anticléricalisme ne suffit pas tout à fait à le définir. C'est en quoi aussi le Bloc a moins desservi le socialisme qu'on le pense ordinairement.

4. L'œuvre du Bloc

De la loi sur les associations (1er juillet 1901)
à la séparation de l'Église et de l'État (9 décembre 1905).

Plus de quatre années séparent ces deux textes fondamentaux pour la laïcisation de la France, que relie un parcours au tracé à la fois direct et accidenté. Depuis longtemps souhaitée par la bourgeoisie républicaine, explicitement présentée par les radicaux comme « un préliminaire indispensable de la Séparation[1] », la loi sur les Associations comporte en effet un chapitre dirigé contre les congrégations religieuses dont la mise en œuvre ouvre, au lendemain des élections, la porte à la rigoureuse pratique combiste. S'aggrave alors la tension latente avec la papauté, et le conflit d'autorité qui éclate en 1904 entre l'Église et l'État conduit à la fin du régime concordataire mis en place par Bonaparte. « La

1. Déclaration du groupe radical et radical-socialiste de la Chambre, 30 mars 1898.

Congrégation » — Brisson emploie volontiers ce singulier de
majesté — gîte ainsi au cœur du débat laïque rouvert par les radicaux dès le début de 1898 et dont l'affaire Dreyfus a fait apparaître
les multiples implications. Juridique, il a attiré l'attention sur
l'imprécision des statuts qui, hors du cadre concordataire,
régissent les congrégations. Il a mis à jour l'influence de la
Bonne Presse et son financement par les riches assomptionnistes.
En révélant les mensonges de l'État-Major, il a ouvert le feu
sur les collèges religieux, les « jésuitières » où sont formés les cadres
militaires. La Commission d'enquête sur l'enseignement secondaire de 1899 a elle aussi mis en évidence le développement de
l'enseignement congréganiste : dix nouvelles maisons à Lyon
depuis 1880; avec plus de 40 % des élèves du second degré, les
établissements confessionnels recrutent non seulement dans la
bourgeoisie riche mais chez les hauts fonctionnaires, y compris
dans l'Éducation nationale et chez les commerçants soucieux de
leur clientèle. La fortune des ordres religieux, support de leur
puissance, fait l'objet de supputations souvent sérieuses : leur
richesse immobilière aurait plus que doublé en cinquante ans et
l'on dénonce la fructueuse industrie des salésiens et des chartreux. Ceux qui paient leurs impôts s'inquiètent enfin des procédés
par lesquels les congrégations fraudent le fisc.

La loi du 1er juillet 1901 porte la marque de cette hostilité,
moins explicite dans le projet préparé par Waldeck-Rousseau
mais qu'il a assumée sans protestation sous la pression de la
Chambre. A la différence des autres associations dont la liberté
de constitution est entière, et pour lesquelles la déclaration (simple) n'est obligatoire que si elles souhaitent la capacité civile,
les congrégations religieuses ne peuvent se former sans autorisation législative (article 13), les membres des congrégations non
autorisées n'ont pas le droit d'enseigner, les préfets ont un pouvoir
annuel de contrôle sur les biens des congrégations de leur ressort.
De la défense républicaine on passait à l'offensive, tout au moins
dans les textes. Tout dépendait en effet de leur application. Au
congrès de fondation du parti radical Brisson appela à une « lutte
de durée » nécessitant « un gouvernement résolu appuyé sur une
majorité également résolue et fidèle », c'est-à-dire un gouvernement dirigé par les radicaux. L'anticléricalisme populaire en

était d'accord. Il séparait d'ailleurs de moins en moins clergé séculier et clergé régulier : les conseils municipaux qui abattaient les croix dans les cimetières ou refusaient d'accepter les legs pour achat de cloches étaient aussi ceux qui donnaient un avis défavorable aux demandes d'autorisation des congrégations qui géraient les hospices et le vocable « parti noir » recouvrait l'Église militante, des moines aux curés. Les établissements congréganistes, qui avaient continué à proliférer après le vote de la loi, furent les premières victimes du combisme : les décrets du 27 juin 1902 ordonnent la fermeture de 120 d'entre eux, les décrets du 1er août de tous ceux qui sont en contradiction avec la loi. De mars à juillet 1903 le Parlement rejette les demandes d'autorisation des congrégations jusque-là non officiellement autorisées. Après quatre mois de discussion, la loi du 7 juillet 1904, qui supprime tout enseignement congréganiste, est le fruit d'une pression continue exercée sur le gouvernement et sur les parlementaires par la presse radicale la plus avancée et par les comités. Le combisme n'est pas essentiellement le fait du « Petit Père ».

Va-t-on dès lors au monopole de l'enseignement dans les mains de l'État? Le débat, tôt engagé, divise le Bloc selon des clivages qui ne correspondent ni aux partis ni même aux sociétés de pensée Il met en cause à la fois une certaine conception de l'anticléricalisme et une certaine conception de l'État. A côté de l'anticléricalisme traditionnel s'exprime un courant athéiste militant qui entend s'opposer à la diffusion par le canal scolaire de toute pensée religieuse. Il s'assortit souvent d'une tonalité franchement jacobine chez certains radicaux et chez les socialistes, en particulier blanquistes : Arthur Huc dans la *Dépêche*, Henry Bérenger dans *l'Action*, Viviani et Albert Bayet, Allard et Vaillant. En face d'eux des esprits plus libéraux ou moins profondément athées : de Ferdinand Buisson, professeur à la Sorbonne, libre penseur convaincu mais minoritaire sur ce point au parti radical, à Jaurès, voire à Combes qui voit dans le spiritualisme le garant de la morale. A leurs yeux l'institution congréganiste doit être détruite mais les ex-congréganistes ont comme tout citoyen le droit d'enseigner librement : le moine privé de son habit se pénétrera de la vie du siècle; la croyance est moins dangereuse que l'organisation qui la supporte; la laïcité n'est ni neutralité ni monopole

mais possibilité de diversité. Finalement le *forcing* radical, tenté
en octobre 1903 au congrès de Marseille, se perd dans les sables :
l'avant-garde athée renonce à poser dans l'immédiat le problème
du monopole.

Elle va par contre se consacrer à faire aboutir la séparation de
l'Église et de l'État et elle y parviendra car, quoique isolée sur
les modalités, elle ne le sera sur le fond ni au Parlement ni dans
le pays. La Séparation figure en effet depuis longtemps parmi les
objectifs essentiels des républicains : en bonne place dans le
programme de Belleville défendu par Gambetta en 1869, elle est
reprise par un grand nombre de candidats radicaux en 1902
et le parti socialiste français l'inscrit à son programme comme
élément fondamental de « la laïcisation complète de l'État ».
Il importe de comprendre d'abord les facteurs qui l'ont rendue,
selon l'ordre du jour des gauches du 10 février 1905, « inévi-
table ». Le ministère Combes, si ardent contre la Congrégation,
ne semblait pas pressé en effet de mettre en œuvre ce grand projet : il n'était pas facile au gouvernement de se priver délibéré-
ment d'un instrument de contrôle sur l'Église séculière comme
celui qu'avaient créé le Concordat et les Articles organiques;
de nombreux députés du Bloc hésitaient et les conseils généraux,
comme on le verra au printemps 1905, ne se montraient guère
pressés de prendre position [1]. La pression vint des militants de la
Libre Pensée au contact des socialistes de diverses obédiences. Elle
vint aussi de Jaurès à qui la fondation de *l'Humanité*, en avril 1904,
fournit une caisse de résonance adéquate. Mais ces volontés
auraient sans doute été insuffisantes si la campagne contre les
congrégations n'avait mis en lumière quelques vérités insuffisamment perçues jusque-là et entraîné ainsi l'adhésion de républicains
beaucoup plus modérés [2]. Il apparut en effet que la sécularisation
de la vie sociale et la déchristianisation rendaient exotiques aux
yeux de très nombreux Français les liens que le Concordat avait
fixés entre le clergé séculier et le gouvernement. Il apparut aussi
que la République, en portant des coups sévères aux moines

---

1. Lors de la session de Pâques 1905, 17 conseils généraux seulement
émettent un vote favorable à la Séparation, la plupart s'abstiennent.
2. Cf. l'enquête du *Siècle* résumée par J.-M. Mayeur. (Voir 60).

ligueurs et aux autres avait à la fois prouvé et confirmé sa solidité : l'obéissance des notables ne dépendait plus d'un clergé plus ou moins tenu en laisse par le processus concordataire. La situation intérieure rendait donc la Séparation acceptable pour une forte majorité et pour le gouvernement. Mais non point encore nécessaire. Elle le devint lorsque, à partir du printemps 1904, le pape Pie X [1] et le secrétaire d'État Merry del Val manifestèrent par une série d'initiatives leur volonté de pratiquer une politique de prestige [2] qui, aussitôt dénoncée, apparut comme un défi à l'indépendance nationale. Le 30 juillet 1904, la France rompait les relations diplomatiques avec le Vatican. Le 4 septembre, Combes déclara la Séparation inéluctable et le congrès de Toulouse du parti radical vota à l'unanimité, un mois plus tard, le rapport de Buisson qui concluait à l'urgence.

De Léon Parsons à Paul Grunebaum-Ballin et à Louis Méjan, un haut fonctionnaire protestant, le projet de loi fut longuement préparé pendant l'hiver 1904-1905. Le 21 mars 1905 s'ouvrait à la Chambre la discussion sur le rapport présenté par le socialiste Aristide Briand. Les divisions réapparurent rapidement. La Séparation devait-elle être l'ultime étape vers la laïcisation de l'État républicain ou un outil de lutte contre la papauté « dernière des idoles » et pour le triomphe de la « raison affranchie »? Le projet Briand, dont Jaurès se fit le supporter dans *l'Humanité*, choisissait la première voie contre Combes dont le texte initial avait eu la faveur de la Libre Pensée. Les débats qui se déroulèrent autour de la nouvelle rédaction de l'article 4 consacré aux cultuelles mirent clairement ce choix en évidence. Pour ses partisans il s'agissait de rendre possible autre chose : la « paix politique et sociale », selon Briand, « l'étude des questions financières » pour Poincaré, les réformes sociales et l'action pour le socialisme, disait Jaurès. Objectifs différents mais dont la convergence passagère signifiait qu'aucun des trois leaders ne considérait comme absolument fondamentale la « question religieuse ». Pour les adversaires de l'article 4 la Séparation était l'occasion

---

1. Au lendemain de son avènement, en août 1903, il avait pourtant fait preuve d'esprit de conciliation.
2. Note pontificale concernant la présence du nonce en France, citation de deux évêques français devant le Saint-Siège.

Le scrutin de la loi de Séparation (3 juillet 1905)

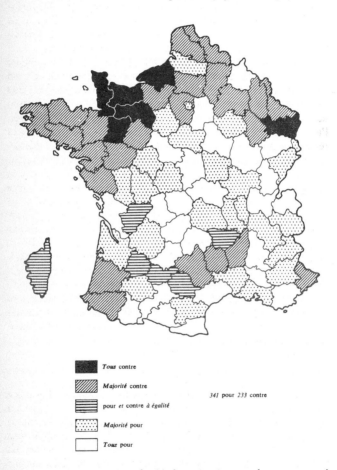

■ *Tous* contre

▨ *Majorité* contre

≡ pour *et* contre à égalité

⋯ *Majorité* pour

□ *Tous* pour

341 pour *233* contre

La carte ne tient pas compte des 14 abstentionnistes ou absents par congé.

(d'après J.-M. Mayeur, « Géographie de la résistance aux Inventaires »,
Annales ESC, nov.-déc. 1966, carte n° 2, p. 1267.)

de liquider les bases idéologiques des religions révélées[1]. Finalement, le 3 juillet 1905, le texte de Briand fut adopté par 341 députés : la gauche libre-penseuse s'y était ralliée et le Bloc avait retrouvé, pour un instant, son unité. Dans l'opposition 233 députés : toute la droite catholique, ralliée par l'abbé Lemire.

Promulguée le 11 décembre, la loi déclare que la République française « assure la liberté de conscience » et « ne reconnaît, ne subventionne ni ne salarie aucun culte ». Pour donner aux croyants l'assurance que les associations cultuelles chargées de la dévotion des biens ne seront pas une machine de guerre contre les religions, l'article 4, modifié, prévoit qu'elles devront se conformer aux règles d'organisation générale du culte. La loi a une triple portée. Disciplinairement, elle liquide le gallicanisme dont le directeur général des Cultes, Dumay, était un fidèle servant : elle donne la certitude que nul obstacle venu de l'État ne s'interposera entre Rome et l'Église de France. En supprimant « l'établissement » des Églises, la loi ouvre aux prêtres la perspective d'une vie incertaine alors que grandit le souci général de sécurité : elle peut donc accroître les difficultés du recrutement et de la pastorale. Enfin, en introduisant les laïques dans la gestion des biens et la vie matérielle des cultes et de leurs desservants, elle leur donne une importance nouvelle par rapport à la hiérarchie : elle rend ainsi possible dans l'avenir un nouveau type de relations entre l'Église et la société civile; elle déblaie le terrain qui va permettre l'adaptation de l'Église au monde moderne, lorsque le débat sur le cléricalisme n'occupera plus la première place.

Républicaniser la France...

Il avait fallu convaincre le gros des élus radicaux de l'urgence de la Séparation. La républicanisation de la France se situe au contraire au cœur de leurs exigences. Il s'agit essentiellement de l'administration, en plein essor. Qu'il subsiste de nombreux fonctionnaires antirépublicains, agressivement réactionnaires en tout cas, c'est plus que vraisemblable, chez les plus âgés surtout

---

1. Le contre-projet Allard, qui défend leur point de vue, recueille 59 voix.

et donc souvent les plus chargés de responsabilités. Les républicains ont quelque raison de s'en préoccuper. D'autant que, la victoire électorale du Bloc ne retentit pas automatiquement sur la fonction publique : waldeckistes bon teint, les ministres Leygues puis Chaumié n'hésitent pas à frapper les enseignants dont les comportements leur semblent trop « avancés » : Gustave Hervé, agrégé d'histoire, radié le 8 décembre 1901 pour propos antimilitaristes, Thalamas « l'insulteur de Jeanne d'Arc[1] » déplacé en décembre 1904. Républicaniser l'administration, c'est d'abord protéger les « républicains », ceux qui entendent user, hors de leur fonction, de la liberté d'expression reconnue au citoyen, voire, à leur poste, du droit à l'esprit critique. Comment républicaniser enfin sans démocratiser? Le cas de la magistrature, aux règles d'accès ancestrales, fait d'autant plus problème que ce corps exerce la fonction répressive majeure. Radicaux et socialistes réfléchissent au recrutement de classe des magistrats, aux longs stages sans traitement qui réservent ces fonctions aux riches fils de famille. Et d'envisager, qui leur élection, qui, à tout le moins, l'institution d'un concours[2], censé porteur d'égalitarisme.

La vigilance républicaine, à laquelle la poussée nationaliste a donné les doux reflets de l'urgence et de l'innocence, ne se limite pas au contrôle des puissants ou des « petits chefs » — l'expression apparaît en décembre 1904 — et à l'élaboration de nouvelles règles de recrutement. Le parti radical tend à confondre le service de l'État non seulement avec celui de la République mais avec celui du gouvernement radical : « Quand un fonctionnaire ne se sent pas d'accord avec le gouvernement dont il dépend, son honneur et sa dignité lui devraient commander de se retirer[3]. » Les emplois publics devraient-ils être distribués contre obligation de fidélité au ministère? En province les brûlots locaux dénoncent les administrateurs infidèles. Plusieurs circulaires de Combes — 20 juin et 26 novembre 1902, 18 novembre 1904 — enjoignent aux préfets de s'informer sur les candidats aux fonctions publiques

---

1. Il est accusé d'avoir nié sans tact le caractère sacré de notre héroïne nationale.
2. Louis Martin, *Bulletin du parti radical*, 3 mai 1905.
3. Éditorial du *Bulletin du parti radical*, 8 mars 1905.

auprès des élus républicains ou du « délégué ..., notable de la commune qui est investi de la confiance des républicains et qui à ce titre les représente auprès du gouvernement quand le maire est réactionnaire ». Le régime de clientèle n'est pas loin. Sans doute la chose n'est-elle pas nouvelle : n'entre-t-elle pas dans les règles classiques du scrutin d'arrondissement quand aucun mécanisme institutionnel, aucun contrôle, n'en vient freiner l'usage? Quant à l'ampleur des résultats il faudrait pour en trancher une enquête non encore entreprise. Faute peut-être d'un personnel de rechange capable, Combes ne semble pas, par exemple, avoir éliminé systématiquement les préfets dont les loges demandaient le départ : le mouvement préfectoral qui suit les élections porte sur un quart des départements alors qu'il en avait en 1898 visé plus du tiers, et ceux qui quittent le corps ne sont pas mis à pied[1]. Il reste que les radicaux au pouvoir n'ont pas géré la fonction publique autrement que leurs prédécesseurs : sans couleur de la républicaniser ils y ont souvent placé leurs hommes.

Aucune « administration » n'est alors mise en cause plus rudement que l'armée. Sa républicanisation fait l'objet de nombreuses mesures et d'une longue réflexion. Galliffet met à la retraite quelques officiers supérieurs et se préoccupe de rendre au pouvoir politique, en l'occurrence le ministre, l'autorité suprême sur la carrière de ses subordonnés[2]. Les loges discutent des réformes nécessaires et en appellent au général André qui succède à Galliffet le 29 mai 1900 : le nouveau ministre prend quelques initiatives : modification des règlements qui codifient la vie quotidienne — le mess n'est plus obligatoire — et le mariage — la dot non plus —; faveurs — ou compensations pour de longues injustices... — accordées sous forme d'avancement aux officiers républicains sur la base de renseignements collectés par le Grand Orient : c'est le point de départ de l'affaire dite des « fiches » qui éclate à la Chambre le 28 octobre 1904. Délation (Guyot de Villeneuve)? Devoir républicain (Lafferre)? Mésaventure secondaire (Jaurès)? L'affaire entraîne au bout de deux semaines la démission d'André et porte

1. J. Siwek-Pouydesseau, *op. cit.*
2. Décrets du 28 septembre 1899 et du 9 janvier 1900.

au ministère Combes un coup dont il ne se relèvera pas. De toutes parts cependant ont afflué d'autres suggestions : rendre publiques les raisons des mauvaises notes mises par les officiers supérieurs; fermer les écoles militaires où les sous-officiers sont formés en vase clos; supprimer la Légion d'honneur, ce « hochet » source de favoritisme [1]. Une réalisation : la loi militaire de mars 1905 qui ramène le service de trois à deux ans et supprime les dispenses dont jouissaient les étudiants et les ecclésiastiques. Le recrutement du contingent sera plus égalitaire, le soldat restera moins longtemps encaserné, le corps des officiers a été légèrement républicanisé. Des améliorations, aucune réforme de structure. La bourgeoisie qui avait adhéré au Bloc n'entendait pas, dans sa grande majorité, que l'on touchât sérieusement à la force militaire, gardienne de la frontière et de l'ordre social. Le consensus anticlérical ne pouvait se transférer sur l'armée. Le sabre avait mieux résisté que le goupillon.

... et la moderniser.

Les modifications intéressantes qui se font jour en 1902 dans l'enseignement secondaire, après une des premières batailles du baccalauréat de notre histoire [2], si elles permettent aujourd'hui, grâce à l'enquête qui les a précédées, de percevoir les éléments d'une crise de longue durée, n'entraînent pas davantage de changements structurels et ne contribuent même pas à démocratiser le recrutement des lycées et collèges. Les hommes de la réforme — Ribot, qui en 1899 a présidé la commission d'enquête, le banquier Aynard, président de la Chambre de commerce de Lyon, qui en 1902, soutient vigoureusement Ribot à la Chambre — sont d'ailleurs des modérés, antiwaldeckistes notoires. L'exposé des motifs, qui fait état de la croissance rapide du capitalisme industriel, souligne les besoins de la société en cadres nouveaux : « L'Université ne peut plus se contenter de préparer les jeunes gens qui lui sont

---

1. Propositions formulées notamment en 1903 par la loge de Clermont-Ferrand, les « Enfants de Gergovie ».
2. Décrets des 20 juill. et 18 nov. 1901, surtout décret du 30 mai 1902.

confiés aux carrières libérales. » Aménager leur formation, certes. Mais sans modifier le recrutement : bourgeoisie, classes moyennes, boursiers « sortis de la démocratie », c'est ainsi que Ribot le caractérise. Les timides propositions de gratuité formulées par quelques radicaux et socialistes suscitent aussitôt dans l'imagination verbale du ministre de l'Instruction publique, des légions « d'avocats sans cause, de fonctionnaires, de parasites sociaux [1] ». Seul Jaurès entrevoit, dans l'instauration d'un premier cycle de l'enseignement secondaire, un pas vers « l'éducation commune de tous les enfants de la nation [2] ». En ouvrant à l'enseignement moderne sans latin la porte du sacro-saint baccalauréat, la réforme reconnaît certes en principe la légitimité et les droits d'un enseignement plus « utilitaire ». Mais en continuant à valoriser une conception rhétorique de la culture générale, où les langues modernes sont acceptées comme un substitut dégradé du latin et du grec [3], en maintenant une cloison étanche entre le réseau primaire et primaire supérieur d'une part et d'autre part le réseau secondaire auquel introduisent les classes primaires des lycées, en refusant la gratuité des lycées et collèges, la réforme de 1902 confirme la spécificité de l'enseignement secondaire comme enseignement de classe, elle couronne l'organisation universitaire entreprise au temps de Jules Ferry par la bourgeoisie républicaine, comme la loi de 1905 sur le service militaire couronne l'œuvre de 1889.

Perspectives et réalisations sociales :
de Millerand à Trouillot.

La républicanisation du pays se traduisait donc par la vigilance politique et, dans une mesure encore mal connue, par le renouvellement du personnel de l'État plus que par des transformations institutionnelles. En un point pourtant s'amorça une tentative cohérente de mise en place de structures nouvelles : la classe ouvrière en fut l'objet et le ministère du Commerce, de l'Industrie

1. G. Leygues, Chambre des députés, 14 février 1902.
2. *Petite République*, 4 février 1902.
3. « L'esprit classique, déclare le ministre, est de tous les temps et de tous les pays, parce que [...] il est le culte de la raison claire et libre, la recherche désintéressée de la beauté. »

et des PTT le foyer, de 1899 à 1902. Contrairement à la vision communément répandue le « millerandisme » ne se réduit pas en effet aux problèmes posés au socialisme français par la participation à un ministère bourgeois d'un député socialiste non mandaté par son organisation mais que son action comme avocat avait rendu populaire auprès des salariés. Il ne se borne pas non plus à jouer sur un air nouveau le débat entre réforme et révolution. L'entreprise est de bien plus grande envergure[1]. Elle prélude aux efforts que conduira quelques années plus tard le vrai successeur du millerandisme sinon de Millerand : Albert Thomas.

Il s'agit de la première tentative systématiquement conduite au niveau le plus élevé pour régulariser les relations industrielles et pour assurer à l'État républicain échappé aux griffes du nationalisme un pouvoir temporisateur et inévitablement intégrateur sur ces classes aux rapports considérés comme « sauvages », le patronat et le prolétariat. Grève et lock-out... Un Jaurès, qui a soutenu sans défaillance les verriers de Carmaux lors de leur lutte de 1895 et qui a découvert au cours de cette rude bataille non seulement les souffrances qu'elle coûta à la classe ouvrière mais le poids dont le pouvoir put peser sur son issue, n'est pas seul à penser que cette sauvagerie a quelque chose d'intolérable et qu'il est possible à l'État d'en réglementer le déroulement au profit des travailleurs. C'est à organiser l'action ouvrière que tendent d'abord les efforts de Millerand soutenu par Jaurès. Le syndicalisme français, si minoritaire encore et si faible, est encouragé à se muer en syndicalisme de masse : en proposant d'accroître la capacité civile des syndicats[2], en organisant leur représentation au Conseil supérieur du travail[3] Millerand œuvre à cet objectif. Mais aussi

1. Cf. la thèse inédite de A. Tramoni, *Idéologies ouvrières et patronales à travers l'enquête de l'Office du travail (1901)*, université de Provence, 1970.
2. Ce projet, fermement repoussé par les syndiqués, qui y voient un encouragement au lucre syndical et donc à un comportement bourgeois, n'aboutira pas.
3. Le décret du 1er septembre 1899 prévoit qu'un tiers de ses membres sera désigné par les syndicats ouvriers, un tiers par le patronat, les autres étant membres de droit ou nommés par le gouvernement.

à un autre. Ce surcroît de puissance il entend le canaliser vers la négociation, l'arbitrage, l'aménagement quotidien de la paix sociale : telle est la finalité de la procédure complexe d'organisation et de réglementation du droit de grève mise en discussion à partir de mars 1900[1]. L'arbitrage de l'État suppose une solide connaissance des dossiers. Millerand ici n'innove guère : ni en ce qui concerne les institutions — le Conseil supérieur du travail et l'Office du travail datent de 1891, l'Inspection du travail, un peu fantomatique depuis sa création en 1874, a été réorganisée en 1892 — ni même en ce qui concerne les hommes. Il se borne à utiliser au mieux ceux qu'il trouve en place, grâce à d'énergiques circulaires ou d'heureuses promotions; ainsi confère-t-il, le 5 août 1899, au polytechnicien Arthur Fontaine, entré à l'Office dès 1891, des fonctions élevées de responsabilité, répondant au titre de directeur du Travail qu'il conservera jusqu'à son entrée au Bureau international du travail en 1919. Mais la présence et l'activité d'un ministre « ami des ouvriers » renforce et restaure pour quelque temps la confiance dans les vertus de l'État. En réglementant les conditions de travail pour l'exécution des travaux publics effectués pour l'État, en améliorant la situation matérielle du personnel des PTT, Millerand vise d'ailleurs à modifier l'image de marque de l'État-patron, à la charger d'exemplarité : « Le gouvernement de la République, déclare-t-il le 16 décembre 1900, doit être le meilleur, le plus juste et le plus humain des patrons. »

Le socialisme qui se profile ainsi sur fond de participation ministérielle trouve de nombreux soutiens. Tout d'abord dans les professions liées à la fonction publique — les postiers, les enseignants — ou habituées depuis longtemps à requérir l'appui du Parlement par l'intermédiaire d'actifs groupes de pression : les cheminots, les mineurs. L'entrée de Millerand au ministère facilite parfois la constitution de syndicats — ainsi chez les ouvriers titulaires des PTT —, le plus souvent, chez les fonctionnaires, d'associations professionnelles. Elle fait naître de grandes espérances non seulement dans de petits syndicats locaux et isolés, mais dans de grandes fédérations. Les cheminots, après la défaite sans combat qu'ils ont subie lors de leur tentative de grève géné-

---

1. Ce projet sera repoussé le 22 décembre 1904.

rale en octobre 1898, se replient sur une politique de négociation pour laquelle la pression de l'État sur les compagnies leur paraît indispensable. Quant aux mineurs, dont la Fédération, constituée en 1892, n'est pas syndiquée à la CGT, ils placent depuis longtemps leur confiance dans l'État pour arbitrer leurs conflits avec les compagnies [1]. Millerand a d'ailleurs été l'avocat des mineurs de Carmaux en 1892. Enfin la participation socialiste suscite pour quelque temps « une attitude triomphante dans les masses laborieuses [2] » qui espèrent avoir trouvé dans l'État un défenseur en cas de grève et un protecteur grâce aux lois sociales qu'un gouvernement favorable peut promouvoir. Le recul des guesdistes chez les salariés correspond largement à ce courant. Pourtant le millerandisme débouche sur un échec qui va peser sur la suite de l'histoire ouvrière française. La seule « loi sociale » de ce long ministère, promulguée le 30 septembre 1900, aboutit dans l'immédiat à allonger d'une heure la durée de la journée de travail des enfants : les avantages de la loi du 2 novembre 1892 — étendus il est vrai à toute la population adulte des ateliers mixtes — ne se retrouveront — théoriquement — qu'en 1904. Aux élections de 1902, Millerand n'est réélu député de Paris qu'au second tour et d'extrême justesse, et Combes le remplace par un radical bon teint, Georges Trouillot, spécialiste de l'anticléricalisme : il se résoudra de bonne grâce à une politique beaucoup plus traditionnelle et Millerand pourra se donner le luxe de protester, en mars 1904, contre l'abandon de son programme social au profit de la chasse aux congrégations.

Les classes dirigeantes ne lui avaient pas laissé une grande marge d'action. Les perspectives d'intervention permanente des pouvoirs publics censés exprimer l'intérêt général ne leur conviennent guère. Les capitalistes les plus puissants, les mieux organisés, affichent leur intransigeance : ainsi le comité central des Houillères de France qui, après de longues tergiversations, finit le 28 septembre 1902, par refuser de négocier au nom des compagnies minières

1. R. Trempé, « Le réformisme des mineurs français à la fin du XIXe siècle », *Le Mouvement social*, oct.-déc. 1968.
2. « La République et les élections de 1902 », *Revue politique et parlementaire*, oct. 1901.

les revendications générales présentées par les mineurs. Comme le montre l'enquête réalisée par Jules Huret[1], les industriels décèlent dans les projets de Millerand un prétexte pour imposer la présence, inquiétante, de socialistes au gouvernement. De Schneider — Forges du Creusot — à Motte — Textiles du Nord —, des passementiers de Saint-Étienne à la Chambre syndicale des entrepreneurs de maçonnerie, de la direction des Mines d'Anzin à la Chambre de commerce de Lille, tous entendent cantonner « l'État moderne » dans un rôle « d'auxiliaire de l'initiative privée » : il doit laisser jouer la libre entreprise et s'exercer l'autorité patronale. « Un tribun fainéant serait moins nuisible » que ce Millerand, déclare Eugène Motte. A quelques exceptions près — certains entrepreneurs du port de Marseille pour qui toute solution est préférable à « l'anarchie d'une ville où la grève menace sans cesse », ou un patron moderne comme le vice-président de la Chambre de commerce de Besançon, Japy — la doctrine affirmée par Leroy-Beaulieu en 1898 dans *l'État moderne et ses fonctions* fait l'unanimité du patronat. Négociants et fabricants préfèrent régler eux-mêmes leurs conflits avec leur personnel, quitte à appeler en cas de besoin la force publique pour maintenir l'ordre nécessaire à la production du profit. Ralliés ou non au Bloc des gauches, les républicains modérés endossent ce choix et bon nombre de radicaux, sinon de radicaux-socialistes, en font volontiers autant.

Les projets d'arbitrage et d'organisation du droit de grève ne sont d'ailleurs pas seuls à les inquiéter. Le problème des dépenses de l'État et de leur financement est sous-jacent à bien des prises de position. Si le budget de la France semble s'engager dans la « bonne voie » en diminuant régulièrement de 1900 à 1904, ce n'est pas pour risquer de renverser une tendance aussi heureuse en établissant par exemple un régime de retraites ouvrières dont le financement — et l'essentiel de la gestion — serait assuré en partie par l'État. Au terme du long débat qui se déroule à la Chambre en juin 1901 autour du projet Guieysse de retraites ouvrières, la plupart des députés manifestent leur incertitude et plus vraisemblablement leur désir de ne pas voir aboutir le texte en le renvoyant

1. Jules Huret, « Les Grèves », *Revue blanche*, Paris, 1902 (préface par A. Millerand).

pour consultation aux associations professionnelles patronales et
ouvrières [1]. La Chambre du Bloc se rabattra en juillet 1905 sur un
texte rendant obligatoire l'assistance par l'État, les départements
et les communes, des vieillards âgés de plus de soixante-dix ans.
Mais il y a plus inquiétant encore aux yeux des possédants :
derrière les perspectives de réforme de l'impôt direct se profile
une « inquisition fiscale » aisée à dénoncer au pays des Droits de
l'homme. Aussi, quoique l'impôt progressif sur le revenu global
fasse partie intégrante du vieux programme radical, Combes
avertit-il les députés, dès le 12 juin 1902, qu'il faut en ce domaine
« mettre de la prudence pour ne pas alarmer les intérêts ». Il le
rappellera opportunément au banquet annuel du Comité Mascuraud qu'il préside le 6 octobre suivant : seuls les réactionnaires
pourraient préconiser de ces mesures « susceptibles de jeter la
perturbation dans les affaires ». C'est à cette volonté que répond
dans le ministère du Bloc des gauches la présence aux Finances
de Rouvier, connu pour ses liens avec la banque Rothschild.
Aucun député de la législature ne sera vraiment surpris de l'échec
du projet bâclé d'impôt sur le revenu que Rouvier présentera à la
fin de 1904.

Mais le patronat et les forces politiques liées à l'ensemble des
possédants ne sont pas les seuls à avoir finalement rejeté le projet
millerandiste. Au début séduite, la classe ouvrière se heurte bientôt
à la dure réalité. Dès novembre 1899, les cheminots qui attendaient
beaucoup du ministre des Travaux publics, un radical, Baudin,
membre du conseil judiciaire du Syndicat national des travailleurs
des chemins de fer, constatent que les arrêtés qu'il promulgue et
qui fixent la réglementation du travail sont très en retrait sur la loi
Berteaux votée deux ans plus tôt par la Chambre et, il est vrai,
non encore adoptée par le Sénat. Trois mois plus tard, en février
1900, la répression sanglante qui s'abat sur les manifestants de la
Martinique, sur les grévistes de Chalon rappelle le rôle traditionnel
de l'État-gendarme. Le bâton gouvernemental est trop gros, les
carottes insuffisantes. Les militants anarchistes et de nombreux
socialistes — guesdistes, blanquistes, allemanistes — font un effort
d'explication, sur des bases d'ailleurs hétérogènes. Au comité

_____

1. Voir (157), p. 58-59.

confédéral de Lyon en septembre 1901, la CGT maintient à une faible majorité sa participation au Conseil supérieur du travail, mais le projet de loi sur l'organisation de la grève et celui qui vise à l'institution de retraites ouvrières obligatoires sont très largement repoussés; la Confédération ne refuse pas toute loi sociale, mais elle refuse de collaborer à leur élaboration : « elle laisse aux législateurs le soin de trouver les ressources nécessaires pour instituer les retraites ouvrières [1] ». Sans doute le Syndicat des chemins de fer, malgré ses critiques, persiste-t-il à se féliciter de ce que, pour la première fois l'État soit intervenu officiellement entre le capital et le travail [2]. Et la Fédération des mineurs demande au président du Conseil, le 9 octobre 1902, le jour même où elle déclare la grève générale, de faire usage de son autorité auprès du comité central des Houillères pour l'amener à accepter un débat avec les chambres syndicales. Plus encore, le 25 juin 1903, les « députés-mineurs » du Pas-de-Calais déposent un projet de loi de retour des mines à l'État. L'attitude de ces deux corporations, ainsi que celle, plus hésitante, du Livre, doit être d'autant plus soulignée qu'elles groupent celle des mineurs surtout, de gros effectifs ouvriers. Ce n'est le cas ni de la majeure partie des syndicats groupés dans la CGT, ni des bourses du travail : J. Julliard admet qu'au tournant du siècle 1,25 % seulement de la population industrielle y adhère. Mais les masses inorganisées ne protestent pas contre le choix des organisations syndicales nationales. Or, plus clairement encore qu'au congrès de la CGT, le discours syndical qui l'emporte à celui des bourses du travail du 17 au 21 septembre 1901 sonne le glas du millerandisme en exigeant, notamment au Conseil supérieur du travail, le face à face des délégués du patronat et du prolétariat et l'élimination des représentants de l'État : classe contre classe.

Il est bien léger le bagage social des années où se produit l'ascension du radicalisme. Les réformes sociales n'ont été le fort d'aucun moment de la IIIe République. L'épisode Millerand n'a été que feu de paille. La tentative était-elle sans issue? Il ne semble pas qu'il faille en attribuer l'échec à des raisons de pure conjoncture.

1. *Documents de l'enquête parlementaire*, p. 604.
2. *Tribune de la voie ferrée*, 15 juin 1902.

Les forces sur lesquelles le millerandisme pouvait s'appuyer se
sont finalement en partie dérobées : fonction publique insuffisamment nombreuse et organisée, mineurs et cheminots eux-mêmes
insuffisamment alléchés. Au niveau du personnel politique qui
servait de support à Waldeck-Rousseau et davantage encore au
combisme, peu d'écho. Dans les rangs des militants ouvriers
concernés, une attitude d'opposition ou au mieux d'expectative
sympathique alors qu'elle avait au départ été très favorable. Le
millerandisme, oublié bientôt des classes dirigeantes, a laissé dans
le mouvement ouvrier organisé de bien mauvais souvenirs : ceux-ci
ont pesé longtemps sur le socialisme français et, la spectaculaire
évolution personnelle de Millerand aidant, ont contribué à le
maintenir pendant de longues années hors de tout gouvernement,
à l'exception de l'intermède de l'Union sacrée. L'hostilité à Millerand a d'autre part renforcé l'orientation des ouvriers les plus
combatifs, sinon des masses, vers le syndicalisme révolutionnaire.
La crise sociale et politique qui secoue la République radicale
entre 1904 et 1907 se prépare au contact de l'expérience à laquelle
le nom d'Alexandre Millerand est resté attaché et dont le combisme
avait déjà entériné l'échec.

3

Crise et mort du Bloc
1904-1907

Couverte aux heures glorieuses du Bloc par les ardeurs populaires de l'anticléricalisme, la crise qui le menaçait dès 1904 s'approfondit ensuite : crise politique et sociale née des contradictions de la société française mais qui en même temps — le fait est nouveau — prend appui sur les changements qui s'annoncent à travers le monde. Nous allons la suivre, non pas dans son déroulement chronologique, mais en en cernant les principaux aspects à l'intérieur de cette tranche de quatre années. Malgré le maintien de la discipline républicaine lorsqu'il s'agit d'aller aux urnes, le Bloc des gauches est bien mort à la fin de 1907. Mais de quelles maladies?

1. L'agitation de la France catholique

La protestation des catholiques français contre la politique combiste puis contre la mise en œuvre de la Séparation n'eut jamais une ampleur suffisante pour affaiblir le camp républicain. Au reste, celui-ci aurait plutôt été porté, devant l'ennemi, à reforger une unité qui se défaisait par ailleurs. Mais dans la crise qui, particulièrement en 1906, secoue le pays, la résistance qu'opposent à la loi les adversaires de la Séparation souligne le fait qu'une partie des catholiques vit dans la nostalgie d'un passé révolu et peut manifester son refus de la société moderne avec un sombre éclat.

La fermeture des écoles congréganistes, l'expulsion d'ordres célèbres, comme celui de la Grande-Chartreuse, avaient certes entraîné des manifestations, mais sans que s'organisât une réelle résistance à l'application des décisions officielles. Malgré la surprenante campagne menée en leur faveur depuis novembre 1902 par le radicalisant *Petit Dauphinois*, les chartreux furent expulsés le 29 avril 1903 sans que dragons, sapeurs et gendarmes soient accueillis par autre chose que les cris et les chants de quelques milliers de manifestants. Lorsque Combes interdit la prédication aux congréganistes sécularisés, il y eut quelques bagarres dans les églises d'Aubervilliers, de Belleville et de Plaisance : au total, peu de réaction et même peu de bruit.

Les choses changent avec la mise en œuvre des Inventaires en application de la loi de Séparation. Sans doute le plus souvent l'hiver 1906 ne voit-il éclater que colères platoniques et formes passives de résistance : femmes en prière sur les parvis d'églises, hommes d'œuvres et paysans qui écoutent tête nue la protestation de leur curé. Mais souvent aussi, dès février 1906 et surtout dans la première quinzaine de mars, les fidèles assemblés manifestent leur volonté de ne pas céder à la force légale, du moins sans avoir combattu. Les incidents commencent à Paris le 1ᵉʳ février à l'église Sainte-Clotilde. A la fin du mois ils gagnent la province : non seulement les départements vendéens, mais les montagnes du Velay et la Flandre, où il y a mort d'hommes. Il s'agit toujours de défendre activement ou tout au moins symboliquement l'église, bâtiment sacré, et d'interdire l'inventaire des objets qu'elle contient. Avant les occupations d'usines, les occupations d'églises. Le tocsin sonne. On se barricade dans la maison de Dieu en en renforçant les lourdes portes de chaises amoncelées. On chante des cantiques, les hommes s'arment de cannes, de pierres, parfois de lances chauffées à blanc [1]. A la campagne les paysans équipés de fourches, de bâtons ferrés, de barres de fer, montent la garde à côté de l'église ; ils se confessent et communient après avoir dicté leurs dernières volontés. Dans les Pyrénées les Basques amènent leurs ours. En face l'adversaire : le percepteur, personnage clef et particulièrement haï, les représentants de la force publique — gardes municipaux, gendarmes, hommes de troupes parfois —, le sous-préfet et, à Paris, le préfet de police Lépine, qui entame une longue carrière. Les portes sont enfoncées à coup de hache, et l'expulsion des barricadés se

1. Ces descriptions sont tirées de J.-M. Mayeur (60). Voir aussi (74).

fait sans douceur : bourgeois cossus et paysans misérables font l'expérience d'une violence jusque-là réservée aux grévistes des villes, aux ouvriers.

Pourquoi?

Les raisons de cette flambée de violences sont multiples. Les premières tiennent à des décisions extérieures aux catholiques français. La perspective d'un inventaire des biens ecclésiastiques avant leur dévolution aux associations cultuelles n'avait pas suscité d'émotion particulière au cours des débats parlementaires. Mais la Direction générale de l'Enregistrement ordonne à ses agents, le 2 janvier 1906, de demander aux prêtres d'ouvrir les tabernacles et ce document est rendu public dix jours plus tard : de là à parler de profanation, il n'y a qu'un pas, vite franchi par une partie de la presse catholique. C'est l'ordre du sacré qui est touché. Non pas seulement l'église, mais en elle le lieu du mystère [1]. Les tout premiers inventaires se déroulent pourtant pacifiquement sinon édéniquement. L'intervention de Rome va modifier l'atmosphère. Le 11 février, après un long silence, le pape rend publique l'encyclique *Vehementer nos*. Objet de sollicitations contradictoires — le clergé et les catholiques français sont très divisés sur l'attitude qu'il convient que Rome adopte à l'égard de la loi —, Pie X condamne la Séparation « comme profondément injurieuse vis-à-vis de Dieu qu'elle renie officiellement en posant le principe que la République ne reconnaît aucun culte » et comme « gravement offensante » pour la dignité du siège apostolique. Certes, le pape n'appelle pas les fidèles à la lutte armée : il suggère au contraire que les membres du clergé répondent « aux outrages par la douceur ». Mais la « véhémence » du propos est reçue comme un encouragement à la résistance la plus énergique. Le catholicisme ultramontain s'en saisit : « Roma locuta est », s'écrie le comte Albert de Mun et la presse ralliée fait écho à sa parole.

Le clergé a freiné dans l'ensemble le zèle des protestataires :

---

1. P. Grunebaum-Ballin suggérera plus tard que « cet incroyable document » a peut-être été le fait d'un provocateur *(Cahiers laïques,* janv.-févr. 1956).

évêques concordataires, riches curés de Paris qui se disent « bafoués dans leur propre église », prêtres de campagne qui appellent en vain au calme. Mais les hommes d'église sont dépassés. Une minorité de laïques se désolent de ces violences : catholiques libéraux qui estiment que « l'Église a tout à gagner à se montrer large et moderne », certains démocrates-chrétiens comme l'abbé Lemire, intellectuels centre-droit de tradition orléaniste, comme les académiciens qui adressent le 26 mars aux évêques de France la lettre dite « des cardinaux verts ». Ce sont pourtant des laïques qui ont l'initiative et assurent l'encadrement de la résistance violente. D'anciens notables cherchent à maintenir leur influence sociale. De nouvelles couches à affirmer leur influence politique : c'est le cas de la « Jeune Garde » sillonniste qui participe aux manifestations parisiennes avec l'approbation de Marc Sangnier [1] et surtout de ceux qui sur d'autres plans sont déjà leurs ennemis jurés, les hommes du néo-monarchisme inspirés par la Ligue d'Action française. En province les troupes se recrutent chez les paysans parfois sévèrement encadrés par les notables, parfois aussi mus par des sentiments plus intériorisés.

Lesquels ? C'est ce que met en évidence une carte des incidents graves liés aux Inventaires. Elle ne se confond ni avec la carte religieuse de la France rurale dressée par le chanoine Boulard, ni avec une carte de la droite française, celle qui a voté contre la loi de Séparation. Des terres majoritairement catholiques en sont absentes : ainsi les deux Savoies, où tous les députés avaient voté pour la loi, ou la Seine-Inférieure où tous s'y étaient opposés. C'est d'un certain catholicisme qu'il s'agit : celui de la vieille contre-révolution catholique, qui entend lutter contre « toutes les forces du mal et de la maçonnerie ». Elle trouve ses hommes chez ces paysans isolés dans leurs montagnes et leurs bocages, sous-politisés, et qui n'acceptent d'être encadrés que par ceux qui jadis ont socialisé leurs ancêtres : leurs curés. Les émeutiers des Inventaires, ce sont les laissés-pour-compte de la France des chemins de fer et des marchés, de la France moderne. Ils ne connaissent l'État que comme oppresseur. Ainsi s'explique la

---

1. Cf. le discours de Marc Sangnier aux Sociétés savantes le 9 février 1906 (_Discours_, Paris, Bloud et Gay, 1910, t. I, p. 459-494).

haine recuite qu'ils manifestent non seulement contre les forces de l'ordre et notamment les gendarmes, mais les percepteurs, ces agents du fisc républicain successeur du fisc royal.

Les étapes.

C'est pourquoi à l'heure de la prospérité ascendante ils ne sont guère menaçants pour l'ordre établi. Ces trouble-fête ne troublent pas vraiment la fête radicalisante. Ils la gênent cependant. La mort de Ghysel détermine l'abbé Lemire, député de sa circonscription, à interpeller le ministère et le débat parlementaire du 7 mars 1906 témoigne d'une grande confusion : la Chambre du Bloc vote tour à tour l'affichage des discours de Briand et de Ribot, du ministre de l'Intérieur et de l'abbé Lemire! Le ministère Rouvier démissionne et est remplacé par un cabinet Sarrien où Clemenceau fait à l'Intérieur sa grande rentrée politique [1]. « La loi restera une loi de tolérance et d'équité », comme l'avait dit Briand son rapporteur qui lui aussi devient pour la première fois ministre. Dès le 16 mars Clemenceau invite les préfets à suspendre les Inventaires s'ils doivent se faire par la force. On était à un mois et demi des élections et le maintien du calme — à défaut de l'ordre — républicain pouvait être payant.

Du coup, en effet, les incidents cessent. Les appels ardents à la résistance des leaders catholiques, rejoints par Jean Lerolle, le président de l'Association catholique de la jeunesse française, restent sans efficacité. Et la condamnation par Rome des associations cultuelles, le 10 août 1906 — encyclique *Gravissimo officii* —, n'empêche pas les évêques de France de rechercher avec le gouvernement un modus vivendi. Celui-ci s'instaure au printemps de 1907. Dans l'opinion catholique, la crise a quelque peu renforcé l'autorité des intransigeants, clercs ou laïques. Sur le plan militant elle n'a duré que deux mois. Les élections de mai ont d'ailleurs amplement démontré le caractère ultra-minoritaire des incidents : nulle part les catholiques n'en ont bénéficié. Contrairement à ce qu'écrivait, le

---

1. On connaît l'anecdote : Sarrien — Ça Rien, disent les ennemis du député de Sâone-et-Loire — passe les rafraîchissements à ses futurs collaborateurs réunis à son domicile : « Que prenez-vous? », dit-il à Clemenceau. — « L'Intérieur. »

5 septembre 1906, la revue jésuite *les Études*, la Séparation n'a pas « précipité le pays dans une série de mesures révolutionnaires ».

2. Grèves ouvrières et syndicalisme

La France d'autrefois avait fourni sinon tous les cadres du moins les troupes des manifestations contre les Inventaires. C'est la nouvelle France, fille de la machine à vapeur, qui s'exprime et s'organise dans la vague de grèves et la poussée syndicale des années 1904-1907.

Les ouvriers en grève.

Un gréviste pour 16 ouvriers d'industrie en 1906 : la grève est entrée, au début du siècle, dans l'horizon familier des prolétaires. Des centaines de milliers de grévistes chaque année et, plus nombreux encore, ceux qui se solidarisent avec les travailleurs en lutte : organisation sur place de « marmites communistes », collectes et souscriptions locales ou professionnelles, prise en charge des enfants de grévistes. La chanson de caf'conc' ou d'almanach, le dessin, popularisent la grève : la grève plutôt que les grèves, car c'est presque toujours aux mêmes objets symboliques, et souvent à la même utilisation de l'espace — barré par le mur noir des travailleurs ou traversé par leur flot montant — que l'illustration gréviste fait appel. La grève frappe d'autant plus l'opinion que sa durée s'allonge. Le maximum a été atteint en 1902 : près de 22 jours en moyenne, plus du triple de ce qu'elle était trente ans plus tôt. Le plus souvent offensives, les grèves utilisent au mieux une conjoncture économique florissante. Aux traditions revendicatives de salaire, toujours prioritaires, aux grèves de colère ou de solidarité qui exigent la réintégration d'un camarade ou le départ d'un contremaître, s'ajoutent les luttes entreprises pour que diminue le temps quotidien consacré au travail. En 1904-1907 un sommet est atteint à tous égards. Dès 1904, après trois mortes-saisons, la grève fait un bond : 1 026 grèves — presque deux fois plus qu'en 1903 —, 271 097 grévistes et près de 4 000 000 de journées chômées contre 2 400 000 l'année précédente. La province l'emporte de loin sur Paris. Après une nette retombée en 1905, le mouvement cumule en 1906 : 438 500 grévistes — un record qui ne sera plus battu jusqu'à la guerre — prennent part à 1 309 grèves d'une durée moyenne de 19 jours. Le département de la Seine vient en tête cette fois, et de loin, avec près du quart du total. Mais en même temps la France gréviste s'agrandit : aux départements du Nord où règnent la sombre mine et le textile impulsif, dont la présence dans le peloton de tête est déjà ancienne, à la région lyonnaise en mouvement jusqu'à Saint-Étienne et aux cités industrielles de l'Isère, s'ajoutent de nouvelles zones : la Bretagne avec les grèves spectaculaires de Fougères, de Hennebont et l'agitation constante et violente de Brest, la Lorraine du fer et de la fonte.

Le caractère spectaculaire de plusieurs de ces mouvements leur vient d'abord de leur longueur, souvent payée d'effrayantes misères : aux Forges d'Hennebont, d'avril à août 1906, 1 800 ouvriers ne se nourrissent pendant 115 jours que de crabes pêchés à marée basse et de pain parcimonieusement distribué : 350 grammes par jour et par famille au début, 750 grammes par famille toujours, mais cette fois par semaine, à la fin de la grève. L'attaque contre les « biens » — occupations violentes d'usine à Limoges, saccage des boutiques de boulangers récalcitrants à Brest — ou contre les personnes — attaque contre un maire à Lens, séquestration d'un patron du feutre à Limoges — naissent de l'exaspération ouvrière au cours d'une grève particulièrement longue ou face à un patron particulièrement haï. Les violences mortelles ne sont d'ailleurs jamais le fait des ouvriers : à Cluses, le 18 juillet 1904, les quatre fils d'un patron horloger tirent sur une manifestation autorisée et font trois morts ; à Longwy en septembre 1905, à Raon-l'Étape en juillet 1907, ce sont les forces de l'ordre qui tuent ; dans le bassin de Lens, après la catastrophe de Courrières, le sang ne coule qu'après l'entrée en scène de la cavalerie. Les grèves de ces années enfin s'imposent aux yeux de tous : on y occupe la rue, on y porte haut le drapeau, *l'Internationale* venue du Nord se généralise, les chansons de circonstance n'ont pas disparu, les chants révolutionnaires italiens pénètrent en Lorraine et dans le Midi.

La pression de la rue est d'autant plus nécessaire que le patronat a appris à s'organiser et qu'il manie plus fréquemment l'arme du lock-out. Certes, dans bien des cas — ainsi en est-il pour le textile du Nord —, il ne s'agit encore entre les firmes que de cartel de vente. Mais à Fougères la Chambre syndicale des fabricants de chaussures, créée en février 1900, et qui regroupe en novembre 1906 23 patrons sur 35[1], se sent assez forte pour déclencher en solidarité avec l'un des siens une longue épreuve de force. Battus, les patrons tentent alors d'organiser tous les industriels d'Ille-et-Vilaine et participent à la constitution d'une caisse mutuelle contre les grèves avec certains grands patrons de la métallurgie et du textile. Le lock-out enfin peut naître d'une coalition temporaire : à Lyon au début de 1905 presque tous les constructeurs d'automobile font corps avec Berliet et remportent la victoire[2].

La syndicalisation ouvrière.

Le choc créé dans l'opinion par la vague de grèves de 1904-1907 n'est pas dû à sa seule ampleur. De plus en plus souvent la grève est préparée et le syndicat se fait chef d'orchestre. Il arrive aussi que l'organisation soit fille de la grève : en se prolongeant celle-ci déclenche un processus qui lui survit et les syndicalistes parisiens enseignent aux ouvriers de province à protéger à tout prix l'outil de lutte qu'ils se sont donné. Du comité de grève au syndicat : nous sommes entrés dans le XXe siècle. L'organisation ouvrière se prolonge dans l'entreprise, dans la localité, dans la nation. A l'exception des syndicats mixtes, confessionnels et dominés par les patrons, dont l'influence ne cesse de décliner, toutes les tendances syndicales bénéficient de la poussée gréviste. Aucune n'est pleinement porteuse de paix sociale, et leur coexistence exprime et multiplie les tensions plus qu'elle ne les apaise. L'organisation syndicale avait été pensée par Waldeck-Rousseau puis par Millerand et par ceux des radicaux qui y cherchaient autre chose qu'un cadre électoral supplémentaire comme un régulateur des conflits

1. C. Geslin, « Provocations patronales et violences ouvrières : Fougères », *Le Mouvement social*, janv.-mars 1973.
2. J.-M. Laux, « Travail et travailleurs dans l'industrie automobile jusqu'en 1914 », *Le Mouvement social*, oct.-déc. 1972.

ouvriers, un outil de négociation entre les classes, une promesse d'assagissement. Il leur faut déchanter.

Certes, il est des syndicats peu turbulents. Ceux que fonde la directrice du journal *la Fronde*, Marguerite Durand, donnent de ce point de vue toute satisfaction. Ils font plus parler d'eux en raison du féminisme militant de leur animatrice que pour leur activité sociale et leur orientation anticléricale leur procure des entrées au ministère du Travail[1]. Leur caractère vigoureusement confessionnel définit au contraire les premiers syndicats catholiques dits « séparés » parce que seuls des salariés en sont membres. Fermement opposés à toute lutte de classe, ils sont encore peu nombreux : une douzaine seulement se retrouvent, le 20 décembre 1904, au premier congrès du syndicalisme chrétien. Paris, où est né en 1887 le Syndicat des employés du commerce et de l'industrie, Lyon, le Nord, voici leurs maigres places fortes. On est ici, avec G. Tessier et J. Zirnheld, aux origines très modestes de la CFTC : c'est la poussée syndicaliste de ces années qui amène le SECI, dont la légalité est reconnue le 15 mai 1905, à se définir comme un syndicat de « prolétaires » et non plus de salariés temporaires en transit vers l'indépendance professionnelle.

Les puissances syndicales apparemment les plus solides se trouvent parfois brusquement contestées. Dans le Pas-de-Calais, le pouvoir des deux députés mineurs Basly et Lamendin, appuyés sur des organisations syndicales bien rodées, vieux routiers de la négociation, est mis en cause par de jeunes mineurs, dont l'explosion de colère qui suit en mars 1906 la catastrophe de Courrières, consolide l'influence. L'audience numérique du « jeune syndicat » reste faible, mais ce bourgeonnement contestataire inquiète ceux qui misent sur le syndicalisme pour assurer la concertation. C'est à la Confédération générale du travail que le « jeune syndicat » a adhéré au 1er mai 1906, rompant ainsi avec la tradition d'autonomie de la Fédération des mineurs. Jeune CGT, elle aussi, puisqu'elle ne vient vraiment au monde qu'à Montpellier en 1902 sous la poussée de militants ouvriers lassés des dissensions entre la Fédération des bourses et la Fédération d'industries et de

---

1. M.-H. Zylberberg, *Féminisme et Syndicalisme en France avant 1914*, université de Tours, 1973, thèse de 3e cycle non publiée.

métiers, entre les différentes fractions socialistes aussi et le courant anarchiste qui avait largement pénétré dans les syndicats. Nous reviendrons sur l'avant-garde cégétiste. Porteuse d'un syndicalisme de classe, elle se veut à la pointe du combat révolutionnaire, et la rapide croissance dont elle témoigne — les 1 792 syndicats confédérés en 1904 se retrouvent 2 399 en 1906, le nombre de cotisants augmente de quelque 45 000 —, l'influence qu'elle détient et celle qu'on lui prête impressionnent l'opinion.

C'est contre le syndicalisme « rouge » que se sont constitués les syndicats dits « jaunes[1] ». Nés à Montceau-les-Mines en 1899, ils reçoivent leur drapeau en janvier 1904 lorsqu'un ancien ouvrier socialiste du Doubs, Biétry, atteint de « jaunisse » depuis la fin de 1901, fonde la Fédération nationale des « jaunes » de France et engage ouvertement la lutte contre la CGT au nom de l'entente des classes et du maintien de la propriété privée. La Fédération profite au début d'une osmose assez large, surtout à Paris, avec les syndicats confessionnels, mais sans nulle inféodation. La violence dont font preuve les jaunes — patente à Brest, à Fougères —, leur vénalité éclatante à Carmaux, freinent leur ascension et la FNJF, dont les dirigeants évoluent rapidement vers une pratique parlementaire d'extrême droite, ne parvient pas à obtenir la reconnaissance légale.

Le 1er mai 1906.

Les tensions sociales et les inquiétudes culminent lors du 1er mai 1906. Non qu'il s'agisse d'une « révolution manquée ». Mais jamais encore mouvement ouvrier d'une ampleur nationale n'a été préparé aussi systématiquement et sa coïncidence avec la campagne électorale accroît encore son impact. A l'origine du mouvement une tradition déjà ancienne puisqu'elle remonte au 1er mai 1890 et à laquelle les travailleurs français ont eu dès l'origine une part considérable. Tradition qui touche aussi à la renaissance printanière et relie la geste ouvrière à celle de l'antique labeur rural : c'est « l'espérance de mai » dont parle Albert Thomas,

1. Cf. les travaux en cours de M.-G. Dezès.

jeune socialiste, réformiste s'il en est, mais très attentif à la chose syndicale.

Pourquoi 1906? La CGT, par une démarche volontariste, a décidé de faire cette année-là un 1er mai « pas comme les autres », de « canaliser tout l'effort syndical vers une seule revendication ». La journée de huit heures est choisie comme pôle du désir ouvrier : au temps du travail, à celui du repos s'accole, notion neuve pour la classe ouvrière de la grande industrie, celui du loisir. Un beau dessin de Grandjouan publié dans *l'Assiette au beurre* du 1er mai symbolise le rythme ternaire des jours futurs. Vivre ce n'est pas seulement survivre : cette espérance la CGT entreprend depuis son congrès de Bourges (1904) de la faire pénétrer dans la conscience de millions d'êtres humains. Journaux, affiches, tracts, six millions de papillons collés partout, brochures, meetings confédéraux dans 80 villes — sans parler des meetings fédéraux — la Confédération fait un gros effort. A la Bourse du travail de Paris, une immense banderole : à partir du 1er mai nous ne travaillerons plus que huit heures par jour. Cette formule est chargée de sens multiples : souhait ou espérance pour les plus modérés, décision derrière laquelle se profile la grève générale pour Pouget ou Dubéros, les premiers pères du 1er mai 1906, appel à la combativité pour le secrétaire général de la Confédération, Griffuelhes. Certes les médiocres résultats de la souscription, le refus de certaines fédérations — le textile —, les objectifs plus « raisonnables » fixés par d'autres — le livre — prouvent que le mythe n'a mobilisé ni toute la classe ouvrière ni même toute la CGT. Et pourtant à Paris beaucoup de vieux métiers sont en grève dès le mois d'avril. Un vaste mouvement de grève prolonge l'arrêt du 1er mai dans le bâtiment, dans l'ameublement, chez les typos, et chez ces travailleurs du xxe siècle, les hommes de la voiture et du métro. Bientôt ils sont rejoints par les métallos qualifiés. 48 % des grèves de cette grande année font gerbe autour du 1er mai. Et le 13 juillet 1906 est votée la loi qui rend obligatoire le repos hebdomadaire.

Même si la province a montré moins d'ardeur, le 1er mai 1906 a révélé des possibilités nouvelles. La peur qu'il a inspirée, excitée par la campagne d'affolement de *l'Écho de Paris* et de la *Libre Parole* et dont témoignent les provisions accumulées par la bourgeoisie, les vaches et lapins logés dans les écuries, voire les capitaux casés provisoirement en Belgique, a été utilisée par Clemenceau, ministre de l'Intérieur, pour monter un « complot antirépublicain » commun à l'extrême droite et à l'extrême gauche : le 30 avril un bonapartiste est arrêté en même temps que le secrétaire général et le trésorier de la CGT. Le préfet de police Lépine a eu l'occasion de rassurer la population conservatrice et nationaliste de la capitale en mettant Paris en état de « petit siège » : ce sont les débuts du « manège Mouquin » qui de temps en temps s'exaspère en charge brutale. Cette grande peur est pourtant assez factice : en province les incidents sont limités à quelques ports; à Paris la campagne de presse n'est soutenue ni par les radicaux ni par les catholiques : « Le 1er mai n'est pas une menace mais une promesse », écrit F. Buisson dans *le Radical*. Qu'un grand frisson ait secoué l'échine des notables et des mondaines, sans doute. Que la CGT soit désormais considérée comme un adversaire redoutable par le ministre de l'Intérieur, l'évolution personnelle de ce vieux baroudeur le prouvera. Que les forces sociales réunies au temps de l'ascension du Bloc par une commune idéologie soient maintenant divisées, voilà qui est certain. Le sentiment prévaut pourtant que les cassures n'interviendront pleinement qu'un peu plus tard. Ce qui se passe aux alentours du 1er mai 1906 ce sont les prolégomènes à toute rupture future.

3. De nouvelles couches en lutte

Le dynamisme et la combativité de ces printemps chauds ne sont plus le monopole d'une avant-garde ouvrière. Pour la première fois — ou presque [1] — depuis le début de la IIIe République, des secteurs importants de la paysannerie abandonnent la placidité rurale. Pour la première fois des agents de l'État, des fonctionnaires en « panama » entreprennent de s'organiser aux côtés

1. Les grèves bûcheronnes de 1892-1894, l'épisode victorieux des feuillardiers de Saint-Yrieix en 1901.

des travailleurs en casquette. Le royaume de la contestation s'étend.

Le prolétariat paysan.

La conquête électorale des campagnes acquise depuis long-temps dans les départements quarante-huitards, avait été depuis 1871 un des objectifs constants des républicains. Elle avait permis au tournant du siècle la mutation provinciale du radicalisme. Les voici parcourues par de surprenants soubresauts. Entre 1904 et 1907 sont touchées les banlieues jardinières de Lyon et de Paris, la Brie et le Valois aux longues terres à blé et à sucre, les Landes fores-tières, enfin le Midi viticole : toutes régions où, diversement, trime un authentique prolétariat rural. Son entrée dans les luttes ouvrières se fait souvent massivement et dans l'enthousiasme. Souvent aussi la flambée est brève et les tentatives de récupération réussissent. De toute façon l'agitation rurale, surtout quand elle gagne l'espace urbain, inquiète les pouvoirs publics.

La conscience de classe, naissante, vise « les gros bonnets à quelque parti qu'ils appartiennent... les fameux capitalistes, blancs, bleus et rouges », bref tous les « républicains riches » radicaux-socialistes compris, qui exploitent le prolétariat rural à 2 francs la journée et le traitent comme jadis « les seigneurs[1] ». Dans le Midi en particulier la vie quotidienne met en lumière la réalité des rapports sociaux et le caractère fictif de la « poli-tique ». Certes, les politiciens réactionnaires peuvent en tirer profit : ainsi en est-il dans les Landes où les grèves d'ouvriers résiniers parties le 9 février 1906 de Lit-et-Mixe sont partiellement contrôlées par un personnage ambigu, Ducamin, agent sans doute des propriétaires cléricaux et monarchistes. La grève pourtant n'a pas été vaine : « Les résiniers se montrent bien différents de ce qu'ils étaient il y a quelques années », écrit mélancoliquement *l'Autorité.* Chez les ouvriers agricoles de l'Hérault et de l'Aude (grèves de janvier puis de décembre 1904), chez les horticoles de la banlieue parisienne (grèves de mars 1906), les luttes, vigoureuse-ment soutenues et parfois impulsées par les bourses du travail,

---

1. Texte cité dans la préface de P. Vilar au livre de Ph. Gratton (71).

adoptent dès le départ le rythme de la classe ouvrière et l'on y
entend chanter *l'Internationale* des paysans.

Aussi l'émoi est-il grand chez les propriétaires et bientôt au
gouvernement. En février 1904 la droite dénonce dans ces « troubles agraires... un véritable mouvement révolutionnaire » et le
gouvernement est sommé de « prendre les mesures pour assurer
le droit de propriété ». Il obtempère et envoie à plusieurs reprises
la troupe dans le « Midi rouge ». De nombreux militants sont
arrêtés et condamnés, comme le seront en 1907 dans les Landes
les animateurs des syndicats favorables à la CGT. A moyen
terme les mesures répressives ne peuvent briser la conscience de
classe : les travailleurs agricoles se donnent un journal commun,
le Travailleur de la terre, avant même que la Fédération terrienne
soit pleinement rassemblée dans la CGT. A très court terme, dans
ces milieux d'ouvriers agricoles souvent analphabètes, souvent
migrants, échecs et répression cumulent parfois leurs effets en
faveur de la résurgence temporaire de « l'unité terrienne ». On
ne le vit nulle part plus clairement que dans le Midi viticole.
Mais ce retour au mariage des classes, porteur de paix sociale,
ne le fut ni de calme politique ni d'ordre civique.

1907. *La révolte du Midi.*

Au début du XXᵉ siècle, le Languedoc méditerranéen[1] se définit
par la vigne. Descendue de la garrigue, reconstituée après le
phylloxera, elle occupe 47 % des terres cultivées de l'Hérault,
33,2 % de celles de l'Aude, 30,45 % de celles des Pyrénées orien-
tales. De Perpignan à Arles se dessine une zone continue de
monoculture devenue, sauf dans le Gard, massivement industrielle et capitaliste par concentration de la propriété et de l'exploitation. Un vaste prolétariat rural formé de petits propriétaires
ruinés, de paysans pauvres descendus des hautes terrres et d'ouvriers italiens ou espagnols vit très difficilement et pèse sur le
marché du travail; l'extrême instabilité de la production est
liée aux aléas climatiques; la tendance majeure à la surproduction

---

1. R. Dugrand, *Villes et Campagnes en Bas-Languedoc*, Paris, PUF,
1963, et R. Pech, *Entreprise viticole et Capitalisme en Languedoc-
Roussillon*, Université de Toulouse-le-Mirail, 1975.

reflète cette volonté de profit rapide qui a jeté vers la vigne jusqu'aux propriétaires de prospères filatures de soie; la vente est soumise à la concurrence des vins d'Algérie et des « vins de sucre » passionnément dénoncés comme produits de la fraude quand la récolte est belle par ceux mêmes qui, en cas de gelée printanière ou de maladie de la vigne, ne se privent pas toujours d'y avoir recours.

Pourtant les ponts ne sont pas rompus entre une bonne partie du prolétariat et les moyens et grands propriétaires. Beaucoup de ces nouveaux ouvriers agricoles ont conservé de minuscules parcelles de vignes et ne se désolidarisent que difficilement des intérêts de la propriété viticole. La Confédération générale viticole, composée de syndicats mixtes, développe une idéologie interclassiste de défense de « la vigne ». Celle-ci culmine au printemps de 1907 sous l'effet cumulatif de la chaptalisation de vins médiocres, de deux très bonnes récoltes consécutives et d'une sous-consommation régionale due au fléchissement des salaires. Mévente du vin, baisse des salaires et chômage chez les ouvriers agricoles, moindres recettes pour les petits commerçants et artisans locaux, toute la région est touchée. Le vin fait l'union. La « révolte des gueux » n'est pas seulement la révolte des gueux mais le prolétariat agricole lui donne son poids, son militantisme et ses chaudes couleurs.

En mars 1907, un chef d'orchestre surgit à Argeliers, près de Narbonne, un petit propriétaire : propriétaire mais petit, il rassure les gros comme les syndiqués; cafetier de surcroît, il incarne la sociabilité de village : c'est Marcellin Albert, qu'on va appeler « le rédempteur ». A Narbonne un leader socialiste, le docteur Ferroul. Des modes d'action nouveaux apparaissent : meetings de masse qui du 7 avril au 9 juin tournoient de ville en ville, rassemblant les hommes des campagnes et ceux des grandes cités. La parole y est reine, toutes options politiques et religieuses confondues. Que demandent les manifestants? Ni réformes précises ni révolution. Qu'on s'occupe d'eux en haut-lieu dans ce Paris où s'étale l'ignorance du Midi, dans ce Nord producteur de sucre que symbolise le triste Ribot. A vrai dire la confusion des classes interdit toute revendication réelle hormis un appel assez dérisoire à la lutte contre la fraude. Cependant Paris ne s'émeut guère et les élus radicaux languedociens — Albert

Sarraut, député de l'Aude, est sous-secrétaire d'État à l'Intérieur jusqu'au 19 juin — abandonnent la parole aux socialistes Aldy et Jaurès.

La démission en chaîne des municipalités, puis les premiers troubles militaires, mal évitables étant donné le caractère régional du recrutement, libèrent, après le 10 juin, l'inquiétude jacobine. La presse radicale a trouvé ses ennemis : « l'anarchie réaction- naire des foules », la révolte contre « la souveraineté nationale ». Sommé d'agir, Clemenceau agit avec ce mélange de brutalité et de rouerie qui caractérise au pouvoir son style répressif : arres- tation de Ferroul, intervention meurtrière de la troupe à Narbonne, nombreux blessés à Montpellier; mais par ailleurs négociation avec le 17e régiment d'infanterie qui, à Béziers, a fraternisé avec les manifestants, vote — enfin! — de la loi sur la fraude, promul- guée le 29 juin, remise des arriérés d'impôts, discrédit habilement jeté sur Marcellin Albert.

Sans perspectives sociales ni politiques, la crise du Midi avait débordé les cadres classiques, et, sans ébranler l'unité nationale, elle avait révélé l'originalité et le caractère globalisant de tradi- tions occitanes rajeunies par les malheurs de la vigne. Elle avait mis à nu l'incapacité du régime à percevoir à temps les menaces et les mouvements d'opinion. Elle avait approfondi la crise du Bloc : Ferroul va présider la Confédération générale viticole; dès 1908 l'hémorragie de la Fédération CGT des ouvriers agricoles est stoppée; la chanson de Montéhus à la gloire des « braves soldats du 17e » va entrer dans la geste du Midi rouge.

Fonctionnaires et CGT.

La crise, vive, qui se noue au même moment chez certaines catégories de fonctionnaires est porteuse, entre socialistes et radicaux, de contradictions mieux perçues et plus durables. Les fonctionnaires... leur nombre a beaucoup grandi depuis le début de la République : l'Instruction publique, les PTT surtout ont en vingt ans gonflé leurs effectifs de quelque 70 %. Ils sont entre 415 000 et 800 000 selon qu'on décompte ou non les militaires, les fonctionnaires des communes et, presque aussi nombreux, les receveurs-buralistes. Traitement mensuel assuré, retraite :

Gagner sa vie
Un carnet de comptes d'un instituteur (1er décembre 1904)

(d'après J. Ozouf, *Nous, les maîtres d'école*, Julliard-Gallimard,
coll. « Archives », 1967.)

la fonction publique polarise les désirs professionnels des couches en mal d'acension sociale, particulièrement dans les départements du Sud-Ouest et du Centre dépourvus d'industrie. Comme l'écrit *le Temps* (15 mai 1909) : « Pour les ouvriers qui connaissent le chômage, le fonctionnaire c'est l'heureux mortel qui ignore les crises industrielles et les cruautés de la concurrence. Pour le petit commerçant le fonctionnaire est l'homme à qui le client ne fera jamais défaut et qui peut toujours compter sur des ressources sûres. Pour le paysan c'est un monsieur qui n'a jamais frissonné de terreur en voyant passer sur son champ le nuage de la grêle prêt à crever. »

Depuis le début du siècle pourtant les « avantages » de la fonction n'apparaissent plus avec la même évidence. Dans certains secteurs la dégradation des conditions de travail suscite un profond mécontentement : aux PTT, alors que le trafic postal entre 1901 et 1905 a augmenté de 30 %, les effectifs du personnel n'ont progressé que de 16 % et la tuberculose, dans des locaux insalubres et exigus, fait des ravages. Les traitements des jeunes cadres n'ont pas bougé depuis 1844. Un garde-champêtre reçoit environ 3 francs par jour, le salaire d'un journalier agricole. Du coup l'avancement devient une obsession, mais c'est l'arbitraire qui y préside, comme il décide des déplacements d'office. Même chez les magistrats l'inamovibilité n'est qu'une douteuse enseigne[1]. Partout la crainte du « chef » est le commencement de la sagesse : quel instituteur adjoint ne tremble pas devant son directeur? Viennent ensuite les sous-préfets et préfets, pères fouettards du département. Enfin les mares stagnantes du scrutin d'arrondissement donnent du poids aux rancunes locales, aux électeurs influents, capables de faire intervenir « le député » dont un jeune avocat socialisant, Paul Boncour, décrit en ces termes la puissance : « Pas un cantonnier qui ne soit passé par lui, pas un facteur qui ne soit à ses ordres, pas un instituteur qu'il n'ait menacé d'un déplacement d'office[2]. »

Recrutés plus nombreux, dans des milieux plus proches du prolétariat en raison de l'accroissement de leur nombre, et des

1. H. Chardon, *L'Administration de la France*, Paris, Librairie académique Perrin, 1908.
2. Cité par H. Chardon, *Le Pouvoir administratif*, Paris, Librairie académique Perrin, 1910.

lois scolaires qui généralisent le certificat d'études et, depuis 1886, valorisent le brevet, les fonctionnaires supportent de plus en plus mal ces multiples sujétions. La « foi laïque », toujours vive, ne constitue plus un frein suffisant au mécontentement des instituteurs, et les postiers, dont certains services — le téléphone, par exemple — faisaient partie du secteur privé jusqu'à la fin du XIXe siècle, n'ont aucune raison de se sentir dépositaires d'une mission nationale, d'autant que leur corps englobe des ouvriers « commissionnés » qui ont adhéré dès 1901 à l'Union fédérative des travailleurs de l'État. Ainsi naît l'idée d'échapper à l'atomisation en se groupant. Les associations professionnelles, encouragées chez les instituteurs — on les appelle les amicales — par des gouvernements désireux de combattre l'influence du clergé, se sont développées rapidement depuis 1900 sous l'effet de trois facteurs : l'affaire Dreyfus, qui a radicalisé les comportements, la volonté des gouvernements du Bloc de créer dans la fonction publique une base organisée favorable à leur politique, la loi sur les associations de 1901. Souvent dominées par la hiérarchie, mais pas toujours, non fédérées entre elles, coupées de l'avant-garde ouvrière, elles suffisent à la majorité des maîtres pour qui « le nom de syndicat sent la poudre [1] ». Mais pour une petite minorité d'instituteurs et un nombre beaucoup plus grand de postiers, elles vont servir d'école primaire du syndicalisme.

La bataille s'engage au grand soleil de l'opinion en 1905-1907. C'est alors qu'éclatent les premières grèves de la fonction publique : agents de police de Lyon (1905), sous-agents des PTT de Paris (avril 1906), durement réprimées. Les premiers syndicats sont nés, dans l'enseignement primaire, en 1903. Une douzaine d'entre eux forment le 13 juillet 1905 autour de *l'Émancipation de l'instituteur* la première Fédération des syndicats d'instituteurs, qui tient son premier congrès en avril 1906. C'est aussi en 1905 que, chez les postiers, certains sous-agents dont l'Association générale vient de refuser de se transformer en syndicat font scission et que vient au monde, appuyé sur l'Union fédérative, un Comité central pour la défense du droit syndical des travailleurs de l'État. Les gouvernements du Bloc ont longtemps hésité comme en

1. J. Ozouf (63), p. 261.

témoignent, jusqu'à la fin de 1905, leur laisser-faire devant les jeunes syndicats et les divergences considérables qui surgissent entre les forces politiques de gauche sur le contenu d'un éventuel statut des fonctionnaires. La discussion officiellement ouverte en décembre 1903 par Louis Barthou exclut rapidement le droit de grève que récuse l'immense majorité de la fonction publique et se fixe sur la légitimité du syndicalisme et de l'adhésion à la CGT. A ceux qui ne voient de garantie contre l'arbitraire que dans le statut commun et que soutiennent les socialistes et une partie des radicaux, le pouvoir oppose petit à petit une fin de non-recevoir. La révocation en avril 1907 de postiers comme Quilici, d'instituteurs comme Nègre, manifeste une vigueur répressive pour laquelle Clemenceau obtient de la Chambre, non sans difficulté, un blanc-seing (14 mai 1907). Mais des trois projets de statut aucun n'arrive en séance publique et si les syndicats de fonctionnaires ne sont pas reconnus, aucun texte n'est adopté qui les interdise : les clientèles électorales s'opposent à ce qu'on aille trop loin. Les radicaux ont-ils « trahi » les fonctionnaires? Ce qui apparaît surtout ce sont les divisions du Bloc et l'impuissance de l'État à résoudre les problèmes nés des changements intervenus dans ses fonctions : l'État ne peut plus se présenter seulement comme l'agent de la volonté nationale qui exige de ses serviteurs une obéissance sans réplique. Devenu État-employeur, État-patron d'une multitude aux frontières difficiles à délimiter, il est en proie à des contradictions face auxquelles le gouvernement peut bien temporairement faire preuve d'autorité, mais que les alliances républicaines ne permettent pas de résoudre. La machine tourne et aucune menace à court terme ne vient des fonctionnaires. Mais il est clair qu'ici aussi le Bloc a épuisé ses vertus.

4. Le monde bouge

Si profondément qu'aient joué les fractures sociales dans l'histoire de la dissolution du front de la gauche, la lente crise qui s'ouvre en 1904 s'inscrit aussi sous d'autres cieux. Une fraction importante du radicalisme reste en effet jusqu'au bout sensible à la vocation unitaire de la « démocratie » : prête à accepter les grèves, elle s'accommode de la CGT, même pour les fonctionnaires. Il faut attendre la crise de Tanger et les prises de position qu'elle entraîne chez les principaux leaders du socialisme et du syndicalisme français pour que s'inquiète vraiment la totalité de la classe politique non socialiste et pour que le radicalisme presque entier prenne ses distances.

Le consensus national.

Les échos du monde ne parviennent aux Français que fort assourdis. Une fois liquidées les suites de Fachoda, le gouvernement, hors quelques homélies confuses au moment où un nouveau ministère se présente devant les Chambres, garde un profond silence sur sa politique extérieure. De juin 1898 à juin 1905, elle est dirigée par Théophile Delcassé : le député de l'Ariège, dont le projet politique vise à la fois à isoler l'Allemagne et à développer l'expansion coloniale, est réputé pour avoir le goût du mystère, mais le secret du Quai n'est pas seulement son fait. Les accords passés avec l'Italie en décembre 1900 et juillet 1902 restent inconnus. Il en est de même en avril 1904 des clauses de l'Entente cordiale et le 8 octobre 1904 de l'annexe secrète à l'accord franco-espagnol qui proclame officiellement le maintien de l'intégrité du Maroc chérifien. Les Chambres s'en contentent. Les professions de foi des candidats aux élections de 1902 ne font guère allusion à ces problèmes. A l'exception du *Temps*, des *Débats* puis à partir d'avril 1904 de *l'Humanité*, la presse elle-même n'y attache qu'une importance réduite. Ce que l'on connaît de la politique extérieure du Bloc est au fond largement approuvé : « De quelque côté que se portent nos regards nous n'apercevons au-delà des frontières que des visages souriants ou tout au moins pacifiques [1]. »

Seule l'alliance russe suscite quelque inquiétude, tout au moins

1. Discours de Combes à Tréguier le 13 septembre 1903 pour l'inauguration de la statue de Renan.

chez les militants socialistes, Jaurès en particulier et aussi Vaillant :
horreur devant l'antisémitisme responsable des premiers pogroms
du siècle — Kichinev, avril 1903 —, solidarité permanente avec
les révolutionnaires russes victimes de la répression tsariste.
Jaurès pour sa part est angoissé par la vanité petite-bourgeoise et
la haine stérile de l'Allemagne qu'il décèle jusque dans les propos
de son ami Pelletan. Dès lors la Triplice peut, pense-t-il, jouer
un rôle de contrepoids utile [1] en attendant les vastes horizons
du désarmement. Toute critique de l'alliance franco-russe brisait
le consensus national, l'union sacrée en politique étrangère,
clef de voûte du régime. Ni *le Temps* ni *le Matin* ni *le Radical*
ne cachèrent à Jaurès leur manière de voir.

La révolution russe.

La guerre russo-japonaise et surtout la révolution russe aug-
mentent les tensions. Au lendemain du dimanche sanglant de
Saint-Pétersbourg (9-22 janvier 1905) la contradiction jaillit entre
la solidarité des travailleurs et celle des dirigeants. En même temps
s'esquissent diverses mutations. Cette Russie révolutionnaire
si mal connue ne serait-elle pas porteuse de l'espérance des temps
nouveaux? Manifestations, répression, grèves, insurrection armée :
il n'est pas très difficile aux fils des communards, pour qui la
montée annuelle au mur des fédérés risque de devenir quelque peu
mémorisante, de retrouver leur passé dans ces événements tragiques.
Et leur avenir? « C'est au bord de la Neva, de la Vistule et de la
Volga, déclare Anatole France, le 16 décembre 1905, que se décide
en ce moment le sort de l'Europe nouvelle et de l'humanité future. »
Nous ignorons à quelle profondeur s'ancre ce sentiment dans la
conscience populaire. La révolution russe est d'ailleurs susceptible
de bien des interprétations : Jaurès y décèle le point de départ
d'une rapide victoire du socialisme par la voie de la « démocratie
européenne », grâce à l'effondrement des anciens empires. Quant
aux travailleurs en grève, il n'est pas absurde de mettre en relation

---

1. C'est ce qu'il écrit au socialiste italien Andrea Costa en septembre
1902 dans une lettre vite célèbre.

les formes nouvelles de leur combativité avec l'atmosphère d'exaltation que renforcent chez eux les événements de la Neva.

De Tanger à Stuttgart.

La crise de la gauche ne prend pourtant toute son ampleur que sous les coups de boutoir de la menace de guerre. C'est la crise diplomatique publiquement ouverte le 31 mars 1905 par le discours de Guillaume II à Tanger et le 6 juin par la démission de l'inamovible Delcassé, imposée en Conseil des ministres par Rouvier qui, en deux ans, va conduire à l'isolement du socialisme et du syndicalisme révolutionnaire. Des analyses qui jusque-là ne concernaient pas des choix politiques décisifs sont comme cristallisées par l'événement et se chargent d'un sens nouveau. L'antimilitarisme ouvrier était avant 1905 à usage essentiellement interne et social : il visait les nationalistes et l'intervention de l'armée dans les grèves, il ne tirait pas à conséquence en politique extérieure : la guerre restait une hypothèse d'école. La situation a changé. La Bourse du travail de Bourges demande aux organisations confédérées de répondre à une éventuelle déclaration de guerre « par la grève générale révolutionnaire, c'est-à-dire la révolution ». Fin avril 1905, Gustave Hervé lance, selon des procédés publicitaires fort modernes « l'antipatriotisme » : si « notre patrie c'est notre classe », la grève militaire est la seule réponse à la guerre. En refusant d'exclure Hervé sans pour autant se rallier à l'antipatriotisme, la naissante SFIO prend le risque de lui être assimilée. Au lendemain du congrès socialiste de Nancy et du congrès international de Stuttgart (août 1907) où Jaurès a assumé pour la première fois devant l'Internationale son rôle de rassembleur de toutes les forces socialistes contre la guerre — jusques et y compris l'appel à la grève ouvrière — comment vont réagir les radicaux ?

5. La désagrégation du Bloc

Elle s'inscrit à la confluence de tous ces facteurs.

La crise politique s'ouvre à droite.

De janvier 1904 à janvier 1905 le Bloc vacille sur sa droite où se dessine une coalition entre l'Alliance démocratique et un certain nombre de radicaux, les « dissidents ». Objectifs : consolider l'influence de la fraction du monde des affaires qui a endossé la campagne anticléricale ; réduire explicitement les socialistes au rôle de force d'appoint et leur interdire d'apparaître comme les porte-parole des couches sociales en lutte et, en même temps, comme participant sur pied d'égalité aux institutions politiques de la République bourgeoise; pour cela éliminer Combes dont le ministère suppose dans le pays un pacte de non-agression avec les socialistes et à la Chambre la discipline du Bloc. Le mouvement se dessine mais ne se limite pas au Palais-Bourbon. Cependant c'est bien là que se nouent et se jouent les intrigues. On peut prendre l'année 1904 comme année témoin pour l'étude de la geste parlementaire à la Belle Époque, des lieux précis où elle s'élabore et de son discours ambigu.

La puissance parlementaire gîte d'abord dans les commissions où l'on traite les questions sérieuses, celles qui touchent à l'argent. Le radical Paul Doumer, ancien gouverneur général de l'Indochine, préside celle du budget où se prépare en mars 1904 la grande attaque contre Pelletan, ministre de la Marine, radical-socialiste de gauche, accusé entre autres de retarder l'exécution des commandes pour la flotte de guerre. Moins centrale, mais à peine moins importante, plus explicitement encore liée aux grandes affaires, la Commission des travaux publics, que préside un autre radical, Guyot-Dessaigne, député du Puy-de-Dôme, ancien ministre des Travaux publics. Il préside aussi la Commission de l'armée. Effet ou cause, il évolue dans un sens très hostile aux socialistes. Aux Affaires extérieures, Protectorats et Colonies : Étienne. Le député d'Oran, élu sans concurrent, chef du « parti colonial », est un des fondateurs de l'Alliance démocratique. Fort lié avec Rouvier, il préside une commission dont les fonctions sont particulièrement efficaces. A la Prévoyance sociale enfin, Millerand, exclu en janvier 1904 de la Fédération de la Seine du PSF. On ne s'étonnera guère de retrouver ces hommes au premier rang de ceux qui, en 1904 et au début de 1905, interviennent pour détruire l'équilibre du Bloc.

Après les Commissions, les groupes parlementaires. C'est là que se décide la tactique, qu'on prévoit les candidats aux fonctions importantes : la présidence de la Chambre en particulier. Le 12 janvier 1904, Henri Brisson n'est réélu à cette fonction que d'extrême justesse et Jaurès, vice-président sortant, est battu au profit d'un radical, Gerville-Reache. Son échec annonce la fin de la discipline du Bloc. Il est irréversible : le comité exécutif du parti radical, qui se réunit le 27 janvier, décide de passer l'éponge. Le socialisme est exclu de cette institution officielle, la vice-présidence de la Chambre. Scissions et regroupements commencent alors dans les groupes parlementaires : pour le maintien du Bloc, la gauche radicale-socialiste se sépare du groupe radical-socialiste et, un an plus tard, la gauche démocratique quitte l'Union démocratique. A travers ces noms et ces adjectifs piégés, quelle chatte retrouverait ses petits?

La liste des dissidents peu à peu s'allonge. Contre les socialistes on fait jouer, à propos d'un manuel d'histoire de Gustave Hervé, la corde du patriotisme colonial; contre Combes on invoque l'absence de réformes sociales et, à l'occasion de l'affaire des fiches (octobre 1904) la pratique de la délation. Les événements se précipitent au début de 1905. Doumer est élu le 10 janvier président de la Chambre contre Brisson, par 265 voix contre 240 : il ne sera exclu du parti radical qu'en juillet 1905. Le 18 janvier Combes, dont la majorité s'est constamment érodée, présente au président de la République la démission de son cabinet : c'est la victoire des dissidents. Mais elle n'est guère avouable; il n'y a pas encore dans le pays de majorité de rechange : la loi de Séparation n'est pas votée, les socialistes ne sont pas unifiés, la crise sociale et internationale n'est pas vraiment ouverte. Aussi le ministère Rouvier qui se présente le 27 janvier devant la Chambre, est-il présidé par un ancien ministre de Combes et ne fait-il aucune place ni aux progressistes ni aux dissidents ouverts du Bloc. Mais si les possédants se sentent rassurés par l'arrivée à la présidence du Conseil de Maurice Rouvier dont l'hostilité à l'impôt sur le revenu est connue, ses appels à une majorité — élargie si possible —, voire à la concorde nationale pour réaliser la Séparation, sonnent étrangement aux oreilles non seulement des socialistes, mais de nombreux radicaux-socialistes : 154 d'entre eux refusent la confiance ou s'abstiennent et sur les 373 voix que le nouveau ministère rassemble, la moitié vient de l'ancienne droite et des radicaux dissidents. Le Bloc est mort au Parlement.

La création de la SFIO, avril 1905.

L'unité socialiste quelques mois plus tard renforce une rupture déjà acquise. Entre les organisations politiques se réclamant du socialisme : parti socialiste de France, parti socialiste français, parti ouvrier socialiste révolutionnaire, fédérations autonomes — la route de la « seconde unité » s'était ouverte en août 1904, à l'appel de l'Internationale socialiste, réunie en congrès à Amsterdam. La tactique de Jaurès y avait été condamnée. Quelques semaines de réflexion le convainquent que, fût-ce contre une partie de son parti, l'unité socialiste est devenue prioritaire. Outre les événements parlementaires — et hors ses amitiés personnelles — tout l'y pousse. Dans son propre parti réduit à quelque 8 000 membres et coupé des couches les plus combatives du prolétariat, de jeunes militants — J. Longuet, P. Renaudel, L. Révelin — aspirent à sortir du marais radicalo-socialiste; surtout des temps nouveaux se lèvent avec la montée des grèves et la poussée antimilitariste, au moment où, de la Mandchourie à Moscou et au Maroc le danger de guerre et les perspectives de révolution, estompés dans les dernières années, se réveillent.

Sur proposition du PS de F, une commission d'unification prépare, à partir de novembre 1904, une déclaration d'unité sur laquelle l'accord se fait au sommet le 13 janvier 1905, trois jours après l'élection de Doumer à la présidence de la Chambre. Au congrès d'unification qui se tient à Paris salle du Globe, du 23 au 26 avril 1905, la déclaration devient la charte du parti unifié. Du point de vue de l'alliance avec les radicaux, l'essentiel est dans l'affirmation, désormais statutaire, selon laquelle « l'ensemble du budget » doit être refusé par le groupe parlementaire unifié. Les formules employées n'interdisent pas de voter avec, voire pour, les radicaux, mais elles éliminent non seulement la participation d'un socialiste à un gouvernement « bourgeois », mais les alliances structurelles et stables. Les députés unifiés quittent donc la délégation des gauches, comme Jaurès l'avait fait dès février 1905.

Que pensait du Bloc la base socialiste ? Au premier congrès du parti unifié qui se tint à Chalon-sur-Saône du 29 octobre au 1er novembre 1905, il fut clair que prédominait chez les socialistes le souci, non seulement de se constituer en force politique nettement séparée, mais de se faire reconnaître comme telle : c'est à une forte majorité que le congrès vota la motion présentée par Cambier, qui faisait obligation aux fédérations du parti de présenter partout des candidats aux prochaines élections législatives. Au deuxième tour le congrès laissait les fédérations maîtresses de leur choix « dans l'intérêt du prolétariat et de la république socialiste ». C'était, sans le dire explicitement, maintenir ouverte la voie de la « discipline républicaine » : au premier tour on choisit, au deuxième tour on élimine. Ainsi entendu il restait du Bloc une pratique électorale utile mais impuissante à inspirer une politique positive.

La victoire électorale des radicaux : mai 1906.

Pourtant l'élection à la présidence de la République du 17 janvier 1906 montra clairement que, même au premier tour, la gauche restait capable de faire front pourvu que ce fût sur un personnage rassurant. Quoi de plus rassurant qu'un sénateur et, parmi les sénateurs, que le président du Sénat, chargé de porter contre les villes turbulentes la rustique parole des communes de France? Armand Fallières, sénateur du Lot-et-Garonne, fut donc élu à la première magistrature française par 449 voix contre 371 au président de la Chambre Paul Doumer. Trois mois et demi plus tard, les élections des 6 et 20 mai témoignaient que les bons républicains faisaient encore recette. La droite qui espérait renverser le courant présentait le plus souvent un seul candidat par circonscription. A gauche au contraire la division régnait : l'Alliance démocratique avait lancé l'anathème contre les socialistes.

Signe d'une forte polarisation de l'opinion, il n'y eut que

20,1 % d'abstentions — moins encore qu'en 1902 — et, dès le premier tour, 427 candidats étaient fixés sur leur sort. Signe du maintien — assez général — du bloc électoral dans le pays : le plus souvent la discipline républicaine avait joué. Signe enfin du renforcement apparent de la majorité de 1902 : elle obtenait 420 sièges. Dans 32 départements la représentation lui était totalement acquise. La droite écrasée perdait une soixantaine de sièges. Même en voix elle avait reculé profondément dans le Massif central, sensiblement moins dans le Midi. La vieille droite se mourait sauf dans ses fiefs de l'Ouest : les nouveaux notables républicains des villes avaient suffisamment rayonné dans les campagnes pour l'emporter définitivement sur les gens des châteaux et de l'Église. Quant aux nouvelles droites, elles étaient à peine nées ou trop instables. A gauche la poussée bénéficiait à tous : à la SFIO qui, avec 59 sièges, revenait à la Chambre plus forte que les partis éclatés de 1902, malgré l'hémorragie qu'entraînait l'apparition des « socialistes indépendants » (Rhône, Loire, région parisienne); à l'Alliance démocratique et plus encore aux radicaux. Il devenait loisible aux groupes parlementaires représentatifs de ces deux derniers courants de constituer sans le soutien socialiste et sans le concours des voix de droite une « majorité de gouvernement ». C'est ce que l'on appelle la victoire du parti radical et radical-socialiste : celui-ci ne se retrouvera plus jamais pourvu de 250 députés. L'ère du radicalisme hégémonique, appuyé par l'Alliance démocratique, allait-elle succéder à celle du Bloc?

Mais quel radicalisme? Le parti n'existait toujours que par ses 600 à 800 comités cantonaux, auxquels les fédérations départementales — une dizaine seulement avaient une existence réelle — laissaient une autonomie quasi totale. Le radicalisme méridional, le plus « avancé », avait commencé à s'essouffler : dans la Haute-Garonne, sur sept députés sortants, deux seulement contre six en 1902 l'avaient emporté au premier tour, et l'Action libérale avait enlevé le siège de Villefranche. A Paris les radicaux ne faisaient sauf exception surface que sur une base vigoureusement « anticollectiviste » et, aussi, antisyndicaliste comme l'avait exigé le puissant Comité de l'alimentation parisienne. En Côte-d'Or, le député socialiste sortant Bouhey-Allex, fort modéré pourtant, et populaire, avait, lui, été battu par un riche brasseur radical Messner, président de la Chambre de commerce de Dijon et vigoureusement soutenu par le Comité républicain du commerce et de l'industrie : tout en perdant des voix radicales-socialistes, il avait reçu un appoint suffisant de voix de droite. Le noyau des radicaux-socialistes à la Pelletan ou à la Ferdinand Buisson s'est réduit. La nébuleuse dont le mot d'ordre est « l'entente des radicaux-socialistes, des radicaux et des républicains », c'est-à-dire l'exclusion des socialistes, s'est étoffée. Le Comité républicain du commerce et de l'industrie en devient le noyau.

Ainsi les élections de 1906, qui voient la victoire du radicalisme constituent-elles en même temps une étape nouvelle vers la désagrégation du Bloc dans le pays.

Le gouvernement Clemenceau.

L'élection triomphale du vieux Brisson à la présidence de la Chambre, lors de la rentrée parlementaire, sonna pourtant comme un retour aux heures d'un passé que l'on avait cru révolu. Ce n'était qu'un hommage. Le gouvernement Sarrien constitué le 14 mars 1906, en pleine crise des Inventaires, continuait. Présidé par un radical de province dont on ne vantait que le flair politique, ses hommes forts étaient les leaders notoires de l'Alliance démocratique : Poincaré aux Finances, Étienne à la Guerre, Thomson à la Marine, Barthou aux Travaux publics, Leygues aux Colonies. Clemenceau y avait, comme ministre de l'Intérieur, préparé et gagné les élections. Il était clair cependant que la composition du ministère ne correspondait pas à la poussée radicale révélée par les élections. La démission de Sarrien et l'arrivée au pouvoir de Clemenceau, le 25 octobre 1906, allaient, croyait-on, rectifier le tir.

Il a 65 ans, l'ancien maire de Montmartre, le tombeur des ministères opportunistes, le bretteur, le journaliste et l'orateur également redoutables et redoutés. Dernier grand de la vieille garde radicale, républicain sous l'Empire, médecin athée dont les rares amis — et les amis rares — s'appellent Gustave Geffroy, fondateur de l'académie Goncourt, et Claude Monet, il n'a jamais, jusqu'en mars 1906, goûté aux joies du pouvoir. Éliminé de la Chambre après Panama, comme panamiste et comme client de l'Angleterre, il a quitté les eaux parlementaires à l'heure où les radicaux de sa génération — Lockroy, Brisson, Bourgeois — accédaient aux honneurs officiels. Et il n'y est rentré qu'en 1902, verni à neuf par l'affaire Dreyfus, élu du Var rouge à nouveau, mais cette fois comme sénateur : Clemenceau sénateur... Le Sénat n'est qu'un tremplin, le radicalisme dominant manque en réalité d'hommes : Herriot vient seulement d'accéder à la mairie de Lyon. Clemenceau ne croit pas au parti radical et en tout cas n'en veut pas : il ne lui ménage aucune nasarde et ne met jamais les pieds au comité exécutif. Mais quel besoin de s'intéresser au « parti » pour représenter le radicalisme? A Chambre neuve vieil homme nouveau. Certes, il vient, comme ministre de l'Intérieur, d'amener la troupe sur le carreau des mines du Nord, et, à la veille du 1er mai, il s'est montré bon usinier de complots en tous genres. Certes aussi, pendant l'été 1906, il affirme la nécessité de doser quand on gouverne « la réforme et la conservation », mais il a été jadis en coquetterie avec les anarchistes, il a combattu les « lois scélérates » et cet individualiste se veut social sinon socialiste. Enfin lorsqu'en juin 1906 le débat théorique s'est ouvert entre socialistes et radicaux devant une Chambre étonnée et comme fascinée, c'est Clemenceau qui, toujours jeune, a donné la réplique à Jaurès, opposant « le réalisme » à « l'utopie », l'homme qu'il faut réformer à la société qu'il faut transformer, l'individualisme au collectivisme. Aussi quand Sarrien recommande à Fallières de faire, pour le remplacer, appel à Clemenceau, Jaurès dans *l'Humanité* procède-t-il au même choix : il est temps que le « chef » de la majorité radicale-socialiste accède au pouvoir; il pourra « réaliser son programme » et l'on verra alors que le socialisme en est la suite nécessaire. Après le radicalisme le socialisme : rupture peut-être, mais plus encore, chez Jaurès, espoir de continuité.

Aussi la déclaration du nouveau gouvernement à la Chambre pour « une paix de dignité » et l'instauration de « la démocratie au gouvernement » lui vaut-elle 376 votes de confiance et le groupe socialiste tout entier s'abstient, manière de faire crédit. Le ministère est incontestablement plus radical — sept ministres radicaux, dont Stephen Pichon, ami personnel de Clemenceau, aux Affaires étrangères, trois sous-secrétaires d'État dont le fringant Albert

Sarraut, qui apporte l'appui de son frère Maurice et donc de la puissante *Dépêche;* moins de ténors de l'Alliance démocratique — et plus « social » que le cabinet Sarrien : au jeune Viviani, qui a quitté sans bruit la commission administrative permanente de la SFIO et que Clemenceau considère comme « une manière de Millerand, avec l'idéal en plus », va le nouveau ministère du Travail et de la Prévoyance sociale, et le nouveau ministre appelle les fonctionnaires de son département à manifester à l'égard des travailleurs « un parti pris visible de cordialité et de sympathie [1] ». Les conflits de classes vont pourtant bien vite l'emporter.

La pratique clemenciste va organiser une rupture haineuse entre le gouvernement radical et la classe ouvrière, voire l'avant-garde des fonctionnaires et les viticulteurs du Midi. D'abord en employant systématiquement la troupe soit pour remplacer par des soldats du génie les techniciens défaillants (grève des ouvriers électriciens de Paris en mars 1907), soit plus souvent pour « maintenir l'ordre ». Il est rare alors qu'il n'y ait pas de morts : les assassinats d'ouvriers culminent à Draveil (2 juin 1908 : deux morts et dix blessés) et, sur la lancée de la même longue grève du bâtiment, à Villeneuve-Saint-Georges le 30 juillet (4 morts et des centaines de blessés [2]). Le radicalisme au pouvoir se tourne aussi contre les nouveaux meneurs. Il fait arrêter les dirigeants syndicalistes, voire socialistes, quelle que soit leur responsabilité directe dans les luttes engagées : le docteur Ferroul à Narbonne et, au lendemain de Villeneuve-Saint-Georges, presque tous les responsables de la CGT. A tout le moins multiplie-t-il contre eux poursuites judiciaires, amendes, lourdes peines de prison. En direction des postiers et des instituteurs, gens d'un autre monde, heureux de leur sécurité, c'est par révocations souvent massives que Clemenceau procède. Le pouvoir rend-il fou? « Il n'y a rien de plus malheureux que d'être le plus fort, écrira-t-il plus tard, mais ce malheur ne va pas sans agrément [3]. » Sauveur de l'ordre que menace le mouvement ouvrier,

---

1. *La République française*, 31 oct. 1906.
2. Ce tragique épisode a été non seulement évoqué mais analysé par J. Julliard (72).
3. G. Clemenceau, *Lettres à une amie, 1923-1929*, Paris, Gallimard, 1970.

il se définit à présent comme le général à son créneau : « Vous êtes derrière une barricade, moi je suis devant. » Mais la marque propre de Clemenceau dans ce bris durable de confiance et le gâchis que sa pratique introduit là où bien des socialistes espéraient un effort harmonieux, c'est dans sa joie policière qu'elle réside : de Marcellin Albert à Lucien Métivier, il s'entend comme pas un à développer une atmosphère de secrète intrigue, à discréditer les hommes, à semer l'espionnite pour manœuvrer plus à son aise. Il prend le champ de bataille des salariés pour le Palais-Bourbon ou pour un groupuscule anarchiste.

On conçoit que nul n'ait plus que lui suscité, à gauche, la haine. Ce n'est pas seulement la direction de la CGT qui désigne par affiche le ministère Clemenceau comme un « gouvernement d'assassins ». « Dictateur », « premier flic de France », il devient bientôt « la bête rouge », « l'empereur des mouchards ». Du début de 1907 à l'automne 1908 il n'est guère de groupe socialiste ou anarchiste, guère de syndicat où l'on ne vote d'ordre du jour le flétrissant et se réjouissant de sa prochaine pendaison : la guillotine, fille de la Révolution, serait trop honorable. Certes, il y a loin du discours aux actes et nul n'essaie d'attenter à sa vie. Mais peut-on penser que quand le discours atteint ce degré de continuité, de généralité et de violence, sa charge n'est que rhétorique ? Dans un journal satirique aussi répandu que *l'Assiette au beurre*, les dessins de Poncet et de Grandjouan dénoncent pour la première fois en 1907 la collusion institutionnelle entre la police traditionnellement attaquée et le gouvernement. Du leader du parti radical se forme une image nouvelle; il devient le médecin à la tête de mort, aux lourdes mains ensanglantées, qui font avorter Marianne : « Bien sûr tu es enceinte d'une nouvelle société! mais tu avorteras! ça me connaît [1]! »

Clemenceau n'est pas seul en cause. En mai 1907 il est d'ailleurs de ceux qui sont opposés à la dissolution de la CGT, souhaitée, voire réclamée par de nombreux radicaux [2]. Il renouvellera cette

1. *L'Assiette au beurre*, août 1907.
2. Cf. le discours d'Estier, président du conseil général des Bouches-du-Rhône, au banquet de clôture du premier congrès annuel du parti radical et radical-socialiste du Sud-Est (Nice, avr. 1906) : Clemenceau y est dénoncé pour sa mollesse et ses complaisances envers les unifiés.

opposition après Villeneuve-Saint-Georges. Les grèves même ne sont pas seules en cause. L'affiche « Gouvernement d'assassins » paraît en février 1908 et les poursuites qu'elle entraîne lui viennent de ce qu'elle dénonce les massacres marocains. Si Gustave Hervé, le bouillant directeur d'un hebdomadaire au nom de brûlot, *la Guerre sociale*, est condamné le 24 décembre 1907 à un an de prison et 3 000 francs d'amende, il le doit à ses attaques contre « le brigandage marocain ». Si la haine commence à monter autour de Jaurès, c'est lorsque, après les congrès de Nancy et de Stuttgart, il apparaît comme l'homme qui mise sur la force ouvrière pour arrêter la « politique de conquête et de rapine » de la France. Le radicalisme, qui se divise parfois lorsqu'il s'agit d'engager des poursuites contre les meneurs de grève, s'engage alors quasi tout entier. *L'Action* d'Henry Bérenger s'inquiétait au début de 1907 des arrestations de syndicalistes; après Stuttgart elle dénonce très vivement les choix de Jaurès, considéré comme inféodé à Hervé. *La Dépêche de Toulouse* elle-même exprime ses très vives inquiétudes. A la veille du congrès du parti radical (10-13 octobre 1907) le bulletin du parti publie une série de prises de position individuelles sur Stuttgart. Rares sont ceux qui, comme Buisson, Lafferre et Pelletan, traitent avec sang-froid de leurs divergences avec les collectivistes : la fréquentation des instituteurs, celle de la franc-maçonnerie et la tradition quarante-huitarde sont encore de bons garde-fous. Chez les autres l'excitation confine au délire. Le congrès se terminera par un serment pathétique dont il vaut la peine de citer la conclusion : « Nous vous demandons, citoyens, en votre âme et conscience, de jurer de combattre les propagandistes de l'antipatriotisme partout autour de vous... Nous sommes un parti de réformes, un parti populaire; les circonstances nous ont forcé à dire que nous étions aussi un parti de Français. »

La Séparation avait marqué la fin d'un combat commun. La politique anticléricale était conforme aux vœux de couches sociales diverses aux intérêts contradictoires. Elle avait été acceptée et souvent souhaitée par des millions d'hommes dont la majorité se mariaient à l'église et faisaient baptiser leurs enfants. Elle avait répondu à l'aspiration à la « raison » qui s'était diffusée à travers un vaste réseau de sociétés de pensée et d'œuvres éducatives.

Fort loin de Paris et du Parlement il n'était guère de village où elle ne s'était pas opposée à l'église. C'est aussi au nom des droits imprescriptibles de la raison que l'antimilitarisme et la mise en cause des privilèges attachés à la notion de patrie avaient pu, pendant les toutes premières années du siècle, être acceptés voire encouragés par bien des radicaux. Le cas de Gustave Hervé dans l'Yonne peut être considéré comme exemplaire : venu du radicalisme, ce « commis-voyageur en socialisme », porteur d'idées extrémistes aux yeux de l'appareil d'État, parlait le même langage que les pharmaciens, les instituteurs, les typographes, les paysans radicaux de son département. Un journal antimilitariste destiné au départ de la classe, *le Pioupiou de l'Yonne*, plusieurs fois poursuivi en Cour d'assises, fut chaque fois acquitté par le jury. Jaurès lui-même en vint à accepter la mise en discussion de l'idée de patrie comme celle de tous les concepts : plus d'église, les lumières de la raison sont celles du peuple tout entier, rien ne doit leur échapper. Ainsi observé, le combisme, dont les aspects dégradés sont par ailleurs patents, devient un comportement culturel fondamental auquel n'ont vraiment échappé que ceux dont le catholicisme du temps alimentait la vie, voire — et encore — certains socialistes qui se réclamaient du marxisme.

Trois ans plus tard une page est tournée. L'alliance de diverses couches de la bourgeoisie avec les forces politiques qui représentaient la classe ouvrière ne survit pas au recul des congrégations, à la Séparation. Si la droite traditionnelle s'effrite, ce n'est pas que ses électeurs soient passés à gauche, c'est que les objectifs qu'ils ont en commun en période de prospérité avec une large fraction de l'ancienne gauche se trouvent comme libérés. Ce mouvement se produit à l'heure où s'aggravent les conflits sociaux liés à l'essor de la société industrielle et où apparaissent des contradictions internationales d'une ampleur nouvelle. La République de Ferry est cette fois dépassée. De nouveaux conflits, lentement mûris, parviennent au grand jour. Mais dans quelle confusion!

4

Les temps de l'impérialisme

Nous avons jusqu'à présent porté un regard essentiellement politique sur les premières années du xxᵉ siècle. L'entrée chaleureuse des luttes ouvrières, nous l'avons elle-même soupesée dans la balance du Bloc des gauches. Ce faisant nous lisions l'histoire de l'opinion majoritaire et de ses passions. Une autre lecture peut être tentée de la période qui s'ouvre vers 1898, mais qui ne revêt pleinement ses caractères nouveaux qu'à partir de 1905. C'est le moment où, de façon décisive, la France accède aux temps heureux de la croissance. Pour le moment nous n'en retiendrons pas les résultats calculés en valeur absolue ou en pourcentage : ce sera fait à l'heure du bilan, en 1914. Mais les modes de formation du profit et les mentalités qu'ils révèlent ou qu'ils recèlent, il faut les scruter dès maintenant. Pendant les mêmes années en effet s'infléchit vigoureusement la politique étrangère de la France et l'expansion coloniale, difficilement relancée au Maroc, colore de façon neuve ce qu'on a coutume d'appeler la mise en valeur de l'Empire. La liquidation du Bloc des gauches, qui coïncide avec ces événements d'importance mondiale au travers desquels se profilent des concurrences mortelles et l'approche de la guerre, débouche dans la vie publique sur une sorte de pourrissement. En même temps s'approfondit, dans les milieux de la bourgeoisie traditionnellement porteurs des valeurs du scientisme et de l'austérité intellectuelle, la crise culturelle commencée quinze à vingt ans plus tôt. La constellation dessinée par ces divers phénomènes est suffisamment originale pour qu'on puisse en tenter une approche commune. En utilisant l'expression « les temps de l'impérialisme » on entend non pas déceler automatiquement des mécanismes de causalité, mais désigner ce qui apparaîtra comme l'essentiel.

1. Formation du capital, investissement des capitaux

Si l'on admet l'intérêt que présentent les analyses marxistes sur l'impérialisme, telles qu'elles commencent à être formulées en ce début du XXᵉ siècle — non pas en France d'ailleurs mais notamment en Autriche autour de ce pionnier, Hilferding[1] et en Allemagne autour de Rosa Luxemburg —, il convient en un premier temps de s'interroger sur les conditions dans lesquelles se développe le capital. Un certain nombre de travaux récents permettent d'y voir un peu plus clair.

Capital industriel et capital financier.

En 1906[2], près de la moitié des travailleurs — 49,2 % — sont encore employés dans des établissements de moins de cinq salariés. La très petite entreprise continue à submerger la France et son recul, quoique sensible, est faible au regard de l'Allemagne ou de l'Angleterre. La dispersion caractérise aussi des industries nouvelles : selon J. Tchernoff[3], il y a 2 380 sociétés de production d'énergie électrique, et l'électricité donne un regain d'activité par exemple à la mécanique de précision. A l'autre bout de la chaîne les grandes firmes se développent. Les entreprises de plus de 500 ouvriers emploient 10,8 % de la main-d'œuvre salariée : compagnies de chemins de fer, sidérurgie lorraine — en particulier la Société des aciéries de Longwy et les Forges et Aciéries de la Marine et Homécourt —, Schneider, Forges et Camargue, Saint-Gobain, Rhône-Poulenc, Air Liquide, etc. Même là cependant le gigantisme est exclu et la note dominante est donnée par des sociétés moyennes. Le cas des compagnies charbonnières est à la fois typique et particulier. Particulier puisque c'est l'État

1. *Das Finanzkapital* (Vienne, 1910), sera traduit en français ... en 1970.
2. Le recensement de 1911 est d'utilisation très délicate.
3. *Les Ententes économiques et financières*, 1933.

qui, depuis les décrets de 1852-1854, leur interdit de fusionner. Typique parce que là comme ailleurs — même si c'est plus vrai là qu'ailleurs — la concentration est faible et parce que sa lenteur ne freine pas forcément le profit. Un exemple : la Société de Courrières (Pas-de-Calais), qui n'est pas parmi les plus importantes, fait 5,4 millions de bénéfices en 1899, et 7,3 en 1913 : les actionnaires sont à la fête.

Il est vrai que le patronat et l'État se désintéressent moins qu'on ne l'a dit du progrès des entreprises. Le nombre des ingénieurs formés à Polytechnique, à Centrale, aux Mines et au Génie maritime passe de 292 par an en moyenne entre 1895 et 1899 à 351 entre 1910 et 1914. A l'enseignement technique organisé par l'État se juxtapose celui que donnent des écoles gérées par des sociétés industrielles ou des chambres de commerce. Surtout l'indépendance des firmes n'empêche pas la cartellisation. Mais celle-ci revêt des degrés différents : temporaire pour les filatures de coton du Nord — le cartel se défait dès que revient une bonne année — elle a plus d'ampleur pour les houillères. Mais, quoique l'intégration commerciale, destinée à renforcer la compétitivité du Nord-Pas-de-Calais sur le marché national soit poussée assez loin — fixation de tarifs minimaux, répartition des tonnages de vente —, l'opposition des compagnies moyennes, soucieuses de conserver leur autonomie, empêche tout contingentement à la production. L'accord conclu en juillet 1901 aboutit à la création de l'Entente des Houillères du Nord et du Pas-de-Calais, grâce à l'entregent du directeur d'une des plus grosses compagnies, celle de Lens. Quant au comité central des Houillères de France, qui date de 1892, il ne s'occupe guère que d'obtenir des pouvoirs publics la législation la plus conforme à l'intérêt du patronat. Tel est aussi le rôle du puissant comité des Forges que dirige R. Pinot et à la direction duquel siège également H. Darcy, le président du comité des Houillères, mais son emprise et son autorité sur les sociétés sidérurgiques qui en sont membres sont beaucoup plus grandes. Elles n'hésitent d'ailleurs pas à être parties prenantes dans des ententes internationales pour se partager le marché mondial[1].

1. C'est ce qui se passe en 1904-1905 pour les producteurs de rails : cf. F. Caron, *Revue d'histoire de la sidérurgie*, 1963.

Très concentrées — les firmes sidérurgiques — ou faiblement — les houillères —, toutes atteignent en 1911-1914, et souvent en 1913-1914 leurs profits les plus élevés.

Les entreprises françaises désirent aussi sauvegarder leur autonomie par rapport aux banques. Une maison aussi puissante que Schneider a choisi, pour plus de sécurité, de garder son statut de société en commandite. Une solution : l'autofinancement. Certes, pour qu'il soit très élevé, il convient de ne distribuer aux actionnaires — la société par actions est tout de même le cas le plus courant — qu'une part modique : les faiblesses structurelles qui s'accumulent derrière la brillante façade des charbonnages du Nord s'expliquent en partie par le volume considérable du profit remis à des actionnaires toujours plus nombreux [1]. Mais l'énormité des bénéfices permet assez souvent de satisfaire et le portefeuille des actionnaires et les besoins de la firme. Sur 2,250 milliards investis en moyenne chaque année de 1900 à 1913, 71 % proviennent de la plus-value accumulée par l'entreprise et réinvestie. Ce pourcentage extrêmement élevé se retrouve dans toutes les branches industrielles et dans des firmes de toutes dimensions [2]. 29 % seulement des investissements sont financés de l'extérieur. Il s'agit alors d'actions ou d'obligations souscrites par les banques. Ce fait majeur met en lumière l'indépendance maintenue du capital industriel par rapport au capital bancaire et, par conséquent, la lenteur avec laquelle s'opère leur fusion en un « capital financier ».

Depuis 1870, en effet, les grandes banques de dépôts — Crédit lyonnais, Comptoir national d'escompte de Paris, Société générale, groupe du Crédit industriel et commercial — se sont, les unes après les autres, dégagées de l'investissement industriel. Ni participations-contrôle, ni — ou fort exceptionnellement — crédits à moyen terme. « Les entreprises industrielles ... même les plus sagement administrées, comportent des risques ... incompatibles avec la sécurité indispensable dans les emplois de fonds d'une banque de dépôts » : cette formule du directeur du Crédit lyonnais

1. La Société des mines de Lens a 6 000 actionnaires en 1900, 10 464 en 1904 : tout un monde de petits et moyens épargnants.
2. Voir (84). Également l'exposé de J. Bouvier au Congrès des sciences historiques de Léningrad, 1970.

Henri Germain — à quelques mois de sa mort qui survient en 1905 — a, si l'on ose dire, fait fortune. Il n'en va évidemment pas de même pour les banques d'affaires nationales dont la constitution est sollicitée justement par la croissance : Banque de Paris et des Pays-Bas, familièrement dite Paribas — fondée en 1872, c'est la plus ancienne —, Banque française pour le commerce et l'industrie, créée par Rouvier en 1901, Banque de l'Union parisienne — Parunion — sur laquelle Schneider met très rapidement la main lors de sa constitution en 1904. Quant aux banques régionales elles pratiquent souvent la commandite et financent audacieusement aussi bien la sidérurgie lorraine — Société nancéienne — que les industries liées à la houille blanche — banque Charpenay à Grenoble — ou les industries diverses du Nord — Crédit du Nord. Mais presque toujours, loin de contrôler les entreprises industrielles, elles sont à leur service : ainsi en est-il de Parunion pour Schneider et des banques régionales. L'industrie française reste maîtresse de son destin. Par rapport à la problématique marxiste qui désigne du nom de « capital financier » la fusion entre le capital industriel et le capital bancaire, le capitalisme français est donc « en retard ».

Le capital bancaire et les investissements.

Les banques fonctionnent, elles aussi, comme des entreprises. Elles aussi ont pour objectif le profit le plus élevé possible et le plus sûr, et elles aussi y parviennent : J. Bouvier, F. Furet, M. Gillet ont fait porter leur étude consacrée au mouvement du profit en France au xixᵉ siècle sur des banques comme sur des charbonnages et des firmes sidérurgiques, et ils ont pu montrer qu'au début du siècle le profit des banques suivait le même rythme que celui des autres entreprises avec naturellement certaines inégalités [1]. Le capital qu'elles ont rassemblé constitue une véritable force de frappe économique. En 1913 le seul Crédit lyonnais détient en dépôt plus de deux milliards de francs. Les quatre plus grands établissements de crédit parviennent ensemble à 5,6 milliards.

1. Ainsi à la veille de la guerre c'est dans les banques de dépôts que l'argent placé rapporte le moins : le taux de profit du Crédit lyonnais est de 16,6 % en 1914 contre 35 % pour Paribas.

Il faut y ajouter 2,87 milliards rassemblés dans 93 autres banques, et les dépôts de la Banque de France et du Crédit foncier : au total 9,3 milliards. Ces établissements développent puissamment, au début du siècle, leurs réseaux de succursales, sous-agences et bureaux. Il en existe 860 en 1907, il y en aura 1 280 en 1917[1]. Les voici qui pénètrent dans les calmes sous-préfectures où les banques régionales leur font parfois une active concurrence : « mettre au jour, recueillir tous les capitaux sans emploi jusqu'aux plus minimes, leur payer un intérêt, puis les appliquer, surtout pour l'escompte, aux besoins du commerce et de l'industrie[2] », telle est leur vocation, ou leur fonction. Les notaires, dûment intéressés, servent d'intermédiaires, bien introduits qu'ils sont chez des ruraux qui hésiteraient devant la banque étrangère puisque parisienne. C'est un réseau d'une rare densité qui couvre alors la France et pompe littéralement l'argent qui jusque-là dormait dans les bas de laine ou servait « la terre », ce mythe, mais aussi cette réalité. Au total, malgré la part de l'épargne qui va encore chez les notaires et celle qui rejoint les caisses d'épargne postales ou les caisses de crédit agricole, l'essentiel est maintenant drainé par un puissant système bancaire dont l'organisation est sans doute plus avancée que celle de l'industrie. On a pu montrer qu'en phase A une certaine déconcentration s'y opère au détriment des grands établissements de crédit et des banques locales et au profit des banques régionales. Mais ni cette tendance à une certaine non-concentration, ni la division du travail, ni les différences institutionnelles entre types de banques ne peuvent dissimuler la constitution et le développement de groupes bancaires stables ou de syndicats qui s'organisent le temps d'une opération financière.

Où donc s'investit cette énorme masse de capitaux? Les thèses de J. Thobie et de R. Girault, les travaux de R. Poidevin et de R. Cameron répondent à cette question. Tous confirment l'importance des exportations de capitaux, très antérieures à la fin du

---

1. Selon F. Divisia, *la Géographie des banques en France*, Dunod, 1942.
2. E. Aynard (banquier et député de Lyon), cité par J. Labasse, *les Capitaux et la Région. Essai sur le commerce et la circulation des capitaux dans la région lyonnaise*, Paris, A. Colin, 1956.

XIXe siècle, mais qui s'accélèrent fortement à partir de 1898 : c'est alors que la France entre, en particulier par ce biais, dans l'impérialisme. Vers la Russie, alliée privilégiée et premier client, partent en quinze ans plus du quart des capitaux exportés : 12 milliards sur un total de 45 milliards. Vers la Turquie qu'aucune alliance militaire ne lie à la France mais dont celle-ci est devenue le principal fournisseur : 7 %. La révolution de 1908 — réussie, au moins temporairement — ne perturbe pas plus le système de dépendance où est réduite la Turquie que la révolution russe de 1905, au terme de laquelle le tsar conserve le pouvoir, ne modifie fondamentalement les rapports entre la Russie et la France.

Les sommes exportées qui proviennent très majoritairement de la riche bourgeoisie servent à deux usages principaux : emprunts d'État publics [1], investissements directs privés. Les premiers sont incontestablement parasitaires. Mais la part des investissements publics qui financent à l'étranger des entreprises industrielles, longtemps assez faible, va grandissant lorsque s'affirme en France la croissance. Elle atteint en 1914 21,9 % des fonds placés en Turquie et 19 % de ceux qui sont allés vers l'empire des tsars. Les investissements industriels en Russie se sont essentiellement portés — à 65 % — vers la métallurgie lourde, les mines, le pétrole, industries vitales pour l'avenir économique du pays et dont le revenu ne peut guère être victime des passagères fluctuations de la mode. Les affaires d'armement y prennent, à la veille de la guerre, une place croissante. Les très grandes firmes françaises qui y sont intéressées ont donc trouvé, surtout depuis 1906 [2], le moyen d'assurer une liaison solide entre le capital industriel et le capital bancaire. Elles ont jugé sans doute qu'il était de leur intérêt — et il en est de même en Autriche-Hongrie et dans les Balkans — de constituer des filiales de leurs firmes plutôt que d'exporter des marchandises fabriquées dans la mère patrie par des ouvriers français toujours susceptibles — sait-on jamais ? —

1. Ils sont à l'origine d'affaires particulièrement lucratives soit sous la forme d'emprunts à long terme, soit pour permettre l'entretien de la dette flottante.
2. L'emprunt d'avril 1906, réalisé alors que la révolution n'est pas terminée, a permis aux capitalistes français de s'imposer en Russie au détriment de leurs concurrents.

de se syndiquer et d'exiger des augmentations de salaire. L'exportation des marchandises françaises vers ces pays où « la France » investit massivement est donc faible : elle n'atteint pas 5 % des marchandises qu'ils importent. Mais on ne saurait en tirer des conclusions pessimistes sur le dynamisme du capitalisme français. Capital bancaire et capital industriel sont ici d'accord non point pour fournir à l'industrie nationale des débouchés extérieurs, mais pour se procurer les moyens d'exploiter de la façon la plus efficace les pays où ils investissent.

Restent les exclus de la fête qui sentent souffler loin d'eux le vent des gros bénéfices : il s'agit en particulier d'entreprises industrielles moyennes qui n'ont pu trouver place dans les grands consortiums. On les entend verser quelques pleurs et demander de plus en plus fermement que l'argent investi à l'étranger ne le soit que moyennant des engagements précis pris par le pays demandeur : commandes de matériel, etc. La nécessité de vaincre la concurrence étrangère est aussi évoquée. A cette affaire qui devient d'État, il faut l'intervention active de l'État [1]. Le gouvernement français ne manque pas de moyens : le plus fréquent est l'autorisation ou le refus d'inscrire à la cote de Paris un emprunt étranger [2]. Mais lorsque les assurances demandées concernent un pays faible, et non un allié puissant ou supposé tel, les pressions diplomatiques, voire les démonstrations navales peuvent être utiles. Encore faut-il que le gouvernement s'y décide.

Cela ne va pas sans de nombreuses contradictions liées à l'interférence complexe entre la diplomatie et les affaires, aux choix financiers personnels de tel ministre, à l'inégal développement du capitalisme national. Enfin les interventions de l'État ne visent pas qu'à assurer des commandes. C'est en Turquie que J. Thobie a vu fonctionner au mieux, à partir de 1905, ce « front commun » de la finance, de l'industrie et de la diplomatie, les industriels étant assurés par convention d'obtenir les commandes désirées. C'est là que s'est sans doute réalisée l'interpénétration la plus

1. Les radicaux se montrent fort ardents à l'exiger : « Le capital français doit entraîner avec lui partout où il va l'industrie française et le prolétariat français », *le Radical*, 10 mars 1911.
2. J. Thobie a étudié les conditions dans lesquelles fut refusé en France l'emprunt ottoman de 1910 : *Revue historique*, avr.-juin 1968.

classique entre capital bancaire et capital industriel. Les exportations de marchandises françaises vers la Turquie représentent plus de 9 % des importations totales de ce pays : pourcentage beaucoup plus élevé que pour la Russie.

Turquie, Russie : malgré des différences la ligne générale est fondamentalement la même. Les exportations de capitaux ont joué dans la genèse du capital financier français un rôle bien plus important que les échanges entre capital industriel et capital bancaire sur le marché national. L'État a été amené à intervenir de mainte manière dans ce processus. Cette interpénétration est constituante de l'impérialisme.

2. L'empire colonial

Le concept d'impérialisme, quand on l'entend au sens que lui donnent en ce début du siècle, les théoriciens marxistes, déborde de beaucoup le sens étroit dont d'autres, qui ne l'employaient qu'accolé à l'adjectif colonial, commençaient à le connoter. On peut même dire aujourd'hui qu'il lui est en partie hétérogène, mais en partie seulement.

Les colonies et l'économie nationale.

En 1914, en effet, l'empire colonial français — 10,6 millions de km², 55,5 millions d'habitants — n'alimente que 12 % des échanges de la métropole : un peu plus aux exportations qu'aux importations. L'Algérie et, loin derrière elle, la Tunisie, l'Indochine et le Maroc récemment conquis occupent largement les premières places. L'empire n'est pas non plus un éden pour l'exportation des capitaux : moins de 9 % de tous les capitaux français exportés se fixent dans les colonies et, si le montant des investissements français a quadruplé en dix ans, la part de l'empire à la veille de la guerre est à peine supérieure à celle qu'occupe la Turquie, inférieure à celle de l'Amérique latine. Ce n'est donc pas globalement pour y investir à grand profit des capitaux ni pour y vendre des marchandises que l'empire fonctionne entre 1898 et 1914.

Il continue à se consolider grâce à la réalisation d'un certain nombre de liaisons territoriales, c'est-à-dire militaires, dont l'efficacité est fonction du rapport diplomatique des forces et de l'ampleur des compromis discutables avec d'autres grands de la colonisation. C'est ainsi que Marchand a dû évacuer Fachoda au profit des Britanniques (novembre 1898), mais que les trois colonnes expéditionnaires parties du Sahara, du Congo et du Soudan ont pu se rejoindre au Tchad après avoir, en avril 1900, détruit l'empire de Rabah : on parlera encore longtemps, mais chez les Africains plus que chez les Français, des crimes commis sur leur passage par les hommes de la mission Voulet-Chanoine [1]. Ainsi se trouve réalisée la jonction entre l'Afrique sud-saharienne et l'Afrique maghrébine.

L'opinion publique a, vers 1900, accepté dans sa majorité l'expansion coloniale. Les violentes campagnes des années 1880 se sont apaisées : le « parti colonial [2] » a gagné. Acceptation ne signifie pourtant pas enthousiasme. Le ronronnement du discours colonial parlementaire révèle-t-il vraiment, comme le dit le radical Gaston Doumergue, « une bienveillante indifférence »? En tout cas il culmine à propos de l'Algérie officiellement considérée comme un prolongement de la métropole. Les colons, et notamment le lobby dirigé par Eugène Étienne, s'efforcent en priorité d'éviter toute innovation indigénophile. Ils y parviennent aisément et le long proconsulat de Jonnart, l'ami de Waldeck-Rousseau, (1898-1911) n'est marqué que par une vaine rhétorique. L'indifférence est aussi une question de porte-monnaie. La majorité des députés français est hantée par l'idée d'une augmentation du budget. Des colonies, soit, mais pas d'argent pour les colonies. Elles doivent tirer de leur propre fonds les ressources nécessaires à leur domination par la France et à leur mise en valeur.

---

1. Cf. J. Suret-Canale, *Afrique noire (occidentale et centrale)*, Paris, Éditions sociales, 1968, t. I, p. 296-304.
2. Son action dans les années 1890 a été étudiée par J.-M. Mayeur dans le volume précédent de cette collection.

Les affaires coloniales.

C'est ouvrir toute grande la porte à l'exploitation privée et aux « affaires coloniales ». Comme l'État ne peut se désintéresser des territoires où il entretient des troupes et dont toute une littérature, de qualité ou de pacotille, évoque l'exotisme, la classe politique va se trouver étroitement mêlée, de bien des façons, à cette exploitation. Au temps de Waldeck-Rousseau comme pendant les belles années du combisme, le silence officiel sur la colonisation se double d'une ébauche de symbiose entre de nombreux élus et les affaires coloniales. La mainmise du radicalisme sur la gestion des colonies s'instaure à petits pas. Malgré une dure concurrence, elle se renforce encore après la chute de Clemenceau (juillet 1909), grâce à l'arrivée au Parlement d'hommes nouveaux qui siègent généralement au groupe de la Gauche radicale. Si l'on veut comprendre les transformations profondes qui affectent le radicalisme entre 1899 et 1914, on ne peut esquiver une réflexion sur les liens que les radicaux influents dans l'appareil politique ont noués avec l'exploitation économique et la gestion administrative des colonies. Les éléments nécessaires à cette réflexion ne sont pas encore rassemblés. Il faut donc se borner à l'esquisse d'une esquisse d'un inventaire nominatif, en sachant tout ce qu'une telle « méthode » présente historiquement d'insatisfaisant.

Voyons donc quelques-uns de ces hommes à qui les Étienne, les Thomson — « l'homme aux phosphates » dit-on du député de Constantine — ont dû faire place. Voici Albert Sarraut, frère de Maurice l'homme de la puissante *Dépêche*, député de l'Aude où il est réélu en 1910 contre le socialiste Ferroul, sous-secrétaire d'État dans le cabinet Clemenceau, gouverneur général de l'Indochine de 1911 à 1914. Voici Léon Mougeot. Son itinéraire est exemplaire. Jeune député de la Haute-Marne lors de la conquête de la Grande Ile, il est l'adversaire acharné de la Compagnie occidentale de Madagascar surnommée la « Suberbie ». Secrétaire d'État aux PTT dans les ministères Brisson, Dupuy et Waldeck-Rousseau, bref de 1898 à 1902, il est ministre de l'Agriculture avec Combes, puis sénateur. Devenu très riche, grand propriétaire colonial, on l'appelle en Tunisie « le seigneur Mougeot ». En 1913 on le retrouve parmi d'autres charges président de la Suberbie

et il déploie une ardeur méritoire pour la sauver des difficultés
où elle s'était embourbée[1]. Et voici Justin Perchot : riche entrepreneur de travaux publics, il acquiert *le Radical* en 1909 et devient
alors député puis sénateur des Basses-Alpes. C'est une des puissances du parti : il a de gros intérêts un peu partout, mais surtout
en Indochine et au Maroc. Ce ne sont que les plus en vue. Nous
allons en rencontrer d'autres au hasard de quelques affaires.

Nous aurions pu commencer par Paul Doumer. Après tout il
reste radical jusqu'en 1905 et son élimination n'est pas due à
son œuvre coloniale mais, comme nous l'avons vu, à sa candidature
contre Brisson à la présidence de la Chambre. Le nom du futur
président de la République, fils du peuple incontestable, protégé
de Hanotaux, sans conviction politique aucune[2], est étroitement
associé à l'Indochine. Ses visées là-bas sont en partie, mais en
partie seulement, conformes au vœu silencieux de la Chambre :
pas un sou pour les colonies. En partie, car pendant ses années
d'Extrême-Orient (1897-1902) il a su mettre en place un appareil
étatique cohérent, financé « sans douleur[3] » par de nouveaux
impôts indirects, en particulier par les trois régies qu'il instaure
sur le sel, l'opium et l'alcool de riz. Mais en partie seulement, car
son grand projet de chemin de fer au Yunnan, prélude à une
annexion qui n'aura jamais lieu, inquiète quelque peu pour des
raisons diplomatiques, financières et techniques. Doumer finit
en juin 1901 par gagner la partie : il impose, à l'arrachée, au Parlement une convention extraordinairement favorable aux quatre
banques qui vont financer le projet. La passion du pouvoir et
de la grandeur s'est d'ailleurs associée en cette occasion non pas
tant au désir des banques, qu'aux intérêts de la sidérurgie. L'étude
qu'a faite M. Bruguière de l'offensive doumeriste en démonte
quelques mécanismes et a valeur d'exemple : constitution d'un
groupe de pression — le Comité de l'Asie française, animé par

---

1. Cf. G. Jacobet et F. Koerner, « Économie de traite et bluff colonial : la Compagnie occidentale de Madagascar (1895-1934) », *Revue
historique*, oct.-déc. 1972.
2. Voir dans (85) une très bonne évocation de sa carrière.
3. H. Lorin, professeur de géographie commerciale à l'université
de Bordeaux, l'en loue particulièrement dans la *Revue politique et parlementaire* en décembre 1901.

Étienne — campagne de presse et de banquets efficace jusque dans l'entourage du président de la République, rôle discret du ministre des colonies, A. Guillain, un progressiste qui se trouve être vice-président des Forges et Aciéries de la Marine et Homécourt [1]...

Les entreprises de Doumer en Indochine visaient à la sortir de sa torpeur, à en faire une terre ouverte à la colonisation capitaliste. Les relations entre la politique nationale et les affaires coloniales concernent aussi des secteurs plus archaïques. Et d'abord le contrôle de la propriété terrienne. Au début du siècle l'œuvre de spoliation des indigènes, systématiquement entreprise en Algérie depuis le second Empire, se poursuit sur la base d'une législation organisée « pour arracher la terre algérienne à son immobilité » : entre 1900 et 1920 les Algériens perdent quelque 2,5 millions d'hectares, dont la majeure partie va aux Domaines, une part notable aux colons [2]. Mais c'est en Tunisie que, à l'occasion d'un de ces scandales qui font épisodiquement sortir du puits la vérité quotidienne, les liaisons entre les hommes au pouvoir et la dépossession des indigènes ont été récemment étudiées de la façon la plus précise. Sans relater, même dans ses grandes lignes, ce qu'on a appelé « l'affaire Couitéas [3] », on examinera rapidement les mécanismes qu'elle révèle. Ils mettent tout d'abord en évidence l'importance en Tunisie de la « colonisation parlementaire » : elle est née au temps où Paul Bourdes était directeur de l'Agriculture à Tunis. Parmi la trentaine d'individus qui acquièrent alors ou plus tard à bon compte d'immenses domaines, on compte 9 députés et 8 sénateurs; 7 d'entre eux, dont Mougeot, ont été rapporteurs du budget de la Régence, certains à plusieurs reprises. Les heurs et malheurs de Couitéas montrent aussi à quel point jouent, à l'intérieur du système, les relations personnelles constitutives de milieux distincts mais qui se renouvellent vite et sont susceptibles

1. Sur 500 km de voies ferrées, le projet prévoit 7,3 viaducs, ponts ou aqueducs au km, et ce, dans une région totalement déboisée.
2. Analyse et calculs précis dans (80), chap. 27.
3. Voir (106). Couitéas se rend acquéreur d'un immense domaine entre 1901 et 1904, dans des conditions plus que douteuses, et lorsque la protestation des indigènes suscite une enquête, il se présente comme une victime de l'arbitraire colonial (1908-1912).

de chevauchement. Les soutiens importants dont dispose Couitéas, un « homme nouveau » dans toute l'acception du terme, lui viennent de ses réceptions fastueuses et des amitiés qu'elles lui valent : il obtient ainsi que se compromette pour lui, sans difficulté d'ailleurs, Stephen Pichon, résident général de 1900 à 1906, avant de devenir ministre des Affaires étrangères de Clemenceau. Deuxième cercle, celui des radicaux de gouvernement qui jouent sur leurs relations privées en même temps que sur leurs charges officielles : en 1904-1905 le secrétariat personnel du sénateur Ernest Vallé, garde des Sceaux de Combes, intervient à plusieurs reprises pour Couitéas auprès du ministère des Affaires étrangères tenu par Delcassé.

Il y aurait grande injustice à rendre la République radicale responsable de ces mœurs qui, dans les affaires coloniales où la distance, l'ignorance, l'indifférence et les intérêts cumulent leurs effets, ont des résultats plus graves encore qu'en métropole. Les radicaux au pouvoir ont hérité d'un système mis en place par les opportunistes. Mais il faut reconnaître qu'après l'avoir souvent dénoncé ils ne l'ont pas modifié, et que le style bon enfant affiché par beaucoup d'entre eux — ainsi Maurice Berteaux, riche agent de change, célèbre pour son « bon garçonisme » — l'a peut-être même aggravé. Les ruptures créées en France par l'anticléricalisme jouaient moins en milieu colonial[1] et d'autre part s'est constituée, aux confins du parti radical et de l'Alliance démocratique, une zone politique incertaine d'autant plus fortement liée aux affaires qu'elle attire tous ceux qui, à un moment ou l'autre de leurs entreprises économiques, ont besoin du concours de l'État.

En Tunisie, les terres enlevées aux indigènes par les parlementaires coloniaux et leurs amis et obligés ont été exploitées le plus souvent en olivettes, dans la perspective de hauts rendements, même quand on a utilisé d'anciens modes de faire-valoir. En Afrique noire au contraire, et en particulier dans le « Congo français » ce sont les procédés les plus archaïques de l'exploitation coloniale qui sont mis en place à partir de 1898-1900. Certes, le régime concessionnaire rompt, sous l'influence de l'essor

---

1. Cf. P. Soumille, *Européens de Tunisie et Questions religieuses (1892-1901)*, Éd. du CNRS, 1975.

Taux de profit global des sociétés concessionnaires au Congo

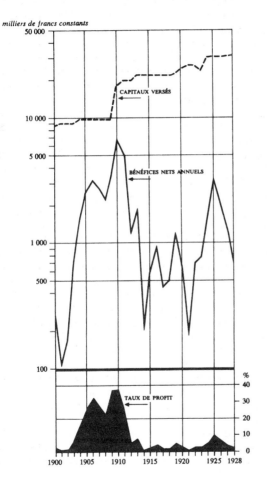

milliers de francs constants

CAPITAUX VERSÉS

BÉNÉFICES NETS ANNUELS

TAUX DE PROFIT

(d'après C. Coquery-Vidrovitch, *le Congo au temps des grandes compagnies concessionnaires, 1898-1930*, Paris, Mouton, 1972, p. 510.)

inattendu du proche « État indépendant du Congo », avec la situation de type précolonial qui caractérisait depuis une quinzaine d'années les terres conquises par Brazza. Mais tel qu'il est institué, à la demande du ministère des Colonies, par une commission extra-parlementaire qui élabore un cahier de charges type, il se borne à reprendre les statuts des vieilles compagnies à charte du premier empire colonial. Seule différence, imposée par les radicaux, les compagnies ne disposent théoriquement d'aucun droit régalien. Ce sont de simples « entreprises de colonisation » qui, moyennant le versement à l'État d'une redevance fixe et d'un pourcentage sur leurs bénéfices, reçoivent le monopole d'exploitation des produits du sol. Au reste, et c'est l'essentiel, la République française, à la différence de la Belgique, refuse tous frais d'investissement. Faut-il donc s'étonner si les quelque quarante compagnies qui se constituent en un temps record ne reçoivent aucun encouragement des banques? Aux colons désireux d'étendre leurs affaires dans un pays qu'ils connaissent déjà, s'ajoutent quelques négociants des grands ports, plus tard des journalistes recrutés pour les éventuelles campagnes de presse : c'est ainsi qu'André Tardieu, attaché au *Temps*, entre au conseil d'administration de la Ngoko-Sangha. La Banque d'Indochine place parfois un de ses hommes, mais très épisodiquement.

Or le taux de profit de plusieurs de ces compagnies se situe, de 1903 à 1911, entre 25 et 38 %. Les actionnaires en bénéficient d'autant plus qu'elles ne procèdent à aucun auto-investissement. Seule une politique de contrainte rigoureuse, ruineuse pour la vie des populations et pour la survie des ressources naturelles — notamment le caoutchouc — permet d'obtenir de tels résultats. Dès avant la guerre ils s'effondrent. Cette économie de traite et de pillage était évidemment fort éloignée des soucis de rentabilité régulière qu'éprouvaient en métropole les dirigeants des grandes firmes industrielles et bancaires.

Le passéisme destructeur des compagnies concessionnaires nous informe sur le caractère routinier, précapitaliste, qu'a pu revêtir la « mise en valeur de l'empire ». Il ne saurait pourtant suffire à la définir. Dans les années qui précèdent immédiatement la guerre, les monopoles bancaires et industriels commencent à pénétrer en plusieurs points de l'empire. L'exploitation des mines de Hongay fournit de magnifiques bénéfices à la Société française des charbonnages du Tonkin et les plantations d'hévéas, d'abord localisées près de Saigon sur les terres grises où des fonctionnaires placent leurs économies, progressent à partir de 1911 vers les terres rouges du Vietnam central, où investissent les sociétés capitalistes soutenues par la Banque d'Indochine. Ces vastes entreprises exigent dès le début une main-d'œuvre que le recrutement local ne suffit pas à fournir. Les problèmes de l'après-guerre sont déjà posés. Ils le sont aussi en Algérie où, le 16 octobre 1913, le gouvernement général signe avec la Société de l'Ouenza une convention qui lui remet l'exploitation de la minière. La convention prévoit que 20 % du capital de la société seront réservés à des banques françaises, à des métallurgistes français. Et le reste ? Krupp est à l'arrière-plan et les socialistes ont beau jeu de dénoncer, en janvier 1914, un gouvernement qui livre les richesses algériennes au capitalisme allemand : la concurrence entre grands trusts peut se muer en compromis.

3. La dégradation de la vie politique

Qu'il soit pris dans l'élan de la croissance industrielle, préoccupé d'investir à l'étranger ou lié aux colonies, c'est l'ensemble du monde des affaires qui se trouve de plus en plus amené à chercher des appuis dans la classe politique, à élaborer les arguments adéquats. Scandale ou pas, les rivalités qui opposent entre eux ces hommes et ces groupes restent opaques à une opinion publique habituée à penser la vie politique en termes idéologiques. Les militants qui tentent d'en distinguer les éléments et d'en déterminer les mécanismes — un Carlier, un Jaurès, un Merrheim — sont peu nombreux. Les efforts qu'ils font à partir de 1908-1909 surtout pour définir de façon concrète le caractère international des monopoles auxquels commence à s'opposer la classe ouvrière, restent limités et embryonnaires. Mais cette obscurité n'est pas incompatible avec la confuse perception d'un changement. Tamisées par la presse, brouillées par les transcriptions politiques du discours, les modalités nouvelles selon lesquelles se développe le capitalisme constituent un élément de cette dégradation de la vie politique qui s'instaure lentement après que le Bloc a éclaté.

La décomposition des partis.

La décomposition des forces politiques organisées avait en réalité commencé à gauche bien avant la mort ouverte du Bloc. La rupture des socialistes indépendants avec la jeune SFIO avait jeté le trouble dans les consciences ouvrières : à Saint-Étienne autour de Briand, à Grenoble autour de Zévaés, à Lyon, dans le Gard, les socialistes qui avaient quitté le parti unifié continuaient à se proclamer socialistes et avaient gardé une bonne partie de leurs électeurs. Certains départs s'étaient produits si tardivement — celui de Viviani par exemple — qu'il était très difficile d'en préciser la date. Au reste le parti était-il vraiment unifié? On pourra en douter jusqu'en 1908. Le comportement personnel de Clemenceau à la présidence du Conseil, d'octobre 1906 à juillet 1909, rendit à son tour visible l'évolution qui couvait chez les radicaux et qu'avaient en partie voilée le succès électoral de 1906 et la très faible organisation du parti. Mais en même temps le personnage de Clemenceau ouvrait la porte à des interprétations caractérielles de la crise. Elles cédèrent le pas à une compréhension plus juste après le long et âpre débat que la Chambre consacra au projet d'impôt sur le revenu préparé par Caillaux. Politiquement démocratique, il était socialement modéré. Pourtant de nombreuses réticences s'exprimèrent chez les radicaux. Le député de Romorantin, Pichery, les a résumées sans fard : « Nous entendons que ce nouvel impôt sur le revenu soit préparé avec beaucoup de prudence, qu'il ne comporte ni vexation ni inquisition, ne trouble pas le secret des fortunes et n'entrave pas la marche des affaires. » La classe politique savait d'ailleurs que les radicaux de la Chambre ne couraient pas grand risque en votant le projet — ce qu'ils firent à une forte majorité le 9 mars 1909 — puisque de toute façon il serait refusé au Sénat. Aussi la chute de Clemenceau ne mit-elle pas un terme à la crise du parti.

Pelletan en avait analysé les causes quelques mois plus tôt [1] : les

1. « La crise du parti radical », *La Revue*, 5 mai 1909.

élus radicaux sont élus par « le peuple », mais « par leur milieu, par leurs relations ordinaires, par leur famille, par leur vie quotidienne, ils appartiennent à ces classes moyennes qui paieront l'impôt complémentaire [1] quand notre projet de réforme fiscale sera voté ». Les élus étaient-ils seuls de cette espèce? Ne fallait-il pas y ranger bien souvent les hommes des comités, les petits notables locaux? De toute façon les classes moyennes organisèrent leur défense pendant les mois où le débat fiscal fut porté sur la place publique. Des organisations jusque-là dispersées se fédérèrent pour peser sur les députés. Ainsi se constitua le Comité d'étude et de défense fiscale, où l'on retrouvait entre autres le Comité de l'alimentation parisienne, dont nous connaissons l'orientation antisocialiste, et l'Association de défense des classes moyennes fondée par Maurice Colrat, un avocat de l'écurie Poincaré. Les animateurs de ces mouvements se situaient incontestablement plus à droite que la majorité des radicaux, mais ils puisaient dans le même vivier et il fallait être élu. Aux sociétés de pensée si vivaces au temps du combisme se juxtaposaient maintenant des sociétés de défense d'intérêts. Leur pression tirait les radicaux dans un sens où de bons rapports avec les socialistes devenaient de plus en plus difficiles. Certes, elle était inégalement efficace : une grande partie du radicalisme résistait, mais sans en tirer d'autre conséquence que répétitive : le radicalisme devait rester lui-même. Le pouvait-il? Nous connaissons encore fort mal l'implantation des mouvements de classes moyennes. Plus forte sans doute dans les milieux urbains? Plus faible peut-être là où un journal vigoureux comme la *Dépêche* maintenait un magistère de gauche? Encore le grand quotidien du Sud-Ouest, certes favorable à l'impôt progressif sur le revenu, s'éloignait-il lui aussi de plus en plus nettement des socialistes [2].

1. Dans le projet Caillaux, outre l'impôt général sur le revenu qui frappe les revenus imposables répartis en sept catégories, les cédules, est prévu un « impôt complémentaire » : son taux est progressif, il est payé par ceux qui ont plus de 5 000 francs de revenu annuel, c'est-à-dire plus que ce que gagne un jeune agrégé, moins qu'un médecin de campagne.
2. Le 11 janv. 1910, Arthur Huc compare le Bloc à la jument de Roland pourvue de toutes les qualités, sauf la vie.

Quelles qu'en fussent les causes et l'ampleur, la crise du radicalisme s'exprimait par le recul de l'idéologie chez les élus et souvent chez les électeurs. Cette complicité a été mise en évidence dans le Loir-et-Cher où G. Dupeux a noté la coïncidence entre la généralisation de candidatures de clientèle ardemment disputées et le ralliement des élus au radicalisme modéré. Assurément la laïcité n'était pas oubliée et les offensives renouvelées de la hiérarchie contre les manuels et les instituteurs laïques [1] lui restituaient périodiquement sa vigueur combative. Mais ceux qui parmi les nouveaux incroyants devenaient des électeurs radicaux — à Paris la courbe des mariages religieux et des baptêmes fléchit brutalement entre 1905 et 1914 [2] — avaient-ils gardé l'ardeur des combattants de l'an 1900? Or les classes moyennes, si hétérogènes, ne pouvaient guère soutenir l'ordre républicain établi sans une idéologie unifiante. On entendait frapper à la porte l'antisocialisme, le nationalisme. Dans Toulouse-la-rose où s'imprimait la *Dépêche* à laquelle Jaurès collaborait toujours, c'est dans cette direction que s'oriente à partir de 1905 le nouveau radicalisme.

Les élections de 1910 mirent en évidence le malaise politique au cœur duquel se mouvait le parti radical : un taux d'abstention relativement élevé — 22,5 % —, plus de 200 députés nouveaux, radicaux ou modérés. Certes, de nouvelles circonscriptions, essentiellement urbaines, étaient gagnées à « la République » : à Bayonne par exemple, dans ce pays basque si difficile. Mais sous l'étiquette radicale s'étaient très souvent opposés deux, trois, parfois quatre candidats et beaucoup avaient fait ouvertement fi de ce qui était officiellement le programme de leur parti : ce concept leur était étranger et c'étaient souvent ceux-là qui l'avaient emporté. Au total les socialistes gagnaient une vingtaine de sièges, souvent dans des circonscriptions jeunes et dynamiques : ainsi à Grenoble où Mistral était élu par un corps électoral qui comptait 35 % d'ouvriers, plus de 20 % d'employés et 12 % de cadres. Les radicaux reculaient sensiblement, soit au profit des socialistes, soit même au profit de la droite. Surtout l'éparpillement était incroya-

---

1. La déclaration des cardinaux et archevêques du 12 septembre 1908 appelait à surveiller l'école publique — maîtres, programmes et manuels — et à la maintenir dans une stricte « neutralité ».
2. F. Boulard, *Archives de sociologie des religions*, janv.-juin 1971.

ble : morcellement grisonnant et incertain des partis, éclatement des groupes parlementaires : la Chambre en comptait neuf dont un groupe d' « indépendants » — les « sauvages » — qui se situaient plus ou moins entre la gauche radicale et les radicaux-socialistes. Briand, président du Conseil en exercice, n'était inscrit à aucun groupe.

C'est alors que commence dans l'histoire de la France le temps des ministères où il y a des radicaux, mais que les radicaux ne dirigent pas ou dans lesquels ils ne sont plus en majorité. Longue période, à peine coupée au lendemain de la guerre par les élections « bleu-horizon ». Que dans ces circonstances les bureaux prennent du poids paraît vraisemblable. Les gouvernements valsent en effet. C'en est fini de la stabilité ministérielle que la République radicale avait connue de 1899 à 1909. Briand, puis encore Briand, Monis, puis Caillaux — pas pour longtemps! — Poincaré, — signe des temps —, puis Briand encore et à nouveau Briand, Barthou, Doumergue, Ribot pour trois jours! enfin Viviani, et voici la guerre. Quelles armes en or fourbies pour un antiparlementarisme qui n'en fit guère usage car la croissance était là, le peuple était fidèle, et, dans son cercueil, l'impôt sur le revenu attendait que la loi de trois ans crée d'irrépressibles besoins en argent pour sortir de son sommeil.

Briandisme et représentation proportionnelle.

Briand « l'endormeur », Briand l'homme de « l'apaisement », Briand « le sauveur ». En cet automne 1910 où il vient d'écraser la grève des cheminots, sans un coup de feu — « voyez mes mains »... — mais au prix de la mobilisation des grévistes qui les rendait justiciables du conseil de guerre et créait un précédent d'une extrême gravité, le personnage de l'ancien militant de la grève générale arrive au premier plan. Nous connaissons bien mal Briand. Les capacités de l'homme politique, les dons de l'orateur, sont incontestables. L'évolution de sa pensée et de sa pratique pose encore de nombreux points d'interrogation. En désignant sous le nom de briandisme le pourrissement de la vie politique qui progresse encore après 1910, Jaurès surestime peut-être le rôle de son ancien ami. Mais ce n'est pas évident. Briand n'était

certainement pas à l'origine de l'atonie, de l'impuissance politique
du Parlement et du gouvernement. Les raisons profondes en effet
n'en étaient pas seulement françaises, mais européennes : la
France prenait sa part des contradictions nouvelles nées de l'essor
du profit, de la difficile montée des classes ouvrières et du heurt
des nationalismes. Mais elle les abordait avec un ancien et complexe héritage. La force de Briand lui vint, temporairement, de
ce qu'il n'était l'homme ni d'une profession, ni certes d'un parti,
encore moins de son passé : le contraire d'un héritier. Fort hostile
aux forces organisées — de l'Église à la SFIO ou à la CGT — il a
une suffisante connaissance de la réalité parlementaire française
pour comptabiliser toujours sa « majorité républicaine », même
quand il apparaît comme le sauveur à bien des hommes classés
à droite qui lui apportent avec empressement leurs suffrages les
jours de peur sociale. Rassembleur des individus éparpillés et,
croit-il, des classes défaites, il va prendre le relais des radicaux
faibles et divisés, chez qui il a d'ailleurs beaucoup d'admirateurs [1],
pour conduire la République radicale jusqu'au poincarisme, jusqu'au « modérantisme » le plus ambigu. De juillet 1909 à mars
1913, il est présent dans tous les gouvernements, à l'exception
du bref intermède radical de 1911, et son rôle sera décisif dans
l'élection de Poincaré à la présidence de la République.

A l'éclatement des partis favorable au régime de clientèle
y avait-il une solution politique? Certains placèrent leur confiance
dans un nouveau mode de scrutin : la représentation proportionnelle avec scrutin de liste. Les fondateurs de la République se
référaient volontiers à Gambetta qui avait glorifié le scrutin de
liste, seul capable de faire triompher « l'idée » au-dessus des
rivalités personnelles. Les progressistes y voyaient surtout le
moyen d'aboutir à la représentation des minorités brimées par le
scrutin majoritaire et à une « politique de tolérance, de justice
et de vérité [2] ». Un journaliste catholique très connu — il ensei-
gnait aussi à l'École des sciences politiques —, Charles-Benoist,
s'y consacra à partir de 1905. A l'extrême gauche surtout, les socia-

---

1. Henry Bérenger par exemple, directeur de *l'Action* puis du *Siècle*.
2. Émile Macquart, *Revue politique et parlementaire*, oct. 1901.

listes s'en déclaraient chauds partisans. Ils n'y voyaient pas seulement le moyen d'obtenir à la Chambre une représentation plus conforme à leur poids réel dans le pays, mais le seul moyen pour faire reculer le règne de la confusion, le régime de la clientèle, la décomposition politique liée au briandisme. Jaurès espérait que se reconstituerait ainsi un parti radical cohérent dont l'évolution démocratique du pays ne pouvait se passer. Les guesdistes déclaraient en attendre la fin des compromissions « blocardes », des alliances du second tour. La campagne fut longue. En 1907 se forma un groupe parlementaire pour la RP où Jaurès, Charles-Benoist, Ferdinand Buisson se trouvèrent côte à côte. Une fois encore rien n'aboutit : après le grand débat aux décevantes conclusions d'octobre-novembre 1909, la discussion reprit dans le pays dès le lendemain des législatives pour déboucher en mars 1913 sur un nouvel échec.

Peu de coalitions ont été aussi hétéroclites dans leur composition et même dans leurs intentions que celle des « rpéistes ». Et peu finalement aussi vaines. C'est que ceux qui y voyaient un remède au briandisme avaient sous-estimé les réactions du radicalisme. Certes, les radicaux avaient mille fois condamné le scrutin d'arrondissement et parlé de réforme électorale. Mais laquelle? Lorsque, à partir de 1906 ils en discutèrent dans leurs congrès, les proportionnalistes n'obtinrent jamais qu'une petite minorité. Pire : on trouvait parmi ces derniers aussi bien des saints laïques comme F. Buisson que des politiciens de la droite du parti comme J.-L. Bonnet. Les charmes de l'arrondissement paraissaient fort vivaces à la majorité des élus : c'est là qu'ils avaient leurs bases réelles, leurs comités. Parmi les plus ardents arrondissementiers figuraient Pelletan et Combes, deux vieux lutteurs. Loin de clarifier la situation ou d'arrêter le processus de pourrissement, la campagne pour la RP l'aggrava : elle avait créé dans le parti radical des clivages nouveaux et artificiels, sans faire disparaître les anciens. Et elle avait renforcé la position personnelle de Briand, ce prince de l'équivoque : après avoir dénoncé, le 10 octobre 1909, dans le célèbre discours de Périgueux « les petites mares stagnantes » de l'arrondissement, il déclara que le pays devait réfléchir et déplaça les cinquante voix nécessaires au rejet du projet.

4. Le mouvement de paix sociale

Supprimer les affrontements idéologiques et les affrontements de classes : telle est au vrai la perspective de Briand. De là vient sa pratique politique. Par là aussi ses initiatives s'insèrent parmi celles qui, à partir de 1906, visent à assurer l'avènement de la paix sociale. Elles ne sont naturellement pas neuves. Les courants issus du catholicisme social, intégriste et royaliste se sont diversifiés dès la fin du XIXᵉ siècle. Le solidarisme dont Léon Bourgeois est le père[1] a propagé la thèse du « quasi-contrat d'association » : il affirme que la société n'est rien d'autre que la chaîne des individus associés à une œuvre commune envers laquelle chacun est redevable; pour les radicaux solidaristes la propriété privée et le travail ne se séparent pas : les radicaux, dit Ferdinand Buisson, sont « une classe de propriétaires qui travaillent et de travailleurs qui possèdent »; c'est le fondement doctrinal de leur hostilité à toute solution collectiviste. Quant au millerandisme, il a mis au contraire en avant le devoir qu'a l'État d'intervenir dans les relations entre les classes pour obtenir la paix sociale. Millerand publie d'ailleurs en 1908 un recueil, *Travail et Travailleurs* où il critique « l'égoïsme libéral », dénonce la vanité des grèves, et met l'accent sur la primauté de la communauté nationale, représentée par l'État, sur les intérêts de classes. Mais la Séparation, la crise du radicalisme et la plus grande âpreté de la concurrence entraînent un renouvellement de ces thèmes.

Perspective commune : l'entente capital-travail que l'intensité des luttes ouvrières et la vitalité des théories qui leur donnent une portée générale font apparaître comme la clef de toute paix sociale. La pression des grèves, légèrement relâchée en 1907-1908, reprend en effet dès que la conjoncture redémarre : si elle conduit

1. Le livre qu'il publie sous ce titre en 1896 est répercuté pendant quelques années à travers force articles et colloques : cf. le Congrès d'éducation sociale qui se tient à Paris du 26 au 30 sept. 1900.

à l'échec de certaines initiatives, elle donne à d'autres des arguments supplémentaires pour tenter d'orienter vers la sagesse un prolétariat combatif.

La tentative briandiste de participation sociale, 1909-1910.

Les informations rassemblées par M.-G. Dezès[1] permettent de mieux comprendre le courant réformiste laïque qui s'épanouit autour de Briand en 1909-1910 : il confère au briandisme un champ social original. Les origines en sont multiples : maintien dans la CGT d'un courant réformiste minoritaire mais actif, renforcement de l'intérêt pour le monde du travail dans des milieux de sociologues et de juristes, désir de Briand non seulement de s'entourer de brillants collaborateurs, mais peut-être d'asseoir sur eux son influence politique. A l'automne 1909, les principaux instruments sont en place : Comité d'Union syndicaliste : fondé en juillet 1909 il regroupe les réformistes de la CGT, de Coupat à Niel, et dispose d'un hebdomadaire, *l'Action ouvrière;* Comité de la démocratie sociale : animé par deux admirateurs de Briand, son secrétaire politique Léon Parsons et le juriste Étienne Antonelli, il publie jusqu'à la fin de 1911 *la Démocratie sociale.* Président du Conseil depuis juillet 1909, Briand lui donne clairement son aval dans le discours de Périgueux en opposant à la « petite besogne des comités » le large courant de « l'intérêt général » et les perspectives de « la démocratie sociale ».

Vocabulaire? Vent qui passe? Certes. Mais autre chose aussi : Briand et ses amis cherchent à élaborer un programme dont les syndicalistes raisonnables pourraient prendre le relais et qui détournerait les travailleurs de la grève et le patronat de la répression. Ils tiennent les conflits sociaux pour mal fondés et la solidarité entre les classes pour plus forte que leur opposition. En agissant on éliminera donc l'illusionnisme, on se conformera aux réalités profondes de la société. Le maître mot de l'équipe briandiste est celui de participation déjà employé par Sismondi. La « révolution participative » a pour but de faciliter la mobilité sociale et pour moyen l'actionnariat ouvrier complété par des pouvoirs de

---

1. Voir (90).

contrôle donnant dans l'entreprise place égale au travail et au capital. L'équipe de *la Démocratie sociale* souhaitait sans doute aller plus loin : étoffée par des socialistes liés au syndicalisme comme Albert Thomas, elle envisageait la création d'un parti travailliste. La pratique politique de Briand limita ces ambitions.

Elle allait d'ailleurs contribuer à faire échouer la totalité du projet. Non seulement en effet le patronat ne se montra nullement coopératif, non seulement Jaurès, d'abord intéressé, décrocha très rapidement — il tenait en particulier pour dérisoire la participation au niveau de l'entreprise —, mais surtout la répression de la grève des cheminots mit un terme aux rêves de paix sociale : Briand avait choisi son camp, socialistes et syndicalistes, y compris les plus réformistes, choisirent le leur.

Les mouvements chrétiens de paix sociale.

A Périgueux, Briand avait tendu une main prudente aux catholiques ralliés. Dans ces milieux aussi se développent des mouvements préoccupés par les problèmes sociaux. Leur seule expression politique organisée, c'est l'Action libérale populaire : hostile à toute intervention de l'État, elle oscille entre la négation radicale des conflits de classes incompatibles avec « la douce lumière de ce ciel bleu de France [1] » et la distribution de conseils destinés à les éviter par une « fusion plus complète de l'élément patronal et ouvrier ». Mais les groupes qui se réclament du catholicisme social ne sont nullement intégrés à l'ALP et témoignent, entre 1906 et 1914, d'une autre richesse. Semaines sociales, fondées à Lyon par Marius Gonin; Action populaire particulièrement active dans le Nord où le père Desbuquois organise dans les grandes villes des secrétariats sociaux : d'abord tentée par le mouvement Jaune, l'Action populaire s'intéresse ensuite au syndicalisme chrétien; Association catholique de la jeunesse de France surtout, qui acquiert une audience nationale : avec quelque 3 000 groupes en 1914 et 140 000 adhérents, elle recrute non seulement dans les classes dirigeantes mais dans la paysannerie

---

1. Éditorial de *l'Action libérale populaire*, 14 févr. 1906.

pratiquante et chez les employés. Nettement royaliste dans certaines régions du Midi — ainsi en Ardèche où son animateur, H. de Gailhard-Bancel ne manque pas de couleur —, ralliée ailleurs, elle témoigne de l'inachèvement, de la lenteur, des mutations du catholicisme.

La tâche de ces mouvements est d'abord propagandiste. Sans prise sur l'appareil d'État et sans influence réelle sur la classe ouvrière, ils ne peuvent nourrir les ambitions d'un Antonelli, d'un Parsons. A partir de 1909 une revue de large diffusion, *le Mouvement social*, complète les brochures, les almanachs de l'Action populaire. L'aspiration à la paix sociale se réduit à l'organisation d'enquêtes au reste prudentes — l'ACJF en 1904 oublie de questionner sur les salaires de la jeunesse ouvrière — et à de chaleureuses recommandations de bonne volonté sociale. C'est un peu court. Il manque un mouvement au club politique qui entoure Briand. Il manque une pensée politique et sociale aux mouvements catholiques. En orientant l'École de Nîmes vers une morale du consommateur, en la détournant de la libération du producteur, l'économiste Charles Gide, soutenu par la majorité des chrétiens-sociaux protestants, a bien lui aussi comme intention de limiter la montée du collectivisme [1] et de renforcer l'harmonie sociale; du moins prend-il avec clarté position contre le capitalisme.

5. Dépression culturelle?

Les vaines espérances de paix sociale, le recul des idéologies que nous appelons radicales et l'emprise des grandes affaires sur la vie publique s'accompagnent de transformations culturelles elles aussi ébauchées vingt ans plus tôt, mais auxquelles la Belle Époque donne l'occasion de s'épanouir. L'éclat des lettres parisiennes ne doit pas dissimuler le maintien, poussé jusqu'au ronron-

---

1. Cf. le débat, au congrès de Genève de juin 1906, étudié par J. Baubérot.

nement, et la diffusion des valeurs culturelles du passé, produites ou non par les notables. Il en voile mal la dégradation, liée en particulier au retournement idéologique des élites.

Traditions maintenues.

La culture de masse qui commence à se répandre se greffe sur un corps social où, si les traditions paysannes sont menacées, les mœurs héritées du passé conservent une forte prégnance. Mesure-t-on à quel point la France baigne encore dans un climat de violence? Dans les bagnes militaires, les Biribi, que la presse révolutionnaire dénonce au moment où paraît le roman de Darien, les suicides, très fréquents, ne sont « qu'un des visages de la mort [1] ». Les tortures survivent en dépit des textes réglementaires publiés en décembre 1899, et la ration de l'homme mis en cellule de correction est inférieure à celle du déporté d'Auschwitz. Encore peut-on mettre ici le pouvoir en accusation. Mais lorsque, le 8 décembre 1908, la Chambre décide par 330 voix contre 201, de maintenir la peine de mort, elle prolonge les fonctions de Deibler, malgré un rapport défavorable du garde des Sceaux, Briand, et sous « la pression de l'épicier, du fruitier et du marchand de vin ». Au référendum que *le Petit Parisien* avait organisé l'année précédente, il y avait eu plus d'un million de réponses favorables à la peine de mort et 328 000 environ hostiles. Combien de tortionnaires enfin parmi les « éducateurs » de ces bagnes cléricaux ou laïques qui aggravent jusqu'aux limites du crime les brimades imposées par les internats glacés aux adolescents [2]?

Traditions maintenues aussi dans ces bastions du goût officiel que constituent l'État et les institutions qui l'environnent. H. Dujardin-Beaumetz, radical de droite, détient le sous-secrétariat d'État aux Beaux-Arts de janvier 1905 à janvier 1910 : qui dit mieux? Ce fils de préfet supprime certes la commission de censure qui régente, jusqu'en juin 1906, chansons et pièces de théâtre jouées à Paris : son impuissance avait atteint les limites du ridicule.

1. Cl. Liauzu, « Jalons pour une étude des Biribi », *Cahiers de Tunisie*, 1971, nº 73 et 74.
2. Cf. pêle-mêle l'affaire du Bon Pasteur de Nancy, et celle de la Colonie agricole de Mettrau, gérée par l'Assistance publique.

Mais la célébrité du secrétaire — aujourd'hui — lui vient davantage de sa ferme opposition à l'achat par les musées nationaux de toute œuvre de Cézanne. L'amour du « grand sujet », les sombres couleurs, l'académisme le plus désuet définissent le goût officiel en matière de peinture. C'est celui de l'Institut, des Salons. C'est celui de la bourgeoisie satisfaite. L'ennui, c'est que les grands sujets manquent un peu : on les puise donc dans le passé. En littérature les principales revues continuent à diffuser les mêmes textes un peu pesants. La France se félicite de rester la patrie du classicisme : « Si l'esprit classique est de tous les pays, il est surtout de notre pays[1]. » Mesure, bon sens, c'est ce que l'on cherche dans Corneille et dans Racine : on comprend la férocité de Péguy. Des corps constitués, au centre desquels se dresse l'Université, fonctionnent comme un appareil de reproduction des valeurs élaborées au cours du XIXᵉ siècle par la bonne bourgeoisie : plus laïques à *la Revue de Paris*, elles ont évolué vers le spiritualisme catholique à *la Revue des deux mondes*.

Progrès de la culture des notables.

La culture des notables non seulement conserve sa situation dominante, mais elle l'étend au début du siècle en direction de milieux nouveaux. Les magazines de masse, beaucoup plus nombreux que dans les premières années de la IIIᵉ République, pénètrent jusque dans les bourgs : les *Lectures pour tous* viennent au monde en 1898; c'est le groupe Hachette qui les lance, comme il lance en 1905 *Je sais tout;* le groupe Tallandier publie, à partir de 1905 aussi *Lisez-moi*, et c'est *le Petit Parisien*[2] qui édite depuis 1906 *Nos loisirs*, en accord avec la loi qui rend obligatoire cette année le repos hebdomadaire. Parallèlement se poursuit l'ascension des quotidiens parisiens dits « d'information », au détriment de la presse politique. C'est alors que les quatre grands — *le Petit Journal*, *le Petit Parisien*, *le Matin* et *le Journal* — atteignent

1. G. Leygues, ministre de l'Instruction publique, à la Chambre, 14 février 1902.
2. Cf. F. Amaury, *Histoire du plus grand quotidien de la IIIᵉ République, le Petit Parisien, 1876-1944*, PUF, 1972.

au sommet de leur audience : leur tirage — 4,5 millions — représente plus de 40 % de celui de tous les quotidiens français. *Le Petit Parisien* a conquis avec *le Petit Journal* un public provincial fidèle. La grande presse régionale est elle aussi à son apogée. A ces clientèles massifiées, il s'agit de ne pas déplaire : *le Petit Parisien* se veut le « régulateur des passions collectives ». Il s'agit aussi de transmettre les stéréotypes, les modèles qui les intégreront dans la société. Ce rôle est en particulier dévolu aux romans-feuilletons qui occupent souvent deux, trois, quatre « rez-de-chaussée » du journal.

Ainsi se répandent dans des milieux nouveaux les traits dominants de la culture dominante : le goût archaïsant [1], les valeurs rurales exaltées par d'innombrables sous-Henri Bordeaux, la confiance dans le travail source de prospérité, et les hiérarchies sociales « naturelles ». Elle a certes des points communs avec ce qu'enseigne l'école publique. Mais en même temps, coupée des combats scolaires, marquée par des objectifs indépendants de la cause laïque, elle l'infléchit vers le conservatisme social et politique.

Mutations urbaines.

En ville, le conformisme officiel est soumis à de nombreuses pressions. Les valeurs qu'elle proclame, la bourgeoisie les respecte-t-elle? On peut en douter. Dans quelle mesure le vaudeville — de Courteline à Feydeau — n'est-il pas préféré à la Comédie-Française, et, si l'on va au Français, l'Aiglon à Polyeucte? Pour une culture dominante il est peu agréable de se trouver désavouée au profit de genres dits mineurs.

Depuis que le siècle a changé, le cinéma entre lui aussi dans le système concurrentiel. Devenu un temps curiosité foraine, le cinématographe revient en ville grâce à Méliès, créateur du scénario et de la mise en scène, surtout un peu plus tard grâce aux longs métrages réalistes qui exigent des salles spécialisées. L'intelligentsia hésite : est-ce de l'art? Le petit-bourgeois emmène sa femme, l'ouvrier aussi. Rien de très neuf dans le contenu idéo-

---

1. L'échec du style 1900, baptisé style « nouille », ramène la petite bourgeoisie vers le buffet Henri II.

logique. Mais combien d'habitudes ancestrales vont être boule-
versées par les salles obscures? Ici encore l'inavoué, souvent,
supplante le proclamé.

La dépression culturelle est enfin liée à une troisième mutation :
l'évolution qui éloigne les élites urbaines du scientisme, du rationalisme, de l'idéologie proclamée par l'école et même — quoique
à un moindre degré — par la littérature de masse. La crise du
scientisme a commencé dès les années 80. Sans revenir sur ses
origines, il importe de voir que, dans un milieu restreint mais
influent, elle a pris des aspects spectaculaires.

L'essor du spiritualisme mystique.

Le mouvement de conversion des jeunes intellectuels commencé
avec Claudel se poursuit en ce début du siècle : Jammes, Max
Jacob, Maritain, Massignon, Psichari dont l'évolution met en
cause la famille de Renan. Péguy, sans bruit, revient à la foi de son
enfance. Des peintres sont touchés : Rouault. Des musiciens.
Chacun va vers Dieu à son pas. Mais chez ces « convertis de la
Belle Époque », étranges canards couvés par des pères rationalistes,
la découverte de la foi s'accompagne d'une vie intérieure intense
et d'une pratique mystique exaltée. L'âge des convertis, très
variable, suggère que c'est le moment qui est déterminant, non la
génération. Cette vague de conversions reste probablement assez
parisienne, en tout cas limitée. Mais, outre que l'Église fait caril-
lonner ses cloches, les nouveaux catholiques appartiennent à des
milieux où l'on sait tenir la plume : Péguy a sa revue, Jammes
publie un peu partout ses élégies.

Surtout ce phénomène, qui n'est pas propre à la France, s'insère
en France dans un ensemble plus vaste : celui d'un retour au
spiritualisme mystique. La philosophie universitaire n'avait
jamais rompu avec le spiritualisme, mais, laïque et rationaliste
chez Renouvier ou chez le jeune Alain, elle se fait maintenant
mystique chez Blondel ou Bergson. Le cas Bergson est important.
Depuis 1897 son cours au Collège de France remporte un extraordinaire succès : philosophes, savants, écrivains, étudiants,
femmes du monde se pressent à ses leçons. C'est « le retour de
la métaphysique dans le monde », dit Péguy. En effet, *l'Évo-*

lution créatrice, que Bergson publie en 1907, s'élance tout droit
vers Dieu sur la piste de « l'élan vital » en réhabilitant l'intuition,
l'expérience mystique. En répercutant son enseignement les
journalistes lui assurent une incroyable diffusion [1].

Or Bergson n'est pas catholique. Mais sa philosophie porte
les couleurs du temps. En louant l'intuition elle rend compréhen-
sibles les charmes de l'impressionnisme, elle va dans le sens
de la poésie symboliste, elle rencontre le tolstoïsme. En réhabilitant l'irrationnel elle trouve écho dans un courant que nous
avons vu à l'œuvre au temps de l'affaire Dreyfus, et elle légitime
les pratiques mystiques qui se développent dans l'Église : miracles, apparitions. En récusant l'influence desséchante des catégories kantiennes, Bergson fournit une explication aux changements scientifiques en cours.

Il n'est évidemment pas possible de cerner les causes d'un
mouvement dont les composantes et l'ampleur nous sont encore
mal connues. Ne faudrait-il pas pourtant le mettre en relation
avec l'inquiétude qu'inspirent les contradictions sociales, politiques, intellectuelles du XXe siècle où la République radicale
est maintenant engagée? Les temps du calme progrès sont ter-
minés; ceux des crises commencent dans l'inquiétude et, pour
certains, dans la facilité.

6. Vers la guerre

Le nationalisme.

Le courant mystique joue finalement sa partie dans le grand
orchestre nationaliste dont la musique a repris dès 1905 et s'est
amplifiée à partir de 1911. L'affaire Dreyfus avait permis de
classer nettement à droite le courant nationaliste et de le rejeter
à l'écart des eaux heureuses du pouvoir. Ses sympathisants,
s'étaient, nombreux, reconvertis en républicains : ils l'étaient
d'ailleurs au sens premier du terme. Le parti radical avait dû

1. A. Robinet, *Péguy entre Jaurès, Bergson et l'Église*, Paris, Seghers,
1968.

en accueillir bon nombre, mais il n'était pas le seul. Dans trois régions — les départements de l'Est, ceux de la Bretagne et de son pourtour, certains départements du sud du Massif central — des élus républicains votaient depuis 1898 avec la droite nationaliste[1].

Les thèmes mis en avant par le néo-nationalisme nous éclairent à son sujet. Deux haines proclamées : les Allemands, les mauvais Français. Sous ce vocable sont visés ceux qui ne se laissent pas emporter par le courant chauvin, surtout si leur comportement peut être dommageable aux grands intérêts : cégétistes et socialistes accusés en bloc d'être des « sans patrie », hommes politiques classés comme pacifistes, ainsi Caillaux et son redoutable projet d'impôt sur le revenu. Fût-ce par Caillaux interposé, le néo-nationalisme est un antisocialisme. Mais il se polarise aussi, fortement, sur l'Allemagne : les enquêtes, les études, se multiplient à son sujet; le danger qu'elle fait courir à la France est défini comme pressant et multiple, « à la fois continental, maritime, colonial, économique[2] ». La polarisation allemande, fait nouveau, renvoie évidemment au Maroc dont les dépouilles sont âprement disputées entre les deux pays à partir de 1905 : le nationalisme colonisateur et le nationalisme antiallemand, dressés l'un contre l'autre au début de la IIIe République, se donnent maintenant la main. Elle renvoie aussi à l'Alsace-Lorraine, mais d'une façon ambiguë : malgré les romans de Barrès ou de Bazin — *Colette Baudoche, les Oberlé* —, malgré la diffusion, à partir de 1912, des albums de Hansi qui opposent la douce domination française à celle, brutale, de l'Allemagne, les références à l'Alsace-Lorraine sont mises au service du nationalisme antiallemand plus que du désir de reprendre les « provinces perdues[3] ».

1. E. Weber, « Le renouveau nationaliste en France et le glissement vers la droite, 1905-1914 », *Revue d'histoire moderne et contemporaine*, avr.-juin 1958.
2. Préface de René Henry professeur à l'École des sciences politiques, à la thèse de R. Baldy sur l'Alsace-Lorraine (1912). Texte publié par R. Girardet, *le Nationalisme français (1871-1914)*, Paris, A. Colin, 1966.
3. M.-Th. Borrelly, « L'image de l'Alsace-Lorraine à travers quelques œuvres littéraires françaises, 1871-1914 », Centre de recherches de l'université de Metz, *Travaux et Recherches*, 1973.

Au contraire, la concurrence de l'Allemagne est explicitement et fréquemment invoquée. Certes, tous les secteurs du capitalisme français ne sont pas réellement visés de la même manière : la sidérurgie lorraine est plus menacée que les industries charbonnières du Nord-Pas-de-Calais, concurrencées par le charbon anglais et belge, et surtout que les banques aux placements multiples. Mais la place que tient dans la panoplie du nationalisme la rivalité entre la « camelote allemande » et la production française « de qualité » le situe au plus profond de l'impérialisme.

Le comment? est presque aussi important que le pourquoi? C'est ici que le néo-nationalisme touche au mysticisme. On oppose le soldat, qui obéit à l'instinct, et l'intellectuel ratiocineur, le centurion gardien de la culture française à l'universitaire prêt à la livrer aux Allemands. Sur cette voie rivalisent Péguy, l'ancien dreyfusard et le petit-fils de Renan, Psichari. La conversion devient preuve de patriotisme lucide. Le métier des armes, aux colonies ou sur les Vosges, l'emporte sur tout autre. Pour que le soldat s'accomplisse pleinement, il lui faut la guerre : « Pur délice pour un soldat de voir l'idée nationale naître, grandir, croître sur le champ de bataille... Chère France, cher pays, sans doute tu vivras encore des heures graves[1]. » En béatifiant Jeanne d'Arc, Pie X montre assez que le catholicisme est l'armature du patriotisme. Certes, bien des nuances sont possibles : le nationalisme de Poincaré est relativement modéré, celui de Barrès exalté; on peut être nationaliste et républicain — c'est le cas de Péguy —, mais les maurrassiens voient dans ce choix une faiblesse qu'il faut bien tolérer mais qu'on doit condamner. Au total le courant nationaliste manifeste une réelle unité. Et, diffusé par une presse à laquelle les fonds ne manquent pas il pèse dans la nation et en particulier sur sa politique extérieure.

La politique de Delcassé, 28 juin 1898-6 juin 1905.

Les choix élaborés et mis en œuvre par Théophile Delcassé orientent la politique extérieure de la France jusqu'à la guerre.

---

1. Propos du capitaine H. de Malleray, en pèlerinage à Bouvines en 1905.

Jamais sous la IIIe République un ministre des Affaires étrangères n'est resté aussi longtemps en fonction. Jamais il n'a été apparemment plus libre de ses mouvements : l'opinion s'inquiète peu des problèmes internationaux, la Chambre, où du reste Delcassé est assez populaire, n'exerce qu'un médiocre contrôle. Il est assisté par de remarquables ambassadeurs : Camille Barrère, Jules et Paul Cambon. C'est sous la responsabilité de ce jeune ministre — il a 46 ans en 1898 — arrivé au Quai en pleine crise de Fachoda, que prend tournure la Triple Entente, pièce maîtresse dans l'élaboration de la politique des blocs diplomatiques et militaires européens. C'est sous sa responsabilité que la France s'engage dans une politique incontestablement nouvelle de mainmise sur le Maroc.

Où est la nouveauté? Jusqu'à la fin du XIXe siècle la France a hésité entre une politique d'expansion coloniale qui la mettait en concurrence avec l'Angleterre et une politique continentale dont la pointe était dirigée contre l'Allemagne. A la deuxième orientation appartiennent les conventions — secrètes — du 18 août 1892 avec la Russie. De la première relève par exemple l'expédition Marchand, organisée par Hanotaux, prédécesseur de Delcassé au Quai : il a dû la liquider sans gloire. La « grande politique » de Delcassé consiste à considérer que ces deux orientations ne sont pas contradictoires et que leur réalisation convergente suppose la liquidation des points de friction avec l'Angleterre, le renforcement de l'alliance avec la Russie, et un effort spécial pour dissocier l'Italie de la Triplice. Telles sont les grandes lignes du plan que, dès février 1899, il expose à ses collaborateurs.

Ce projet soulève plusieurs questions. La première concerne le caractère prioritaire de l'objectif colonial. Delcassé avait été, en 1894, ministre des Colonies et il était lié à ce groupe de pression complexe qu'on appelle le « parti colonial », animé par le député d'Oran Eugène Étienne[1]. En 1898 le parti colonial fait du rattachement du Maroc à la France l'objectif numéro un, en raison de sa situation géographique et de ses probables ressources minières.

---

1. Le groupe colonial recrute essentiellement au centre. Il compte aussi des ralliés notoires et des radicaux de plus en plus nombreux.

Mais il ne croit pas à sa réalisation sans le soutien allemand, étant donné les intérêts anglais à Gibraltar. Sur ce point essentiel, Delcassé ne suit pas ses amis : le choix qu'il fait et la manière dont il le met en œuvre sont clairement orientés contre l'Allemagne.

Deuxième question : le « parti colonial » est-il un bloc? De graves rivalités apparaissent entre les hommes d'affaires français intéressés à la « pénétration pacifique au Maroc ». P. Guillen[1] a évoqué la violence du conflit qui oppose à partir de 1902 la Compagnie marocaine, création de Schneider, à un syndicat bancaire sous la direction de Paribas : capital industriel contre capital bancaire. Non sans hésitation le Quai choisit le consortium animé par Paribas, seul capable de répondre à l'énorme emprunt que le Sultan est mis dans l'obligation de lancer. Lorsque Schneider trouve l'argent nécessaire en s'entendant en 1904 avec la Banque de l'Union parisienne, le conflit ouvert éclate : il est réglé par Delcassé qui, le 9 mai 1904, déclare au secrétaire général du Creusot qu'il ne peut tolérer que sa maison se mette au travers d'une décision d'intérêt national. L'emprunt signé le 12 juin ruine le Maroc, assure au consortium d'énormes bénéfices et à son allié le gouvernement français une position prééminente au Maroc. On peut tirer deux conclusions de cet épisode : selon la première c'est le pouvoir politique qui a imposé sa loi aux grandes affaires. Selon la seconde, il n'a pu trancher qu'en se liant aux intérêts majeurs du capital bancaire. Ces deux remarques ne sont pas contradictoires.

Vue sous ce jour, l'Entente cordiale elle-même peut apparaître comme un moyen qui a facilité la victoire du capital bancaire : Paribas était en effet liée aux banques anglaises et la signature, le 8 avril 1904, de l'accord diplomatique franco-anglais leva un sérieux obstacle au plein accord du Quai et du consortium. Évidemment l'Entente cordiale est d'une tout autre importance : elle marque un tournant durable de la diplomatie française. Il ne s'agit pourtant à cette date que d'un accord de troc colonial et impérialiste : la France s'engage à « ne pas entraver l'action

_____

1. « L'implantation de Schneider au Maroc », *Revue d'histoire diplomatique*, 1965.

de la Grande-Bretagne en Égypte » tandis que l'Angleterre reconnaît « qu'il appartient à la France de veiller à la tranquillité du
Maroc ». Le concept de protectorat est réservé aux articles secrets.
Ce partage, complété par d'autres clauses du même type, ouvre
la voie à des accords diplomatiques mais ne les comporte pas.
L'Allemagne pourtant s'y trompa d'autant moins qu'elle savait
qu'en décembre 1900 l'Italie avait fait « un tour de valse » avec
la France.

Les succès remportés par Delcassé l'encouragent dans sa
décision d'agir promptement au Maroc sans se préoccuper des
réactions possibles de l'Allemagne qui n'y a pas encore de gros
intérêts. Il s'agit d'obtenir dans les plus brefs délais la reconnaissance par le sultan du protectorat français. Il y faudra huit ans :
pendant ces huit années ce projet, qu'aucun des successeurs de
Delcassé n'abandonnera, va créer entre la France et l'Allemagne,
malgré des hauts et des bas, une atmosphère de profonde défiance.
Les socialistes français n'ont pas tort d'y dénoncer, à ce niveau
des relations internationales, une des menaces fondamentales
contre la paix. Pourtant l'Allemagne compte surtout se servir
du Maroc comme d'un moyen pour dénouer l'Entente cordiale
en constituant une alliance continentale germano-russe à laquelle
la France devrait adhérer, en échange de l'acceptation par l'Allemagne de sa liberté d'action au Maroc.

Dans l'immédiat, l'initiative marocaine de Delcassé conduit,
lentement, à une contre-offensive allemande : c'est le « discours
de Guillaume II » à Tanger (31 mars 1905) qui va lui-même entraîner la chute de Delcassé. Convaincu que l'Allemagne bluffe,
ce dernier presse le sultan d'accepter le protectorat, se dit certain du soutien anglais et refuse toute concession à l'Allemagne.
C'est à ce choix que s'opposent le président du Conseil Rouvier,
les socialistes et une grande partie de l'opinion radicale, de Clemenceau à *la Dépêche de Toulouse*. Le 6 juin, au cours d'un
Conseil des ministres dramatique, Rouvier qui vient d'avoir
avec un diplomate allemand une entrevue secrète, obtient la
démission de Delcassé, exigée par l'Allemagne.

Conséquences importantes. Sur le fond l'Allemagne n'a pas
obtenu satisfaction. Le projet d'alliance continentale échoue en
raison de l'énorme emprunt international lancé par la Russie,

où les disponibilités financières de la France lui assurent, et de loin, la première place[1]. La conférence internationale d'Algésiras (15 janvier-7 avril 1906) donne à la France des droits particuliers au Maroc et admet que la Banque d'État qui va être créée au Maroc en 1907 passe essentiellement sous le contrôle de Paribas. Mais l'opinion publique française a reçu un choc. La démission de Delcassé, en pleine crise internationale, a été présentée par une partie de la presse comme un affront. Elle déclenche une vague de nationalisme antiallemand. Les mois qui suivent voient un grand journal comme *la Dépêche de Toulouse* durcir son attitude à l'égard de l'Allemagne et préconiser pour la France la politique dite « du fauteuil d'orchestre » : à mi-chemin entre les « boutefeux » et les « pacifistes », la France devrait garder les mains libres mais refuser tout rapprochement avec l'Allemagne.

De 1906 à 1913 la politique extérieure de la France va assurément passer par des phases différentes. Sur l'essentiel pourtant — renforcement du bloc franco-russo-anglais, lente marche vers le protectorat au Maroc, soutien aux grandes affaires — elle présente une certaine continuité.

Les nuances dans l'application d'une telle politique sont importantes. La ligne du ministère Clemenceau, où les Affaires étrangères sont confiées à Stephen Pichon qui est un de ses amis personnels[2], est marquée à la fois par la personnalité du vieux lutteur et par sa majorité parlementaire, dont la désagrégation est loin d'être achevée, même si la vitalité du Bloc est définitivement atteinte. Couvrant au Maroc de redoutables initiatives militaires et diplomatiques, Clemenceau lui attache pourtant moins d'importance qu'à l'Allemagne : l'inquiétude et même l'hostilité qu'elle lui inspire ne vont pas jusqu'au bellicisme. Pour consolider le système d'alliances ébauché par Delcassé, la diplomatie française joue les bons offices entre la Russie son alliée et son

---

1. R. Girault, « Sur quelques aspects financiers de l'alliance franco-russe », *Revue d'histoire moderne et contemporaine*, janv.-mars 1971.
2. D. Watson, « Clemenceau, Caillaux et Pichon : la politique étrangère du premier gouvernement Clemenceau (1906-1909) », université de Metz, *Travaux et Recherches*, 1973.

amie l'Angleterre : la convention anglo-russe du 31 août 1907
— accord de troc elle aussi et de partage — donne consistance
à la Triple Entente. Pendant la crise balkanique de 1909, Stephen
Pichon avertit en février le gouvernement russe que la France ne
soutiendra pas militairement ses positions face à l'Autriche-
Hongrie car « les intérêts vitaux de la Russie » ne sont pas en
jeu. L'empire des tsars, dont le relèvement économique commence
à peine — en particulier grâce à l'emprunt français de janvier
1909 —, ne peut passer outre. Les conséquences de cette attitude
seront complexes : d'une part la Russie en gardera une durable
rancune, nourrie dans les années suivantes par la politique d'investissement des firmes françaises; d'autre part la preuve est faite
de l'efficacité d'une démarche française pour la paix.

Démarche de paix donc. Mais dont Jaurès, qui harcèle le
ministère Clemenceau sur sa politique générale et en particulier
sur sa politique marocaine montre à bon droit qu'elle est l'expression d'une politique ambiguë. Ni au Maroc, malgré l'accord
financier franco-allemand du 9 février 1909 — envisagé avec
faveur par Guillaume II dans la perspective de la pression française sur la Russie —, ni sur le plan général, les choix ne sont
faits clairement. En fait les initiatives des « Africains » au Maroc
sont généralement couvertes, et la rivalité entre capitaux français
et capitaux allemands se développe dans le monde.

Nous connaissons mieux aujourd'hui ces rivalités et leurs
possibilités de régularisation temporaire. Les conflits se manifestent pendant ces années, aussi bien avant qu'après la chute
de Clemenceau, en plusieurs points du monde. Prenons quelques
cas. En Turquie, le refus du gouvernement français d'accorder
la cote au gouvernement ottoman en quête d'un emprunt (octobre 1910) permet la souscription de cet emprunt en novembre
par un consortium germano-austro-hongrois : Paris a été abusé
par le gouvernement turc qui a refusé publiquement le contrôle
de ses finances, que le gouvernement français croyait acquis[1].
En Chine, c'est sur la base de l'Entente cordiale qu'est constitué
en avril 1911 un consortium bancaire dont le but avoué est de

---

1. Cf. J. Thobie, *supra*, p. 124, note 2. L'auteur montre que la décision
française ne sera pas durable.

mettre totalement la main sur les finances chinoises [1]. Au Maroc la « collaboration économique » — c'est-à-dire l'exploitation en commun du pays — prévue par l'accord de février 1909 fonctionne fort mal : les groupes miniers et sidérurgistes français et allemands s'affrontent ouvertement.

C'est sur cette toile de fond que se détache l'initiative prise en avril 1911 par le ministère Monis — ministère radical en faveur duquel tout le groupe socialiste s'était abstenu — de faire occuper Fez en violation flagrante de l'acte d'Algésiras. L'Allemagne répond en envoyant le 1er juillet à Agadir une canonnière symbolique. La crise est très vive : les deux pays sont au bord de la guerre malgré les efforts de Caillaux devenu président du Conseil le 24 juin, qui engage des pourparlers secrets sans en informer son ministre des Affaires étrangères, de Selves. Finalement un nouvel accord de troc est signé le 4 novembre : l'Allemagne accepte d'avance le protectorat français, qui dès lors n'est plus qu'une formalité, et obtient en échange une part importante du Congo, entre le Cameroun et le Congo belge. Pour donner au marché un caractère plus régional, l'Allemagne cède à la France le petit « bec de canard » au sud du Tchad. Les blocs diplomatiques et militaires sortent renforcés de la crise. Les nationalismes se sont exaspérés aussi bien en France qu'en Allemagne.

En 1912-1913, c'est dans les Balkans que se déroulent les crises qui précèdent la guerre. Le principal litige franco-allemand est « réglé ». Mais le néo-nationalisme n'a jamais été aussi virulent, les rivalités entre les groupes financiers n'ont pas cessé, même s'il est patent qu'une partie du capital bancaire n'a pas les mêmes intérêts que le capital industriel et défend une politique plus favorable au compromis. L'élection de Poincaré à la présidence de la République contre le radical Pams et le socialiste Vaillant (17 janvier 1913), ne renforce pas le camp pacifique : c'est le moins qu'on puisse dire. Les crises politiques n'ont pas cessé d'interférer depuis dix ans avec les tensions économiques.

1. Cf. M. Bastid, « La diplomatie française et la révolution chinoise de 1911 », *Revue d'histoire moderne et contemporaine*, avr.-juin 1969.

5

Les avant-gardes

Les pesanteurs de la Belle Époque ne doivent pas faire oublier les forces neuves qui s'y manifestent. Divers secteurs d'avant-garde se détachent, somptueux, modestes ou agressifs sur un fond souvent grisonnant. Si loin de la société industrielle que soit encore la nation, son entrée dans l'ère de l'impérialisme, les retards et les blocages qui freinent ou altèrent un mouvement irréversible mais qui n'est pas toujours perçu comme tel donnent leur chance à d'audacieuses jeunes pousses. La plupart s'épanouiront au lendemain de la guerre. Les plus vivaces développent aujourd'hui encore leurs rejetons. A travers ces mouvements, ces idéologies, ces créations le XXᵉ siècle débute avant 1914 : la première décennie du siècle nouveau est grosse de presque tout ce qui fera l'originalité de l'entre-deux-guerres.

1. Avant-gardes politiques et sociales

L'Action française, le Sillon, la SFIO et la CGT : de l'extrême droite à l'extrême gauche ces mouvements se détachent en quelques années — de 1899 à 1905 — à l'avant-garde de courants d'opinion, d'idéologies qui leur préexistent et que leur apparition n'efface pas. Qu'ils soient promis à une brève ou une longue histoire, ils s'organisent ensuite sans perdre les fortes charges idéologiques qui les caractérisent.

Une nouvelle extrême droite : l'Action française.

A partir de 1905, les Renseignements généraux portent intérêt à un mouvement né cinq ans plus tôt mais qui jusque-là n'avait guère fait parler de lui, l'Action française. Contemporaine des ligues, l'AF vient au monde, modeste, pendant l'affaire Dreyfus. Ce n'est d'abord, au printemps 1898, qu'un comité nationaliste parmi d'autres, dont les animateurs, un journaliste jacobin Vaugeois et un littérateur anarchisant, Pujo, ne sont nullement monarchistes. Leur rencontre avec Maurras, au début de 1899, les conduit à rompre avec la Ligue de la patrie française, jugée trop « molle », et à fonder, en juillet 1899, une « petite revue grise » qui paraîtra deux fois par mois jusqu'en 1908. Convaincant, voire impérieux, Charles Maurras, dont les premiers articles politiques exaltant le « faux Henry » ont paru dans l'archaïque *Gazette de France*, entreprend dans la revue une bruyante « Enquête sur la monarchie » et entraîne lentement vers le « royalisme intégral » ses compagnons en antidreyfusisme. La Ligue d'Action française est fondée en 1905, mais son premier congrès ne se tient que deux ans plus tard. Les fonds rassemblés — et notamment ceux qui viennent de la famille Daudet — rendent possible la publication, à partir du 21 mars 1908, d'une *Action française* quotidienne que diffusent sur la voie publique des Camelots du Roy. En dix ans une ascension constante, mais non foudroyante : l'Action française restera jusqu'en 1914 un groupuscule.

La nouveauté du mouvement lui vient d'abord de ce que, l'Affaire terminée, il prolonge et pousse jusqu'à la caricature le comportement des ligues antidreyfusardes. La violence du journal et son insolence tranchent sur le ton compassé de la vieille presse monarchiste et s'inspirent davantage de *la Libre Parole* aux beaux jours de Drumont. *L'Action française* se spécialise dans les campagnes calomnieuses : l'Université républicaine (1908-1911), les espions juifs-allemands (septembre 1910-avril 1912). La Ligue sait aussi créer l'agitation dans la rue — ainsi lors du transfert des cendres de Zola au Panthéon, le 4 juin 1908 —, sur les places publiques, où sont martelées les statues des maîtres du dreyfusisme, autour des théâtres, où elle exige et parfois obtient le retrait de pièces « juives [1] ». Au quartier Latin elle fait renaître contre le socialiste Charles Andler ou le radical Thalamas l'atmosphère batailleuse des années 1898-1899. Elle se donne comme l'expression d'une jeunesse indignée dont elle oppose les rudes vertus à l'étouffante grisaille républicaine, voire, mais en sourdine, à la somnolence des châteaux provinciaux. Avant-gardiste, l'Action française l'est aussi par ses ambitions intellectuelles. La *Revue critique*, fondée en avril 1908 par J. Rivain et ses amis du Cercle Joseph de Maistre, reste longtemps dans la mouvance de l'AF et les colonnes du quotidien s'ouvrent aux intelligentes chroniques de J. Bainville et aux pavés didactiques de Maurras. Même quand les percées ne réussissent qu'à demi — ainsi celle qui est tentée pendant l'hiver 1905 pour annexer à la cause l'historien de la Cité antique Fustel de Coulanges —, elles sont l'occasion de compléter un appareil culturel efficace : l'institut d'Action française (février 1906), la librairie J. Rivain. Et cet appareil produit et diffuse une idéologie nouvelle.

Le maurrassisme réussit en effet à greffer le royalisme sur le nationalisme des ligues : elles ont cru la république réformable alors qu'il faut s'en prendre non seulement à ses déviations, à ses institutions, mais à ses fondements spirituels. L'unité de la patrie ne peut se faire dans la république fille de la Révolution. Seule la monarchie réalise l'essence de l'État et donne au fait politique sa place naturelle : la première. La Révolution française a ouvert le temps des individus atomisés et des classes sociales; elle a consacré la primauté du fait économique : le collectivisme haï en sort tout droit. Ainsi, restauration d'abord. Ce retour à la France exige l'élimination des étrangers, ces métèques qui en troublent l'être. La patrie a besoin d'exclus pour se définir : « Tout paraît impossible ou affreusement difficile, écrit Maurras [2], sans cette providence de l'antisémitisme. Par elle tout s'arrange, s'aplanit et se simplifie. » Le juif — ou tout autre étranger, mais le juif est l'étranger le plus commode — est aussi nécessaire que le roi à l'idée de la France. Cette doctrine implique un État fort,

1. Ainsi, en mars 1911, *Après moi*, de Bernstein.
2. *Action française*, 28 mars 1911.

répressif, appuyé sur l'armée et sur l'Église. Personnellement athée, Maurras a besoin de l'Église et du catholicisme comme religion d'État.

Le discours maurrassien n'est pas celui du fascisme : aucun lyrisme, un culte sourcilleux du rationnel, un langage catégorique dans sa forme mais qui prétend exprimer des vérités empiriques. Un sens conservateur du catholicisme. Mais peut-on définir un mouvement par son seul discours? Les bases sociales de l'Action française — nous ne les connaissons qu'au niveau des adhérents ou des sympathisants les plus proches — restent étroites : vers 1910 une quarantaine de sections à Paris, 200 peut-être en province, toutes assez peu garnies : au total quelques milliers d'adhérents. Dans les cortèges 3 000 personnes au maximum. Hors de Paris, l'implantation du mouvement, encouragée depuis la fin de 1911 par le prétendant, un médiocre, recouvre presque exactement celle du vieux royalisme : départements blancs de l'Ouest, du Sud-Ouest et du Midi, Nord et Pas-de-Calais, vallée du Rhône. Plus de la moitié des sections ont des nobles à leur tête et les ressources du mouvement proviennent pour un cinquième de familles titrées. Viennent ensuite membres du clergé — très nombreux —, officiers et gens de robe, puis une toute petite bourgeoisie urbaine. Après les cadres, la base. Peu de paysans, pratiquement pas d'ouvriers, guère d'industriels tant que luit le grand soleil du profit. Ces petits commerçants, ces employés de banque, ces voyageurs de commerce qui ont constitué, à la fin du siècle, la base des ligues nationalistes, leur poids dans l'Action française peut inciter à y déceler un courant pré-fasciste. Mais l'inaptitude aux masses de cette avant-garde et son encadrement de notables catholiques l'enracinent fortement dans la tradition conservatrice nationale. Ce qui est nouveau et prémonitoire, c'est la réussite de la greffe nationaliste sur l'antique monarchisme, le recrutement de jeunes militants et souvent de brillants intellectuels revenus au catholicisme qui en témoigne et, de Henri Bordeaux à Jules Lemaître, de Gustave Fagniez cofondateur de la *Revue historique* à l'exécuteur testamentaire d'Auguste Comte, Antoine Baumann, l'engagement de notables qui ne s'étaient jamais manifestés aux côtés des royalistes et qui pour la première fois n'hésitent pas à couvrir de leur nom — associé il est vrai à celui de Jeanne d'Arc ou de Louis XIV — les appels à un éventuel coup d'État et le maniement du gourdin dans la rue.

Sur fond de démocratie chrétienne : le Sillon.

Quoique la pure hagiographie ne soit plus de mise [1], l'évocation du Sillon, ce rejeton original de la démocratie chrétienne, reste malaisée. L'histoire du mouvement tend à être confondue avec celle de son « chef », Marc Sangnier. Né en 1873 dans une famille de riche bourgeoisie ardemment catholique, Sangnier prépare Polytechnique à Stanislas, dans un milieu religieux rallié à la République et d'une grande spiritualité. Au départ de sa vie militante, un groupe d'amis du collège, la Crypte (1893), une petite revue, *le Sillon* (1894). La fortune des Sangnier permet à leur fils de quitter l'armée en octobre 1898, de se consacrer au mouvement dont son adolescence a rêvé, et de le subventionner assez largement. Les grandes étapes du mouvement vont coïncider avec ses décisions : manifeste du 10 octobre 1899 où est exposé le programme du Sillon, « crise » de 1905 [2] qui renforce l'influence de la famille Sangnier, orientation nouvelle, plus politique, voire électorale, du mouvement, à partir de 1906. Cette sèche chronologie rend mal compte du rayonnement quasi charismatique de « Marc ». Les « amis », les « camarades » sont d'abord ses disciples et presque ses fidèles. Mauriac, dans *l'Enfant chargé de chaînes* a évoqué ce « regard qui atteignait les âmes », ces « mains longues et fines qui allaient sans cesse vers les mains de l'homme à conquérir ». L'influence de Sangnier est-elle liée comme on l'a dit à la permanente sublimation d'une vive sensualité [3]? Elle est servie en tout cas par une éloquence fluide et une élégance de rédaction quasi sacerdotale.

Pourtant, si attachant soit l'homme, son influence n'a pu être si forte que parce qu'il a su à la fois s'insérer dans la tradition du catholicisme intransigeant [4], hostile au « libéralisme » orléa-

---

1. Grâce essentiellement au gros livre de J. Caron (117).
2. Étudiée par M. Launay dans la *Revue historique*, avr.-juin 1971.
3. C'est l'hypothèse de M. Barthélémy-Madaule (35).
4. Cf. l'article de J.-M. Mayeur, « Catholicisme intransigeant, catholicisme social, démocratie chrétienne », *Annales ESC*, mars-avr. 1972.

niste d'un Dupanloup, prendre le relais de la jeune tradition démocrate chrétienne, voire de l'ACJF, et cristalliser des rêves latents.
Jusqu'en 1906 les évêques sont en général heureux de recruter
contre l'anticléricalisme des forces neuves qui, de surcroît, ont
montré leur indifférence au dreyfusisme. De 1899 à 1905 l'idéologie du Sillon ne diffère pas substantiellement de celle de la « seconde
démocratie chrétienne », des abbés démocrates — un Naudet, un
Garnier, un Dabry — ou des Semaines sociales que Marius Gonin
crée à Lyon en 1904 : il s'agit, tout en luttant vigoureusement
pour les droits de l'Église, d'accepter clairement la République et
ses conséquences, et d'assurer l'insertion des catholiques dans la
société, non plus par les œuvres traditionnelles, mais par l'éducation mutuelle, la formation morale. D'où vient donc le visage
avant-gardiste du mouvement? Le Sillon trouve réponse à l'attente
d'une nouvelle génération de catholiques, fils ou non de l'école
laïque, en quête de nouvelles formes de vie sociale; il s'adapte à la
sensibilité de jeunes vicaires à la recherche d'un engagement plus
profond, presque missionnaire, à la recherche du peuple [1]. C'est
ce que montre l'étude de quelques « sillons » qui apparaissent
dans l'Est, le Nord, la vallée de la Loire, en Bretagne surtout;
quelques milliers de jeunes, d'origines sociales très diverses, y
apprennent à « aimer le Sillon », à se reconnaître dans cette « âme
commune ». Ces jeunes hommes se socialisent à travers de multiples
activités : cercles d'études, instituts populaires, caisses du soldat,
coopératives de toutes sortes. Les membres de la « Jeune Garde »
engagent leur vie par serment au service de Dieu et du Sillon et,
vêtus d'un uniforme noir à croix rouge, protègent les meetings
sillonnistes contre les anticléricaux et vendent la presse du mouvement. Le cérémonial catholique qui entoure leur consécration
fonctionne comme un rite d'initiation et les confirme dans leur
certitude de constituer la chevalerie du monde moderne.

Dès 1906, Sangnier tire rapidement les conclusions de la paix
religieuse dont il prévoit la possibilité. Il est temps de donner
une dimension politique autonome à ce goût profond de la démo-

---

1. Cf. les *Lettres d'un curé de campagne* de Yves Le Querdec (Georges
Fonsegrive).

cratie, c'est-à-dire de la participation à la vie totale de la cité, que le Sillon a développé chez ses militants. Cet objectif rend nécessaire une transformation des structures du mouvement qui doit devenir un parti politique laïcisé et plus centralisé. Des contacts sont pris avec des protestants — le pasteur Soulier, président des Unions chrétiennes de jeunes gens — voire des libres penseurs comme Albert Nast pour la création, en un premier temps, d'un « plus grand Sillon ». Sangnier cherche à s'adresser de plus en plus à la classe ouvrière devant laquelle il dénonce maintenant « le capitalisme ». Près de 6 000 abonnements sont collectés pour dépasser le rythme bi-mensuel du *Sillon*, le rythme hebdomadaire de *l'Éveil démocratique* et créer un quotidien indispensable à une telle entreprise : le premier numéro de *la Démocratie* paraît le 20 juillet 1910.

Ce projet nouveau entraîne la condamnation du Sillon par l'Église. La lettre que Pie X adresse le 25 août 1910 à Marc Sangnier est le point d'aboutissement d'une longue tension. Le Sillon est accusé de convoyer le socialisme en donnant priorité à la démocratie sur « l'autorité, produit vital de l'Église ». Il est accusé aussi, alors que tant de prêtres y sont impliqués, d'échapper à la hiérarchie catholique. On sait aujourd'hui quelle part eurent dans cette condamnation les intégristes de Rome — le pape lui-même — et de France : l'évêque de Nancy, Mgr Turinaz et l'abbé Barbier, fort liés à l'Action française [1]. Mais les hommes du réseau intégriste de « la Sapinière » sont-ils seuls en cause? Beaucoup d'évêques s'inquiétaient. Plus grave encore : des sillons régionaux avaient disparu — celui de l'Est, celui du Limousin —, des sillonnistes de la première heure s'étaient écartés : l'abbé Desgranges. Certes, les dévouements restaient nombreux : quelques milliers. Mais c'est l'Église de France dans sa majorité qui, en 1910, n'est pas prête à tolérer la laïcisation sur des bases démocratiques d'un mouvement largement confessionnel à ses origines. Après la soumission immédiate du Sillon, Sangnier fondera en 1912 un petit parti, la Jeune République, sans être critiqué par Rome : les catholiques étaient libres de se mêler

---

1. Cf. E. Poulat, *Intégrisme et Catholicisme intégral. Un réseau secret international antimoderniste : la Sapinière (1909-1921)*, Paris, Casterman, 1969.

à la lutte politique, fût-elle démocratique au sens complexe que le Sillon avait donné à ce mot, non les hommes d'Église.

Les avant-gardes socialistes : la SFIO.

A gauche de l'échiquier politique français, appuyées sur cette fraction avancée des classes ouvrières qui a été porteuse des divers courants du socialisme, voici que se cristallisent, en ce début du siècle, ces deux avant-gardes socialistes, la SFIO et la CGT.

La CGT ne s'est pas fait faute à l'époque de récuser le caractère pionnier de la SFIO. Les statuts du nouveau parti et ses origines l'insèrent en effet fortement dans la vie politique de la IIIe République : organisée sur une base locale, la SFIO, parti de type direct, ignore les groupes d'entreprise et s'oriente préférentiellement vers la conquête des électeurs. La difficulté que le parti éprouve à intervenir dans les luttes sociales ne lui vient pas seulement du barrage organisé par la CGT pour qui c'est là chasse gardée, mais de ses formes d'organisation : à quoi bon prêcher, s'il n'est point de relais réel? Les guesdistes sont d'ailleurs les seuls à préconiser cette intervention, mais c'est pour critiquer la stratégie révolutionnaire de la CGT et pour affirmer la supériorité tactique du bulletin de vote sur la grève, sinon sur le fusil, qu'ils saluent encore, mais de loin. Ajoutons, s'agissant de la petite paysannerie, une doctrine incertaine : dans la IIe Internationale cette difficulté n'est pas particulière au socialisme français. Enfin, quoique l'unité ne soit, à partir de 1908, plus vraiment mise en cause, la SFIO reste divisée en courants parfois hérités du passé — le guesdisme —, parfois plus proches des problèmes du présent — le « socialisme ouvrier », la tendance « insurrectionnelle » —, et le groupe parlementaire par lequel s'affirme dans les instances de l'État le poids du parti est loin de manifester la cohérence officiellement souhaitée : à peu près unanime lorsqu'il s'agit de condamner devant les « élus de la bourgeoisie » la répression antiouvrière[1], il lui arrive souvent de se diviser

---

1. Pas toujours : deux députés guesdistes Ghesquière et Compère-Morel s'en prennent ouvertement, devant la Chambre, aux méthodes de la CGT, le 2 déc. 1911, et le congrès socialiste qui se tient à Lyon deux mois plus tard ne les désavoue pas.

sur des problèmes de tactique parlementaire[1], voire sur des questions fondamentales : la loi qui, le 31 mars 1910, entérine enfin les premières retraites ouvrières, est votée par 25 députés socialistes — ils suivent Jaurès — alors que 27 s'y opposent avec Guesde et que Vaillant et ses amis s'abstiennent.

Les raisons de ces faiblesses sont complexes. L'extrême diversité idéologique du socialisme français n'a pas disparu; le ralliement à quelques thèmes vulgarisés du marxisme ne signifie pas que celui-ci y ait acquis une position dominante : la traduction des œuvres de Marx n'a guère progressé, la presse socialiste est à cet égard de moins en moins éducative, la Bibliothèque du parti, toujours aussi éclectique et l'on ne voit apparaître en France aucun radicalisme marxiste du type de ceux qui s'épanouissent en d'autres pays européens. La composition sociologique de la SFIO y est sans doute pour beaucoup. Le parti continue certes à progresser dans les zones industrielles dynamiques — le Nord et le Pas-de-Calais, la banlieue de Paris — mais non en Meurthe-et-Moselle. Le Rhône, la Loire, les Bouches-du-Rhône recrutent, mais sans commune mesure avec ce qu'impliquerait une véritable osmose entre la classe ouvrière et le parti. Les régions rurales en revanche ont été assez largement entamées au détriment du radicalisme : Midi méditerranéen et aquitain, pourtour du Massif central. La ligne générale du parti, parfois nourrie de propositions législatives originales — ainsi en direction des métayers du Bourbonnais — semble en être davantage responsable que son intervention dans les luttes paysannes et la croissance électorale du parti, par ses discordances fréquentes avec l'implantation militante, souligne sa vocation parlementaire.

Et pourtant la SFIO fait bien figure de parti d'avant-garde. Par ses faibles dimensions d'abord — 44 000 adhérents en 1906, 63 000 en 1912, elle n'atteint les 90 000 qu'en juillet 1914 — qui suscitent l'ironie des gros bataillons de la social-démocratie allemande. Par son organisation, qui fait obligation aux groupes d'être rattachés à des fédérations à vocation départementale, chargées de ratifier les candidatures, de contrôler la presse locale

---

1. Cf. les tableaux établis par J.-J. Fiechter, *le Socialisme français de l'affaire Dreyfus à la Grande Guerre*, Genève, Droz, 1965.

et directement représentées au conseil national trimestriel et au congrès annuel. Au sommet, l'appareil du parti — la commission administrative permanente, élue depuis 1907 à la proportionnelle des tendances, et, autour de Dubreuilh, le secrétariat — fort léger. *L'Humanité* fondée par Jaurès, le 18 avril 1904, est placée, depuis le début de 1907, « sous le contrôle du parti » et en devient petit à petit l'organe officieux. Davantage : le militant socialiste, dans ce parti si fortement parlementarisé, a le plus souvent d'autres perspectives que le décrochage d'une « timbale électorale » : ils sont nombreux encore, en ce début du siècle, ceux qui, ouvriers, sont chassés de l'usine; instituteurs, sont expédiés dans le village le plus isolé de leur département pour leur appartenance au « socialisme organisé »; nombreux aussi ceux qui parcourent à grand-peine les villages où la « parole socialiste » n'a pas encore été entendue. Les bases sur lesquelles recrute publiquement le parti permettent parfois à des chrétiens non seulement d'y adhérer, mais d'y militer : ainsi, parmi les protestants qui fondent au début de 1908 l'Union des socialistes-chrétiens, plusieurs — le plus connu est Paul Passy — sont membres de la SFIO [1].

Enfin, dégagé de la bataille anticléricale quotidienne par le combisme et par la Séparation, le socialisme français est conduit pour la première fois à élaborer une ligne politique globale, à prendre en charge l'ensemble des problèmes posés à la société. Les débats qui le traversent concernent moins la pratique réformiste et électoraliste de plus en plus souvent acceptée ou la réflexion théorique le plus souvent courte et marginale — à la différence de l'Allemagne, les problèmes de l'impérialisme ne suscitent guère d'analyse de fond — que la vision de l'État, le développement des services publics — des régies municipales aux nationalisations [2] —, voire la nécessité de sortir de l'hexagone et de dépasser un étroit franco-centrisme. Ces débats sont révélateurs d'une pensée qui se cherche à travers les contradictions nées de la société

1. Cf. J. Bauberot, « L'évolution des courants chrétiens sociaux du protestantisme français de 1906 à 1914 », *Parole et Société*, n° 1, 1974.
2. Edgard Milhaud et Albert Thomas s'en font les prophètes, pendant que les guesdistes ironisent sur les régies municipales, « jupes-culottes du socialisme ».

industrielle et de l'impérialisme. L'optimisme l'emporte toutefois : expression d'une confiance industrialiste dans le progrès, il est renforcé à la veille de la guerre par l'ascension électorale du parti et par le leadership que la SFIO devient en état de disputer, dans l'Internationale, à la social-démocratie allemande. Malgré les heures d'angoisse qu'il traverse, Jaurès symbolise aux yeux du peuple l'espérance socialiste.

La CGT.

Au début du siècle la CGT apparaît sans conteste porteuse de perspectives révolutionnaires. Elle doit d'abord cette réputation à l'inquiétude que suscite chez les industriels, les propriétaires terriens qui font valoir directement et l'État-patron sa double structuration — bourses du travail locales, fédérations syndicales nationales — affirmée dès 1895. L'incroyable pullulement syndical du début du siècle s'organise peu à peu, au prix d'un vaste effort, en fédérations de métiers, puis d'industries : celle du bâtiment, qui exerce jusqu'en 1914, à l'intérieur de la Confédération, une influence comparable à celle du textile dans les années 80, se constitue en 1907 et, dès 1908, regroupe quelque 80 000 adhérents. Mais c'est à partir des bourses du travail et autour de leur premier secrétaire, Ferdinand Pelloutier, mort prématurément en mars 1901, qu'a commencé à émerger une idéologie syndicaliste spécifique, dont l'évolution jusqu'à la guerre est largement liée à la pratique ouvrière.

Le thème de la grève générale qui, à travers d'actifs sous-comités locaux, pénètre petit à petit au tournant du siècle l'avant-garde syndicaliste, ne correspond pourtant pas à une pratique : les échecs de 1898 (cheminots) et de 1902 (mineurs) le prouvent assez. Le succès de l'idéologie grève-généraliste tient à ce qu'elle communique à la fraction du prolétariat qui cherche à échapper au millerandisme la conscience de sa puissance : elle aide à constituer la classe ouvrière en classe séparée. L'arrivée à la tête de la Confédération, à partir de 1901-1902, d'une nouvelle équipe — un vaillantiste Griffuelhes, un anarchiste Pouget, un chaudronnier du Nord, studieux et rugueux, Merrheim — coïncide à un ou deux ans près avec la radicalisation des luttes ouvrières : la

Le syndicalisme ouvrier en 1914

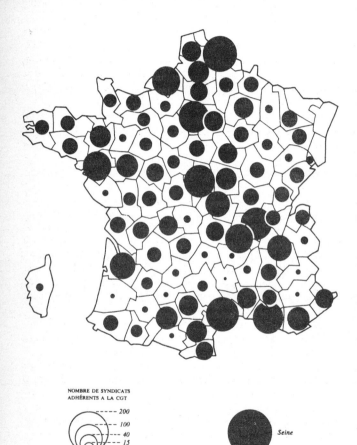

NOMBRE DE SYNDICATS
ADHÉRENTS A LA CGT

- 200
- 100
- 40
- 15

Seine

(d'après l'*Atlas historique de la France contemporaine, 1800-1965*,
dirigé par René Rémond, Paris, A. Colin, 1966.)

direction confédérale prend alors en charge les grèves partielles, souvent victorieuses en phase A, et souligne la valeur éducative de la pratique gréviste quotidienne. Officiellement réaffirmée, la grève générale tend de plus en plus à devenir un mythe condensateur des énergies prolétariennes (Georges Sorel). « Syndicalisme d'action directe » : cette formulation qui souligne les différences entre les « deux socialismes », celui de la CGT et celui de la SFIO et qui récuse l'État par le silence met en lumière la volonté de la jeune Confédération de frapper elle-même le patronat sans passer par la médiation de l'action politique parlementaire. C'est le sens du texte célèbre adopté en octobre 1906 et qui est passé dans l'histoire du syndicalisme sous le nom de Charte d'Amiens : « L'action économique doit s'exercer directement contre le patronat, les organisations confédérées n'ayant pas, en tant que groupements syndicaux, à se préoccuper des partis et des sectes qui, en dehors et à côté, peuvent poursuivre en toute liberté la transformation sociale. » Déclaration de guerre à la SFIO? Pas plus en principe qu'aux « sectes » anarchistes. Mais le ton et le style de l'action directe cégétiste sont définis par les corporations les plus turbulentes : dockers, ouvriers des arsenaux, terrassiers et maçons. Les municipalités s'en inquiètent, fussent-elles socialistes, comme on le voit à Brest : douces aux bourses du travail qu'elles subventionnent, ne sont-elles pas institutionnellement tenues de faire respecter l'ordre et désireuses bien sûr de ne pas perdre aux prochaines élections le pouvoir local? Or l'agitation cégétiste indispose hors de la classe ouvrière et peut faire perdre des voix.

La Confédération se raidit alors dans sa bonne conscience minoritaire : ce sont les militants conscients qui font l'histoire et non les masses bonnes à voter. Si les syndicats confédérés recrutent moins après la flambée gréviste de 1904-1907, est-ce forcément inquiétant? A la différence du socialisme la qualité du projet syndicaliste ne se mesure pas à cette aune. Aussi la CGT conserve-t-elle jalousement un système interne de pouvoir qui donne la majorité aux petites fédérations, les plus « révolutionnaires » et maintient dans l'opposition, à l'exception du bâtiment, les grosses fédérations d'industrie — le Livre, le Textile — ou les syndicats qui ont réputation de puissance, les Chemins de fer. La Fédération des mineurs, à direction socialiste, ne rallie la CGT qu'en

1908, non sans que de nouvelles crises pointent à l'horizon. Certes, ce ne sont pas, et de loin, les vieux métiers morcelés qui définissent seuls la stratégie confédérale : le Bâtiment, la Métallurgie — la Fédération des métaux s'est constituée en 1909 — sont l'âme du syndicalisme révolutionnaire. Mais il est de fait que les effectifs, en grand progrès entre 1902 et 1908, stagnent ensuite : la CGT ne dépassera jamais les quelque 350 000 adhérents qu'elle a atteints en 1908.

Elle entre alors dans une période de crise latente dont la répression qui s'abat sur elle après l'affaire de Villeneuve-Saint-Georges est le signe plus encore que la cause. Après le bref épisode d'une direction réformiste (Niel, 25 février 1909, 28 mai 1909), Léon Jouhaux, un jeune libertaire qui vient du Syndicat des allumettiers, accède le 13 juillet 1909 au secrétariat confédéral. Malgré les réserves qu'inspire alors sa personne, c'est le début d'un long règne. Incertaine aurore : la CGT comme la SFIO hésite et cherche sa voie. Autour de Coupat, de Keufer, d'Albert Thomas, la petite *Revue syndicaliste* cristallise depuis 1905 les recherches des réformistes : ceux qui croient aux classes, non à la lutte de classes; autour de *la Vie Ouvrière* que l'équipe rassemblée par Pierre Monatte lance en octobre 1909, se groupent les révolutionnaires soucieux d'approfondir leur réflexion sur le milieu français et international où opère le syndicalisme et sur les modes nouveaux de puissance du patronat. Ce courant se révèle le plus vivace : la tendance révolutionnaire s'éloigne d'un révolutionnarisme souvent verbal et enfermé dans l'hexagone, et commence à s'orienter vers des analyses à la fois méticuleuses et générales et vers de nouvelles perspectives internationales[1] : nous sommes ici aux sources directes du mouvement qui, après la guerre et la révolution russe, conduira vers la IIIe Internationale tant de syndicalistes révolutionnaires authentiques.

1. Ch. Gras, dans sa thèse sur *Alfred Rosmer*, fait état de façon convaincante des liaisons qui s'établissent entre le « noyau » de *la Vie ouvrière*, la direction confédérale et les courants qui, surtout aux États-Unis, en Angleterre et en Italie, mais aussi en Hollande, en Belgique et dans les pays scandinaves, se réclament du syndicalisme révolutionnaire.

De la CGT à la SFIO.

Entre les deux organisations flotte pourtant, même pendant les années les plus conflictuelles (1904-1908), comme une mentalité commune. Il s'agit pour une part d'attitudes mentales peu explicites qui maintiennent le parti comme la confédération dans le terreau de la France républicaine et citoyenne. France, terre des hommes. Que faire des femmes dans un parti largement voué à la conquête électorale? Jusqu'en 1912 il ne leur offre aucune structure d'accueil [1]. Aussi le chiffre de 200 adhérentes dans la Seine en 1910 et de 2 000 pour tout le parti en 1912 est-il un maximum. Quelques spécialistes écrivent ou parlent de-ci, de-là en faveur du vote des femmes — Bracke, Sembat, Thomas, Jaurès —, aucun effort réel ne suit ce discours. Une seule femme, Madeleine Pelletier, médecin des asiles et féministe, milite vraiment à la SFIO. En réalité le parti redoute la vocation cléricale du sexe et ses adhérents sont sur ce point plus proches de Proudhon que de Marx. L'antiféminisme est encore plus explicite à la CGT : certes, le taux d'adhésion des femmes passe de 5,2 % en 1900 à 9,8 % en 1911, mais elles n'occupent jamais que des fonctions de responsabilité modestes. Ici c'est la concurrence créée par le travail féminin, toujours sous-payé, au travail masculin, qui est mise en relief. Objectif : non pas augmenter les salaires féminins, mais payer suffisamment les hommes pour que la femme n'ait pas besoin d'un salaire dit d'appoint. Le travail aux hommes, les femmes au foyer. Contre ce masculino-centrisme plus vivace dans la Fédération du livre que partout ailleurs, ne prévalent guère les campagnes néo-malthusiennes menées par les Bourses du travail les plus révolutionnaires : en invitant les couples à pratiquer la limitation des naissances, les néo-malthusiens entendent surtout maintenir les salaires et faute de chair à canon éviter les guerres, non libérer les femmes [2].

1. Le groupe féministe-socialiste créé en 1899 par E. Renaud et L. Saumoneau a disparu vers 1904.
2. Cf. P. Robin, et sa Ligue de la régénération humaine. Cf. aussi la populaire chanson de Montéhus : « La grève des mères ».

La SFIO et même la CGT sont aussi œuvres d'adultes tournées vers des adultes. La jeunesse ne s'y sent pas pleinement à l'aise. Pour la SFIO cette formule touche même à la litote. Assez vivants et nombreux au tournant du siècle, les groupes de jeunes — vaillantistes, allemanistes, guesdistes — s'anémient ensuite; leur maigre ardeur électorale inquiète. Le parti rêve de les contrôler plus que de les inciter à agir. La Fédération de la Seine elle-même finit par leur refuser toute organisation propre. L'unité les marginalise et les tentatives socialistes d'organisation sportive qui s'esquissent à partir de 1907 ne suffisent pas à doter le parti des jeunes militants qu'apparemment, malgré l'insistance de l'Internationale, il ne désire guère. L'accueil est meilleur à la CGT. Les premiers groupes y apparaissent vers 1903-1904, liés aux bourses. Ils s'orientent vers des activités d'acculturation qui visent la santé physique et morale du prolétariat, de la « race » comme on dit : antialcoolisme, apprentissage des règles élémentaires de l'hygiène. On peut y rattacher l'antimilitarisme : expression certes de la colère ouvrière devant la répression, il se propose aussi de dénoncer la vie militaire, toute de brutalité, et les valeurs d'obéissance passive et de hiérarchie liées à « la gloire du sabre ». Mais à partir de 1906 les « Jeunesses syndicalistes » entrent elles aussi dans les années grises et l'atonie souvent les gagne.

Quel discours tiennent enfin les avant-gardes socialistes sur les peuples lointains colonisés par la France? Le silence fréquent des syndicalistes traduit l'indifférence : outre-mer le syndicalisme recrute d'ailleurs essentiellement chez les travailleurs européens. Il en est de même sauf exception — notamment la Martinique qui envoie à la Chambre un député socialiste indigène, Lagrosillière — des fédérations socialistes « coloniales », au reste peu puissantes, et les missi dominici du parti n'ont que rarement le goût et les moyens de voir plus loin que leurs informateurs locaux : pour un F. Challaye qui prend la peine de regarder et de réfléchir, combien de messagers dont l'intérêt reste superficiel ou épisodique? Rares sont les militants qui, comme Paul Louis[1], prennent la peine de situer le problème colonial par rapport à l'évolution du capitalisme, ou que leur connaissance des grandes civilisations extra-

1. Cf. son intéressant petit livre, *le Colonialisme*, 1905.

européennes et leur générosité intellectuelle conduisent, comme Jaurès, à une vision pluri-culturelle de l'humanité. Rares aussi il est vrai ceux qui, tels L. Deslinières ou M. Allard, partagent l'attitude africanophobe des grands colons [1]. Le plus souvent les indigènes sont vus comme « des races encore à une période d'enfance [2] » que les socialistes doivent protéger et aider à évoluer vers les lumières dont la République est porteuse. L'industrialisme se mêle à la tradition jacobine et anticléricale pour alimenter un profond européo-centrisme.

Pourtant des convictions voisines autonomisent nettement l'ensemble de l'avant-garde ouvrière et socialiste par rapport au gros des républicains. Haine de la guerre — même chez les socialistes les plus « patriotes », comme le directeur de *la Revue socialiste*, Fournière —, profonde méfiance envers la justice et la police de classe, envers l'armée aussi, même si les choses la concernant sont plus compliquées : le Sou du soldat [3], créé en septembre 1900 par les Bourses du travail, est l'occasion de rappeler aux travailleurs qui ont « le malheur d'aller au régiment » leur devoir de classe — plus que leur devoir internationaliste, il est vrai — et le *Manuel du soldat*, rédigé par Yvetot, dénonce en l'armée l'école du vice et du crime. Aux formules près, jugées parfois excessives, les socialistes en sont en gros d'accord et les propos de Jaurès dans *l'Armée nouvelle* (1910) sont reçus comme excessivement conciliateurs. Enfin, et c'est l'essentiel, la CGT comme le parti attendent l'affranchissement des travailleurs de l'expropriation des capitalistes (charte d'Amiens), de la socialisation des moyens de production et d'échanges (statuts de la SFIO), et ce dans le cadre de l'entente internationale du monde du travail. Les temps ne sont plus où ces rudiments de la « doctrine » étaient constamment réitérés et l'espoir d'une révolution prochaine a reculé. Mais le désir de révolution n'a pas disparu.

Sur le plan de la réflexion comme sur celui de l'action, une avant-garde — appelons-la par commodité « gauchiste » — s'est dégagée de ces avant-gardes à l'heure où se radicalisait le mouve-

1. Cf. les textes cités dans (100).
2. C'est le point de vue exposé au congrès socialiste de Brest, en mars 1913, par Francis de Pressensé.
3. L'analyse la plus complète à son sujet est celle de J.-J. Becker (141).

ment ouvrier. De 1904 à 1908, *le Mouvement socialiste* devient, sous l'impulsion de Lagardelle, la revue du « socialisme ouvrier », au prix d'une relecture — ou d'une révision — audacieuse du marxisme : la revue théorise de façon intelligente, parfois pontifiante, souvent percutante, l'ouvriérisme cégétiste et sa volonté d'ériger le prolétariat en classe étanche en lui donnant l'atelier comme cadre et l'Aventin comme horizon. Lagardelle et ses amis opposent à la collectivité des producteurs l'atomisation des citoyens. Pendant quelques années l'imagination théorique du socialisme français se situe à sa gauche, au confluent de la CGT et de la SFIO à laquelle Lagardelle a adhéré. L'imagination pratique aussi : elle a comme foyer *la Guerre sociale* que Gustave Hervé lance en décembre 1906 avec un militant anarchiste connu pour son activité dans l'Association internationale antimilitariste, Miguel Almereyda. Rédigé de façon mordante, tirant bientôt à 50 000 exemplaires, le journal d'Hervé devient l'organe des « insurrectionnels » que rejoignent des militants qui avaient fait confiance, au début du siècle, à la flamme révolutionnaire du guesdisme. A la phrase insolente, à la dénonciation des compromis, ils joignent la bagarre dans la rue, l'intervention dans les grèves. Désireuse de ne céder à aucune pression, la CGT, après Villeneuve-Saint-Georges, prend ses distances. Mais la ligne hervéiste a trouvé aussi des soutiens dans des départements à dominante paysanne.

C'est que l'hervéisme comme le socialisme ouvrier répondent à un authentique courant d'extrême gauche où se côtoient anarchistes toujours nombreux [1], socialistes « avancés », et certains syndicalistes révolutionnaires. « Toujours se tenir à la gauche du parti [2] », telle est la règle d'or pour ceux de ses sympathisants qui sont membres de la SFIO. Plus profondément ce courant se caractérise par son hostilité à l'égard de l'État répressif, patron de choc et de surcroît voleur, belliqueux et, aux colonies, volontiers tortionnaire. Ces réactions raniment un anti-étatisme ancien.

---

1. J. Maitron a montré que le mouvement « a presque doublé son rayonnement de 1893 à 1913 », *le Mouvement social*, avr.-juin 1973.
2. C'est le mandat que la Fédération socialiste des Côtes-du-Nord donne le 20 décembre 1908 à ses délégués au conseil national.

Mais, trop hétérogènes, inadaptées sans doute aux phénomènes de fond qui s'ébauchent dans l'organisation de la production et de la classe ouvrière — fonctions ambiguës de l'État, concentration syndicale, etc. — elles échouent à accoucher, en 1910, d'un « parti révolutionnaire » dont *la Guerre sociale* aurait été l'organe, et les démarches qu'entreprennent certains — l'anarchiste Janvion, le philosophe Sorel — en direction de l'Action française sont sans espoir dans un pays où le socialisme est si profondément républicain. Petit à petit Lagardelle se tait. Hervé va « rectifier son tir », les anarchistes tentent — tard — en 1913 d'organiser à l'échelle nationale la poussière de groupes à travers lesquels s'éparpille leur vitalité. La SFIO et la CGT ont été les plus fortes. Désormais c'est à l'intérieur que s'élaborent les analyses nouvelles pendant que se poursuit entre elles l'effort de rapprochement entrepris depuis 1906 par Jaurès et Vaillant. Les deux dirigeants parviennent à faire accepter du bout des lèvres, par la majorité du parti, la reconnaissance de la charte d'Amiens comme marque d'une volonté d'autonomie révolutionnaire qui doit être préservée et c'est par le canal de la CGT que le concept de grève générale contre la guerre pénètre dans le socialisme français. Apparaît alors ce que les deux mouvements ont en commun : au jour du vote, à qui vont les suffrages des cégétistes? En province, combien de militants, maîtres Jacques du prolétariat, sont-ils à la fois socialistes et syndicalistes? Et, aux yeux des maîtres de la Belle Époque, ne sont-ils pas tous des « anarchistes »?

2. Avant-gardes culturelles

Paris fait, au début du siècle, figure de capitale mondiale de la culture d'avant-garde. C'est là que seraient rassemblés « ceux qui ont engendré les temps » (R. Musil). Réputation sans doute excessive : pour s'en tenir à l'Europe, c'est à Munich que s'ouvre, en décembre 1911, la première exposition du « Blaue Reiter », et à Genève que Saussure constitue en science la linguistique générale (1906-1911); c'est entre Vienne et Berlin que Schoenberg rompt à partir de 1908 avec la musique tonale et à Prague que Kafka commence *Amerika*. En France même la capitale n'a pas le monopole de l'avant-garde. Les maires de Lyon, Augagneur, Herriot surtout qui lui succède en 1905, donnent ses chances à un jeune architecte, Tony Garnier [1], dont le premier projet de « Cité industrielle » a été élaboré à l'échelle des villes à taille humaine que rêvait Fourier, et Lyon accueille en 1914 la première Exposition urbaine internationale. Les villes ont plus de chance que l'exploration sérieuse de l'inconscient : Freud reste inconnu à Paris [2]. Pourtant la concentration de l'édition et du marché de la peinture, celle des institutions savantes (Collège de France, École pratique des hautes études, Muséum), des Grandes Écoles et des cafés littéraires confirment le leadership parisien sur la créativité, sur l'audace culturelle et non seulement esthétique.

Le risque est grand, quand on aborde un tel thème, de s'en tenir à un catalogue, sinon à un palmarès, au mieux à une chronologie. D'autant que le matériel indispensable à la réflexion n'étant encore qu'en partie constitué, les mises en relation apparaissent plus problématiques que solidement étayées. Le creuset culturel français mérite pourtant exploration.

Du scientisme au renouveau scientifique : le modernisme.

Les mutations du positivisme scientiste sont contemporaines de sa victoire. Mais leur déploiement s'opère à des niveaux très divers, et il est des domaines où l'intrusion du scientisme est encore au début du siècle objet de scandale : la crise moderniste en témoigne.

Le mouvement moderniste n'est pas limité à la France. Mais c'est en France qu'éclate « l'affaire Loisy ». Elle prend naissance dans un milieu d'exégètes [3], peu nombreux, mais dont les travaux

---

1. Cf. Ch. Pawlowski, *Tony Garnier et les Débuts de l'urbanisme fonctionnel en France.* Centre de Recherche d'urbanisme, Paris, 1967.
2. C'est entre 1900 et 1912 qu'il publie à Vienne l'essentiel de son œuvre. La première traduction française de *Die Traumdeutung* ne paraîtra qu'en 1926, sous le titre *la Science des rêves*, Paris, Alcan, 1926.
3. Les « douillettes personnes » dont parlera Lucien Febvre.

trouvent écho non seulement dans les revues savantes, mais depuis
la Vie de Jésus dans des périodiques de plus large diffusion. Prêtre
depuis 1870, Alfred Loisy, qui a déjà eu des démêlés avec la hiérarchie en raison de son enseignement, détient une chaire à l'EPHE.
Ses « petits livres rouges » éclatent en plein combisme; 1902 :
l'Évangile et l'Église; 1903 : *Autour d'un petit livre.* La controverse
qu'ils soulèvent place Loisy sous les feux de Rome : le 4 juillet
1907, parmi 65 « propositions doctrinales » condamnées par le
Saint-Office, 13 se rapportent à *l'Évangile et l'Église* (décret Lamen-
tabili); bientôt le pape formule une condamnation globale du
modernisme (encyclique *Pascendi*, 8 septembre 1907). Encore
quelques mois et Loisy sera excommunié. L'épisode intéresse
à deux niveaux : les idées exprimées par Loisy, l'étendue des
soutiens qu'il rencontre et des passions qu'il déchaîne. Peut-on
être à la fois catholique et homme de science? Loisy, tout en
controversant avec le protestantisme libéral[1], a sans doute espéré
faire accepter les acquis critiques de l'exégèse par la théologie,
et mettre ainsi en mouvement le discours fixiste de l'Église. Mais
les difficultés auxquelles il se heurte le conduisent à affirmer que
la critique biblique doit préserver son autonomie par rapport
au magistère ecclésiastique. C'est cette laïcisation de la connaissance que l'Église catholique ne peut, en ce début du siècle,
accepter.

Pourtant Loisy n'est pas isolé. Maints encouragements lui
viennent de milieux catholiques dont l'exégèse n'est pas la princi-
pale préoccupation : abbés démocrates notoires, démocrates
chrétiens laïques, comme G. Fonsegrive, évêques libéraux d'Albi
ou de Tarentaise approuvent son effort sinon toutes ses conclusions.
Jacques Rivière parlera plus tard de « l'espèce de commotion
électrique produite sur les intelligences[2] » par les petits livres.
Nous ne percevons encore que confusément le contenu de la foi
de ceux qui soutinrent Loisy ou de ceux qui, en cours de route,
comme le philosophe Blondel, s'éloignèrent. Mais le débat, en

---

1. Et notamment avec Harnack, dont les conférences de 1900 sur
« L'essence du christianisme » sont pour une part à l'origine de *l'Évangile
et l'Église.*
2. Abbé J. Rivière, *Le Modernisme devant l'Église*, Paris, Letouzey,
1929.

mettant en cause l'Évangile comme écho fidèle des paroles de Jésus, touchait aux sources de la spiritualité de croyants ardents [1]. Et d'autre part la critique moderniste s'insérait dans une discussion très grave à laquelle étaient conviés les chrétiens dans la France républicaine et scientiste : elle apparaissait comme un *aggiornamento* indispensable si le catholicisme voulait envisager la reconquête intellectuelle de la bourgeoisie. Aussi le modernisme se heurta-t-il à une coalition hétéroclite qui assura sur le moment sa défaite. Les uns orientaient leur effort de rénovation vers la recherche d'une autre spiritualité — Blondel, Laberthonnière — ou d'un autre mode d'insertion dans la vie sociale — le Sillon. D'autres se montraient surtout soucieux d'éviter que les fidèles ne se posent de redoutables questions : ainsi le cardinal de Paris, Richard. Les plus acharnés condamnaient dans le modernisme « tous les modernismes » : vieux et nouveaux intégristes, de *l'Univers* à *l'Action française*, grossis, après que le pape eut parlé, de toutes les obéissances. Battue dans l'Église, l'avant-garde moderniste a pourtant gardé et peut-être même conquis des amis, tant dans les rangs du catholicisme libéral que chez ceux qui, tout en se soumettant, continuaient, d'Édouard Le Roy au père de Grandmaison, à souhaiter que la vie intellectuelle de l'Église ne se figeât pas dans une dogmatique poussiéreuse.

Renouveau des sciences humaines...

La bataille moderniste est contemporaine dans les sciences humaines d'un renouveau qui s'enracine dans un milieu laïque très différent : sans renoncer bien au contraire à une vision rationnelle du monde, ses animateurs entreprennent d'échapper à ce qui, dans le déterminisme scientiste, commence à leur apparaître comme naïf. Des revues comme *l'Année sociologique* que l'équipe de Durkheim lance en 1896, ou la *Revue de synthèse historique*, fondée par Henri Berr en 1900, rassemblent des études méthodologiques fondamentales. Trois novations apparaissent, essentielles : une réflexion sur les sociétés, qui s'inscrit dans le constat, pressenti

---

1. C'est ce que montre la correspondance de M. Blondel avec le père A. Valensin (1899-1947), Paris, Aubier, 1957, 3 vol.

souvent plus que formulé, de l'effilochement du tissu social : elle est incompréhensible sans le rayonnement du marxisme, ce qui ne veut pas dire qu'elle s'en inspire; le rejet de la croyance en l'existence de faits de nature dont il pourrait suffire d'établir le répertoire et l'enchaînement causal; une aspiration à la synthèse par-delà le découpage des disciplines. Au cœur de ce renouveau : l'histoire, reine du XIXe siècle[1].

C'est par rapport à elle que se définit autour de Vidal de la Blache la nouvelle géographie. Historien de formation, il apporte à la recherche et à la réflexion géographiques une vision de l'histoire bien différente de celle de Lavisse quoique le célèbre *Tableau de la géographie de la France* constitue en 1903 l'ouverture de l'*Histoire de France* dirigée par l'historien quasi officiel de la République. Le paysage régional, objet premier de l'étude, n'est pas « une chose donnée par la nature », mais « le produit de l'activité de l'homme », l'œuvre de l'histoire. La vision vidalienne du monde installe traditionnellement par priorité l'homme à la campagne. En ce début du siècle elle est pourtant novatrice dans la mesure où elle fonde un mode de connaissance géographique qui échappe au catalogue comme à la statistique. C'est aussi par référence à l'histoire que s'esquisse une nouvelle critique littéraire : elle veut desserrer les rets de la critique du goût d'un Lemaitre ou d'un Faguet en évitant le sociologisme du reflet à la Plekhanov. Dans son *Introduction à l'histoire littéraire* (1898), Paul Lacombe souligne la fonction de la demande dans la production littéraire : le consommateur y détermine l'orientation du producteur. Il propose un certain nombre de catégories propres à délimiter dans l'opinion publique des opinions publiques et le concept de classe lui paraît opératoire, à condition de le soumettre à une élaboration complexe.

Ce renouvellement des recherches par le fait social affecte prioritairement les sujets considérés comme historiques. Ainsi en est-il de ce thème privilégié : la Révolution française. En publiant, entre 1900 et 1903, son *Histoire socialiste de la Révolution*

---

1. En témoigne la controverse qui se déroule en 1903 dans la *Revue de synthèse historique*, puis dans l'*Année sociologique*, entre Seignobos et Mantoux, Lacombe et Simiand.

française, Jaurès la place à nouveau au cœur de la méditation politico-scientifique. L'éclat du style, l'étendue de l'information ne sont pas les seuls atouts de cette œuvre longuement pensée et écrite à un rythme haletant. Le livre frappe par la nouveauté de sa problématique : les véritables héros du drame qui nous est ici conté, ce sont les classes que Jaurès voit à l'œuvre au tréfonds des provinces comme à Paris, dans le monde lointain des Isles comme en cette Europe qui frémit au vent venu de France. Au même moment François Simiand, un socialiste lui aussi, s'attache pour la première fois à l'étude du salaire des ouvriers des mines de charbon. Avec lui le combat s'engage contre l'histoire historisante : il se situe au carrefour de la sociologie, de l'économie et d'une histoire à naître, dans l'intention explicite de valoriser, aux dépens des « faits individuels », les « faits qui se répètent », les « faits de société ». Son effort porte sur l'étude des relations conflictuelles ou compromissives qui apparaissent entre le patronat et les ouvriers[1] : étudier l'économie de façon « positive », dit-il, c'est étudier sa réalité qui est sociale.

Si l'histoire nouvelle échappe aux maîtres de la Sorbonne, mais hors de l'institution universitaire, à l'écart des concours distributeurs de titres et de fonctions, qui pourra dire le rôle de pointe joué par la sociologie? Elle doit beaucoup à Durkheim (1858-1917) et à ses premiers disciples : Mauss, Halbwachs, Simiand, Bouglé. Elle bénéficie d'une rapide reconnaissance universitaire dans l'enseignement supérieur[2]. Sans doute ses fondateurs pensent-ils leur discipline à l'image des sciences de la nature comme une « physique sociale ». Mais ils sont les premiers à dire qu'il n'existe pas de fait brut, observable : tout fait est construit et le sociologue a d'abord pour tâche de constituer son matériau. Nous n'avons pas fini d'épuiser cette découverte qui est au cœur des *Règles de la méthode sociologique* (1895). Elle sonne le glas du vieux scientisme.

1. Cf. J. Bouvier, « Feu François Simiand? », *Annales ESC*, sept.-oct. 1973.
2. Durkheim obtient une chaire à Bordeaux en 1887 — il a moins de trente ans! — et la chaire de science de l'éducation de la Sorbonne où il est nommé en 1902 devient dès 1913 chaire autonome de sociologie.

...et des sciences physiques.

Au même moment des transformations radicales bouleversent les sciences physiques. Leur langage formalisé, la fréquence des colloques et des séminaires qui permettent les confrontations rendent pourtant dérisoire en ce domaine plus qu'en tout autre d'isoler la science française de ce qui se fait à l'étranger : c'est à Berne, puis au Polytechnicum de Zurich qu'Einstein pose, à partir de 1905, les bases de la relativité restreinte avant de passer à l'affirmation de la relativité générale. Les travaux sur la radio-activité effectués depuis 1895 par Pierre et Marie Curie rattachent au contraire à la France et, plus concrètement, à l'École de physique et chimie de la Ville de Paris l'autre grande découverte de ces années, celle des propriétés nouvelles qui apparaissent dans la matière. Les livres du mathématicien Henri Poincaré[1] confirment aux yeux du public cultivé, mais non spécialiste, l'émergence de remises en cause fondamentales, d'une nouvelle « révolution copernicienne ». Il semble que s'effondre l'explication newtonienne du monde. Les découvertes d'Einstein conduisent à rejeter les présupposés implicites sur lesquels reposaient la géométrie d'Euclide et la mécanique de Newton. L'espace et le temps du physicien cessent de coïncider avec les formes *a priori* de la sensibilité consacrées par Kant. Ce qui est atteint, voire détruit, ce sont les habitudes séculaires de représentation du savant que diffusait en gros l'establishment scolaire. Fallait-il donc « douter de la science » au moment où des découvertes comme celles des Curie révélaient au contraire la capacité des savants à mettre à jour des éléments jusque-là inconnus ? La réponse finalement ironique de Bergson souligne l'impuissance d'un philosophe à succès à reconnaître des nouveautés aussi radicales. La science se reconstruit sur d'autres fondements, le progrès scientifique cesse d'apparaître comme le fruit d'une accumulation continue de connaissances : il consiste d'abord à réformer la faculté de

1. H. Poincaré, *La Science et l'Hypothèse*, Paris, Flammarion, 1902, *la Valeur de la Science*, Paris, Flammarion, 1918, *Science et Méthode*, Paris, Flammarion, 1908.

connaître. Le positivisme est dépassé non par un retour à l'irrationnel mais, comme la sociologie le préconisait, par un autre mode d'approche du rationnel.

L'avant-garde esthétique.

La crise des valeurs culturelles affecte en même temps la représentation classique de l'espace, l'organisation du langage, l'appréhension du temps. A côté de la nouvelle physique voici la nouvelle peinture, la poésie nouvelle. Tout en se gardant de considérations spécieuses sur les rapports entre la théorie de la relativité et l'espace cubiste [1], l'historien que frappent de telles concomitances ne peut esquiver les perspectives d'une exigence commune : l'œuvre d'art d'avant-garde intervient comme un des éléments constitutifs du tissu socio-culturel, elle y instaure, difficilement, son propre système de valeurs. Ce ne fut peut-être jamais plus évident qu'entre 1907 et 1914.

Aucun art, fût-il d'avant-garde, n'est possible sans un minimum d'instances de légitimation et de circuits de commercialisation. Les possibilités offertes à une peinture de rupture sont devenues, à l'aube du siècle, plus considérables que celles dont disposent les écrivains. Depuis qu'au temps de l'impressionnisme a été brisé par quelques marchands de tableaux le monopole officiel de la consécration, la peinture d'avant-garde a quelque chance d'être vue par des amateurs, et d'être vendue. D. H. Kahnweiler, Bernheim jeune, en systématisant l'usage du contrat d'exclusivité, prennent des risques, mais dans l'espoir d'une rentabilisation : la vente aux enchères de *la Peau de l'ours* le 2 mars 1914, prouve que la peinture vivante a trouvé un public [2]. Les structures sont en place qui vont établir l'avant-garde picturale à l'intérieur du marché capitaliste. L'édition, comme la critique littéraire, font preuve d'une tout autre timidité. Grasset publie bien en 1913 *Du côté de chez Swann*, mais à compte d'auteur. Quant à la NRF qui démarre en 1908, elle lance sur le marché *le Grand Meaulnes*

---

1. Cf. l'étude de J. Guillerme, dans *l'Année 1913* (113).
2. Cf. R. Moulin, *le Marché de la peinture en France*, Paris, Éditions de Minuit, 1967.

(Alain-Fournier) et *Barnabooth* (Valéry Larbaud), mais son groupe dirigeant, de Gide à Schlumberger et à Rivière, s'effraie des audaces qui visent à la déconstruction du langage [1]. Opposant « l'ordre de l'art à l'art de l'ordre [2] », la revue manifeste une grande disponibilité, mais privilégie la Littérature avec ce que ce concept implique de rhétorique et de traditions.

Aussi convient-il de regarder d'abord du côté des plasticiens. Le renouvellement de leur vision du monde s'effectue d'ailleurs sous des pressions qui leur sont extérieures. De Cendrars à Larbaud, l'exotisme change de dimension, sinon encore de perspective : le thème d'Ulysse est ressuscité par l'Orient-Express. Surtout les créations des peuples colonisés deviennent l'objet d'un regard neuf. Les peintres suivent, sans le savoir, le même chemin qu'un administrateur africain féru d'ethnologie, Maurice Delafosse, ou qu'un officier de marine, Victor Segalen. En écrivant en 1907 *les Immémoriaux*, en confiant le rôle de locuteur à Terii, le Maori, Segalen brise avec l'exotisme traditionnel et place le colonisé au cœur d'un espace universel. Au même moment « l'art nègre » qu'on s'était accordé jusque-là à considérer comme « primitif [3] », pénètre dans l'horizon esthétique des jeunes peintres, des jeunes sculpteurs. Ils découvrent dans cette Afrique anonyme les clefs d'une dignité nouvelle : celle de l'œuvre qui — masques, statuettes — existe en elle-même, sans support littéraire.

Double conséquence. D'une part, le caractère exclusif des valeurs de l'Occident est remis en cause : la reconnaissance de l'altérité récuse de façon radicale ce qu'on pourrait appeler « l'esprit » colonialiste, même si nulle profession de foi politique n'en découle dans l'immédiat. D'autre part, l'organisation de l'espace académique, celui qui constituait l'œuvre depuis la Renaissance, est brisée. Tel est le premier résultat de l'effort cubiste grâce auquel s'approfondit la remise en cause de la vision plastique de l'Occident. Après l'exposition Cézanne de 1907, le premier

---

1. Cf. la thèse encore inédite de A. Danglès, *la NRF : la formation du groupe et les années d'apprentissage, 1890-1910*, Paris, 1973.
2. Le mot est de Michel Zeraffa.
3. Le terme est de routine en sociologie comme le montrent les travaux du socialiste Lucien Lévy-Bruhl.

groupe cubiste se constitue en 1908 autour du Bateau-Lavoir :
Braque et Picasso, Delaunay et Villon. Sujets et matières nobles
sont abolis à travers des expériences qui diffèrent d'un peintre à
l'autre et changent au fil des années. *Les Demoiselles d'Avignon*
(1907) et les portraits de Kahnweiler (Picasso) reconstruisent
l'espace occupé par le corps. *La Danse* de Matisse (1909) dessine
un espace courbe, vu du dehors. Le système des signes spatiaux
n'est pas seul renouvelé : de Max Jacob à Apollinaire, les poètes,
en passe de rompre avec le langage symboliste, banalisé depuis
vingt ans, détruisent par le calembour, comme Juan Gris par
les collages, l'ancien mode poétique d'expression et créent l'instrument nécessaire à une nouvelle façon de penser et de sentir. En
publiant en 1912 *les Peintres cubistes*, Apollinaire jette entre la
critique, la poésie et la peinture un pont qui conduit vers des
territoires nouveaux où ce n'est pas seulement l'espace traditionnel,
mais tout l'ordre socio-culturel qui est bafoué par des recherches
formelles d'une grande intensité.

Poésie et peinture — prose romanesque également — travaillent aussi à briser le carcan du temps rural, du temps bourgeois,
placide et continu. Le Manifeste du futurisme que l'Italien Mari-
netti — cet étonnant agitateur culturel — publie dans *le Figaro*
le 20 février 1909, proclame l'accord nécessaire de la poésie moderne
et de la vitesse et la supériorité de « l'automobile rugissante »
sur la *Victoire* de Samothrace. De l'usine à l'avion les rythmes
du monde moderne pénètrent dans le roman, mais comme thèmes
nouveaux plutôt que comme modes nouveaux d'expression :
mieux assise et plus sûre d'elle-même que les classes dirigeantes
italiennes ou russes, la bourgeoisie française ne voit qu'excitation
superficielle dans les ruptures de forme et la production romanesque ne pourrait se passer de son soutien qu'à condition de
lui trouver un impossible substitut populaire. Les conditions
de production sont plus favorables à l'expression de cet aspect
de la modernité dans la poésie, la musique, les arts plastiques[1] :
c'est la même violence dynamique qui s'exprime dans la musique
d'Erik Satie, *les Bûcherons au travail nus dans la forêt* de Fernand

---

1. Pourtant l'exposition futuriste qui s'ouvre le 5 février 1912 chez
Bernheim jeune et qui aura un tel succès en Italie, en Russie, est fraîchement accueillie à Paris.

Léger et *le Cheval moteur* de Duchamp-Villon. Mais le discours littéraire, fort du primat qu'il détient dans la culture des élites sociales, se révèle plus résistant aux poussées novatrices.

Aussi est-ce au prix de sacrifices sévères imposés au texte que le spectacle total qui avait naguère tenté Wagner fait à nouveau son entrée comme moyen d'expression des changements qui s'opèrent dans les valeurs esthétiques : à deux reprises en une décennie, l'opéra, foyer du rituel mondain, en est porteur. Deux scandales : le 27 février 1902 *Pelléas et Mélisande* est reçu comme un anti-Tristan fils de Tristan : pour Debussy comme pour Wagner la musique commence où cesse la parole. Le 29 mai 1913, c'est la première du *Sacre du printemps* au théâtre des Champs-Élysées récemment inauguré. Cette fois la parole est purement et simplement exclue, et c'est entre la musique (Stravinsky), la chorégraphie (Nijinsky), le décor et les costumes que s'instaure, grâce à Diaghilev, qui depuis 1909 a introduit en France les ballets russes, une audacieuse complicité. Cette fois les barrages entre les arts sont abattus.

A la veille de la guerre s'ouvre une autre voie, tout aussi marquée par le refus des valeurs du XIXe siècle. S'y engagent aussi bien Proust que Fauré, Florent Schmitt ou Mondrian qui arrive à Paris en 1912. Avec Proust le roman traditionnel est bien mort. Une étape décisive est franchie sur le chemin du roman contemporain sans héros et sans « histoire » : le temps événementiel une fois détruit, la vraie vie devient celle non plus du temps qui court et fuit, mais du temps qui a fui, du temps passé qu'il s'agit de recréer dans sa plénitude. Mondrian pour sa part pousse la volonté de rompre avec la transcription plastique d'un espace peuplé d'objets jusqu'à la suppression des objets, jusqu'à la hantise de la « peinture pure » où l'artiste réalise des ensembles symboliques autonomes et que l'on dit abstraits. Ainsi achèvent de se cumuler des ondes critiques qui ont pris naissance à des moments différents et qui, en se recouvrant passagèrement — car aucune « école » n'élimine la « précédente » — mettent en péril l'ensemble des valeurs reçues : le vieil et toujours vivace académisme, le naturalisme qui est entré dans le passé et toutes les modalités de la vision impressionniste et symboliste que la bourgeoisie instruite est en train d'accepter.

Au total la rupture de l'avant-garde esthétique avec les modes
de représentation traditionnels manifeste en toutes directions
la volonté de modifier les rapports entre l'œuvre et celui qui
l'écoute, la lit ou la contemple. Même au théâtre, si profondément
sclérosé, apparaît le désir de constituer le spectateur en coauteur.
Les recherches de Jacques Copeau au Vieux Colombier où il
abandonne l'illusionnisme scénique sont un appel à la participation du public. Rien n'est donné. Le récepteur ne doit plus
seulement recevoir. La forme créée n'est plus close sur elle-même.
L'auteur, le « créateur » a cessé d'être Dieu le père.

D'une avant-garde à l'autre.

Avant-gardes politiques et sociales, avant-gardes culturelles :
sauf exception ce sont les discordances, voire les contradictions
aiguës qui entre elles l'emportent. Elles tiennent largement à
l'intermédiaire quasi obligé que sont, entre la novation culturelle
et le militantisme, les intellectuels. Universitaires, journalistes,
écrivains : ces milieux parfois s'interpénètrent, le plus souvent
vivent côte à côte en s'ignorant. Socialistes, monarchistes ou
sillonnistes, ils ont presque tous fait des études secondaires et
passé le baccalauréat, sanction de la culture bourgeoise. Des
idéologies profondément différentes, voire opposées, mais le
même culte des humanités, la même formation rhétorique. Pourquoi disloquer l'ordre du discours littéraire ? Pourquoi peindre
ce qu'aucun citoyen ne peut voir, qu'il ait été élevé à l'école de
Jules Ferry ou à celle des frères de la Doctrine chrétienne ? Chez
les enfants de la laïque cette certitude s'accroît d'une méfiance
supplémentaire devant les obscurités du langage soupçonnées
de nourrir l'obscurantisme de la pensée. Chez tous elle se double
de la pauvreté de la culture artistique : l'art c'est le demi-monde.
De Pierre Lasserre, de Clouard qui dirige depuis 1908 *la Revue
critique* à Anatole France, le classicisme ou ses substituts font
recette. Les intellectuels socialistes eux-mêmes ne sont guère effleurés
par l'idée que le socialisme pourrait être porteur d'un autre mode
de perception du monde. La culture doit s'établir sur fond d'héritage : retour au passé préromantique pour les amis de Lasserre
qui entendent limiter à une élite la jouissance de ces fruits, et,

pour les amis de Jaurès, accès à la « haute culture » du peuple qui en a été jusque-là frustré.

Les lieux n'existent guère où les intellectuels militants pourraient rencontrer les visionnaires d'un monde nouveau, artistes ou savants. A peine se retrouvent-ils entre eux. Les membres des institutions savantes ont bien en commun, lorsqu'ils sont de gauche, la vivace Ligue des Droits de l'homme et, chez les jeunes, grandissent les groupes d'étudiants collectivistes où s'alourdit le poids des « scientifiques ». Mais les milieux littéraires et artistiques d'avant-garde constituent de petites chapelles, closes sur elles-mêmes. Peintres et écrivains se rencontrent dans les cafés de Montmartre ou, rue Ravignan, au Bateau-Lavoir. Le temps n'est plus où ils accédaient à *la Plume* ou à *la Revue blanche*. Ayant de l'aisance ou non, la plupart des jeunes écrivains et des jeunes peintres mènent une existence qui semble étrange aux universitaires que sont Lévy-Bruhl, Halbwachs ou Simiand. Jamais peut-être le goût de la vie publique ne leur a été aussi étranger. Picasso lui-même, dont les premières œuvres espagnoles ont été marquées par la violence sociale et la détresse ouvrière, s'oriente à Paris vers d'autres thèmes, vers d'autres amitiés. Leur désir de révolte c'est dans l'écriture picturale ou littéraire que les jeunes créateurs l'expriment.

Au reste, après l'affaire Dreyfus, la vocation à la diffusion de la culture et au militantisme politique a fléchi chez de nombreux intellectuels. Passé le temps héroïque des Universités populaires, socialistes et radicaux ont eu tendance à revenir à leurs chères études. La parlementarisation croissante du socialisme unifié s'exprime par le silence du parti sur les nouveaux problèmes culturels, par la monotonie de sa Librairie et le caractère efficace mais un peu passéiste de son scientisme. Les encyclopédies de « philosophie populaire » tiennent autant de place à la Librairie du parti que les textes de Marx et d'ailleurs s'y vendent mieux. Beaucoup d'intellectuels qui avaient collaboré à *l'Humanité* au temps des « dix-sept agrégés » cessent de s'y exprimer après l'unité et perdent ainsi, avec les militants, un contact qu'au lendemain de l'Affaire ils avaient dans une certaine mesure conquis : il s'agit de critiques comme Léon Blum, surtout de spécialistes des sciences sociales dont nous avons évoqué la naissance conjointe.

Certes, ces derniers trouvent parfois au Collège libre des sciences sociales ou à l'École des hautes études sociales des lieux d'où parler aux jeunes gens. Les plus actifs d'entre eux animent des collections nouvelles ; ainsi *la Bibliothèque socialiste* que, de 1900 à 1907, publie la Société nouvelle de librairie et d'édition[1], fortement normalienne, ou *les Cahiers du socialiste* qui, sous l'égide d'Albert Thomas, en prennent en quelque sorte le relais à partir de 1909. Certains, en petit nombre, enseignent à l'École socialiste dont le groupe des étudiants collectivistes parvient à imposer la création, en 1909 également. Mais, malgré l'existence à l'École des hautes études sociales, d'une École d'art dirigée par F. Herold, Jaurès a pour l'essentiel raison d'écrire que « la part de pensée qui s'exprime par les formes de l'art ne comprend plus ou presque plus la part de pensée qui se traduit par l'action politique et sociale[2] ». Il est d'ailleurs personnellement peu sensible à la contestation picturale, et guère davantage au renouvellement littéraire dans ce qu'il a de plus hardi : s'enthousiasmant en 1913 pour un jeune écrivain, c'est Alain qu'il découvre et non Proust. Mais cette conscience d'un manque, d'un creux, traduit bien le divorce qui s'établit au début du siècle entre le parti qui se considérait comme porteur de l'avenir du socialisme et les recherches par lesquelles s'élaborait une nouvelle vision du monde.

Les tentatives qui se développent à l'intérieur ou sur les franges du mouvement syndical font preuve de plus d'originalité. Le syndicalisme a hérité des sympathies nouées dans les années 1880-1890 entre l'anarchisme et de nombreux créateurs d'avant-garde. Certes, d'Octave Mirbeau à Signac et de Lucien Descaves à Steinlen, il s'agit d'une génération qui a atteint la maturité et ne renouvelle guère la manière dont elle exprime sa protestation sociale[3]. La spécificité culturelle de l'avant-garde syndicaliste est

1. Cf. l'article de R.-J. Smith, « L'atmosphère politique à l'ENS (fin du xixe siècle) », *Revue d'histoire moderne et contemporaine*, avr.-juin 1973.
2. *Revue de l'enseignement primaire et primaire supérieur*, 11 juil. 1909.
3. Une exception : le merveilleux *Philémon, vieux de la vieille*, que Descaves publie en 1913 ; il est un peu à la Commune ce que *le Chagrin et la Pitié* sera à la Résistance.

cependant réelle : l'enseignement diffusé par les bourses du travail met l'accent sur les métiers, la signification créatrice du travail et les valeurs dont est porteur le prolétariat. C'est la tradition proudhonienne, dont les racines sont en France si puissantes et que Pelloutier avait ravivée en proposant de créer dans chaque bourse un musée social. Ce culte du beau travail qui permet à Péguy de se croire plus à son aise avec les travailleurs qu'en milieu sorbonnard atteste la prépondérance des ouvriers qualifiés dans le secteur des bourses. On comprend aisément que l'ouverture n'en soit pas facilitée à la poésie d'Apollinaire ou à la peinture cubiste. Mais l'atelier n'est pas seulement, pour les syndicalistes révolutionnaires, le lieu où l'on produit des objets. C'est là que se forgent « les idées spécifiques du prolétariat » et que peut s'élaborer une civilisation nouvelle. Elle repose sur une morale : morale du sublime, dit Sorel. Les militants en donnent d'autres formulations : « Formons des hommes, ouvrons des cerveaux [1]. » Le sens de la solidarité, le refus de parvenir, tels sont les traits principaux de cette morale prolétarienne.

En affirmant qu'ils entendent la promouvoir, les syndicalistes restituent à la pratique collective une fonction qu'elle avait perdue : ils rendent possible la réémergence du concept d'art social comme art né de la vie collective et placé à son service. Ils le définissent maintenant comme « le sentiment esthétique appliqué à la vie collective [2] », c'est-à-dire à la vie de la cité, au décor de l'usine, de la maison ou de la rue. *L'Humanité* s'ouvre à ces problèmes. La modernité du cadre de vie est enfin valorisée par-delà les séquelles d'un passé ruralisant et académique. Les « décors de glaives et de boucliers » où se complaît la bourgeoisie sont enfin franchement critiqués. A la veille de la guerre ceux qui s'intéressent à l'art social ainsi entendu pourront-ils rejoindre les cubistes dans une lutte commune contre le poussiéreux décor de la vie et ses représentations traditionnelles?

1. C'est de prison qu'un des dirigeants du Bâtiment, Raymond Péricat, lance cet appel (*Bataille syndicaliste*, 12 oct. 1911).
2. Claude Roger-Marx, *L'Art social*, 1913.

6

La France en 1914

1. La France est républicaine

Au moment où s'ouvre le temps des guerres, des crises et des révolutions, au terme de quarante ans de République, qu'en est-il des conflits qui ont dominé le XIXᵉ siècle ? Qu'en est-il de l'équilibre tant vanté, de la prospérité harmonieuse de la société française ? Peu de régimes européens semblent en 1914 aussi solides que la République française.

Un régime toujours contesté...

Non qu'elle ait cessé d'être contestée. Monarchistes et bonapartistes n'ont pas désarmé, mais leur audience a beaucoup reculé. *Le Gaulois* d'Arthur Meyer, qui a recueilli pendant l'affaire Dreyfus une partie de la clientèle du *Soleil*, reste l'organe mondain des châteaux et des salons : son tirage varie entre 20 000 et 30 000 exemplaires. En province quelques vieux titres de presse soutenus par des notables locaux persévèrent jusqu'en 1914. Surtout l'Action française a rajeuni le royalisme déclinant et en a modernisé la doctrine. Aux élections de 1910, 70 députés seulement ne se sont pas présentés comme républicains ; une vingtaine peut-être restent irréductiblement hostiles à « la gueuse ». En 1914, moins encore. Ils viennent du Bocage vendéen, de l'Ille-et-Vilaine et d'un Sud-Ouest qui s'étire jusqu'aux franges méridionales du Massif central. Il s'agit presque uniquement de circonscriptions rurales où un certain consensus subsiste entre nobles et paysans.

Le courant bonapartiste a bien plus profondément reculé, jusque dans les départements du Sud-Ouest — Gers, Charente —

et de Corse, qui furent ses fiefs : il n'y a plus en 1914 que quelques dizaines des titres provinciaux — et aucun titre national — inscrits à la « Réunion de la presse bonapartiste ». Mais l'antiparlementarisme qui l'avait caractérisé et qui s'était retrouvé dans la plupart des ligues antidreyfusardes flotte toujours comme un possible à l'horizon du mécontentement populaire. A la faveur du néonationalisme il a même pénétré dans la sphère où s'exerce directement le pouvoir politique : une grande partie de la presse pousse Poincaré, après son élection à la présidence de la République, à dissoudre une Chambre ingouvernable. Dans une société où la vie parlementaire mobilise tant d'énergies, dans un pays où ne s'est pas tout à fait éteint le souvenir de l'Empire et du boulangisme, l'antiparlementarisme apparaît aisément — parfois à tort — comme antirépublicain.

... mais de plus en plus solide.

Et pourtant la force du régime est éclatante, et non seulement en raison de la médiocrité du prétendant. Les députés monarchistes ou bonapartistes ne forment même plus de groupe autonome à la Chambre et il est fort difficile de les distinguer de bien des conservateurs ralliés à la République. L'attachement de la classe ouvrière était acquis au départ. Sans être achevée, la conquête des campagnes, objet des rêves de Gambetta, s'est consolidée. Depuis 1900 ils sont nombreux les villages sur les places desquels se dressent statues et bustes de la République, parfois ornés d'inscriptions qui rappellent ce que les enfants du cru doivent à leur mère politique[1]; il s'y lit plus que l'acceptation : la ferveur. Et Jacques Valdour, journaliste catholique et royaliste, est frappé, lorsqu'il se mêle en 1910-1913 aux ouvriers agricoles de la Brie, ces errants, de leur respect pour la République[2].

Cet attachement s'exerce dans le cadre d'institutions qui se sont stabilisées. Le système électif donne aux citoyens l'occasion

1. M. Agulhon en a compté un sur six dans les départements du Var et des Bouches-du-Rhône : « Pour une archéologie de la République. L'allégorie civique féminine », *Annales ESC*, janv.-févr. 1973.
2. J. Valdour, *L'Ouvrier agricole, la vie ouvrière*, Paris, A. Rousseau. Le livre ne paraît qu'en 1919.

fréquente de « faire leur devoir », « d'aller au drapeau ». L'échec des tentatives de représentation proportionnelle montre que le pays reste attaché au scrutin d'arrondissement, en dépit — ou à cause — de ce qu'on lui reproche. Conseil des communes de France, le Sénat a rejeté clairement la réforme électorale en mars 1913. Mieux encore que la Chambre, il assure la sur-représentation des ruraux et veille jalousement à ce que soient écartées le plus longtemps possible les lois sociales, gaspilleuses, c'est bien connu, des deniers de l'État, et éventuellement coûteuses aux patrons, les mesures fiscales utiles peut-être, mais dangereuses. Dès 1907 les radicaux qui en sont les maîtres par l'intermédiaire du groupe de la gauche radicale, ont officiellement renoncé à mettre à leur programme sa suppression, se contentant de souhaiter que son recrutement soit élargi. La vie politique active se déploie pourtant davantage à la Chambre où les mœurs se sont, dit-on, démocratisées avec la généralisation du tutoiement. Les grandes commissions sont depuis 1910 constituées pour toute la législature à la proportionnelle des groupes parlementaires : l'Assemblée a été contrainte à ce système par la complexité des rouages dans lesquels intervient maintenant l'État républicain.

Celui-ci se limite de moins en moins à des activités de maintien de l'ordre ou de défense du territoire. Économie, société : il est sommé d'intervenir par de nombreux groupes de pression dont l'étude est à peine commencée. Aussi l'appareil gouvernemental s'est-il étoffé : l'Agriculture a été érigée en ministère en 1881, les Colonies en 1893, et en 1906 le Travail associé à la Prévoyance sociale. La stagnation de certaines administrations est l'objet, du dedans, de vives critiques : certains préconisent par exemple la suppression du ministère de l'Intérieur, pléthorique et expansionniste [1] et la réorganisation de la Sûreté générale, jugée poussiéreuse. C'est alors qu'apparaît le concept de pouvoir administratif [2]. « Nous n'avons pas donné aux fonctionnaires techniques permanents, qui seuls peuvent gérer utilement les services publics, la personnalité et la responsabilité sans lesquelles cette gestion n'est

1. De l'Intérieur dépend par exemple la protection des œuvres littéraires et artistiques et la nomination des personnels des prisons.
2. H. Chardon (147), p. 19.

qu'un leurre. » Pourquoi les membres éphémères des cabinets ministériels entendent-ils régenter les bureaux ?

Ces revendications intéressantes sont encore mal connues. Elles viennent surtout, semble-t-il, de fonctionnaires centraux de moyen grade. Au-dessus des bureaux la continuité de l'État est assurée par quelques grands corps dont le recrutement témoigne d'un favoritisme politique vivement dénoncé et des compromis sociaux passés par la République. Le Conseil d'État — depuis 1910 il compte 114 membres —, l'Inspection des finances — à laquelle appartient Joseph Caillaux —, les Affaires étrangères, ne se recrutent encore qu'en partie sur concours. Le quart des nominations des maîtres des requêtes, la totalité de celles des conseillers d'État restent à la disposition du gouvernement. Quant aux concours ils se préparent à l'École libre des sciences politiques, fondée en 1871. Dès le départ l'organisation du travail en « écuries » élimine ceux qui ne sont pas des héritiers au sens le plus restreint du terme. Les exigences d'élégance et de « présentation » conduisent la noblesse et la très haute bourgeoisie à occuper dans ces corps une place très supérieure non seulement à leur poids numérique dans la nation mais à leur réelle compétence. De véritables dynasties administrent la France au niveau le plus élevé et pèsent sur les décisions du pouvoir par les informations rassemblées, les rapports présentés, les orientations suggérées.

Outre-mer le régime colonial qui se confond avec la République n'est pas l'objet dans les masses de mouvements d'opposition assez puissants pour le mettre en péril. Des incidents algériens comme l'insurrection du village de Margueritte au printemps 1901 ou, dix ans plus tard, « l'exode de Tlemcen » révèlent certes la désaffection du « peuple indigène » : ils ne constituent pas un danger immédiat et l'administration d'Alger, soumise à la pression permanente du milieu colon, n'en tire d'autre leçon que la nécessité de la répression. Celle-ci suscite *a contrario* la protestation des « Jeunes Algériens » : se recrutant par centaines — mais non par milliers —, laïques, rêvant de la naturalisation pour leurs frères, ils sont les (rares) produits de l'enseignement secondaire français ; ils inquiètent les Européens d'Algérie, mais non les autorités métropolitaines. Beaucoup plus combatif et plus nationaliste, le mouvement « Jeune Tunisien » est décapité après les incidents de

1911-1912. A l'autre extrémité de l'empire, au Vietnam, la résistance armée, qui n'avait pratiquement pas cessé depuis le début de la conquête, achève de péricliter et, après l'écrasement en 1908 des manifestations dirigées contre les corvées et l'impôt personnel, la Ligue pour la Restauration du Vietnam, animée par un lettré nationaliste Phan Ba-Chau, s'oriente vers le terrorisme : sa base sociale reste étroite, les travailleurs dans leur masse n'y adhèrent pas, et c'est pour l'Occident que s'embarque en 1911 le futur Hô Chi Minh. L'Indochine n'inquiète pas le gouvernement français beaucoup plus que l'Algérie.

Un faible rendement.

Fermement établie, la République connaîtrait-elle déjà la sclérose? Le maigre rendement législatif du système est frappant. Certes, la législation qui concerne les mœurs a bougé. Le ministère Clemenceau par exemple ne s'est pas limité à la répression : il a facilité l'adoption de mesures propres à aider les aliénés, à faciliter le mariage ou la légitimation des enfants adultérins. C'est aussi sous le gouvernement du « premier flic de France » qu'est votée, le 13 juillet 1907, la loi, discutée depuis 1894, qui autorise la femme mariée à disposer librement de son salaire. De cinq ans plus tardive (11 mars 1912) une autre loi retire à la juridiction répressive les mineurs de moins de 13 ans et prévoit pour eux un régime de liberté surveillée. Les radicaux ne se privent pas non plus de dresser le palmarès des « lois sociales » de la République : repos hebdomadaire (13 juillet 1906), retraites ouvrières et paysannes (5 avril 1910). Le système est pourtant d'une extrême lenteur : vingt ans pour la loi sur les retraites ouvrières[1], vingt ans aussi pour l'impôt sur le revenu, « l'impôt au Bois dormant ». La responsabilité des forces sociales organisées, fondamentale, n'est pas univoque : la CGT mène publiquement campagne contre la loi sur les retraites, non seulement à cause de son caractère dérisoire, — une « retraite pour les morts[2] » —, mais à raison de la méfiance

---

1. Cf. H. Hatzfeld (157).
2. Combien d'ouvriers sont encore vivants à soixante-cinq ans? demande la Confédération.

que lui inspire « l'État-voleur ». Mais la crispation ouvrière est constamment alimentée par ces interminables grossesses que terminent régulièrement des accouchements maigrichons. Nous voici renvoyés aux mécanismes institutionnels qui permettent au Parlement de faire le contraire de ce qu'a voulu le suffrage universel. Le Sénat arrête pendant trois ans, de 1907 à 1910, la loi sur les retraites et, de 1909 à 1913, bloque le projet Caillaux d'impôt sur le revenu. Les procédés d'enterrement ne manquent pas : le renvoi en Commission est le plus usuel. Les moyens de pression de la Chambre sur le Sénat ne sont pas nuls quand il s'agit d'une mesure fiscale : la Chambre peut l'intégrer à la loi de finances, qui n'a pas besoin de l'approbation sénatoriale; mais elle s'y résout rarement. Le gouvernement dispose de divers moyens de pression et il lui arrive d'en user [1] mais en fonction de tactiques rendues de plus en plus subtiles par l'absence de toute majorité stable et la rapide érosion des ministères. Sociale en son fond, la faible capacité réformatrice du régime est politique dans ses techniques et la sclérose dont il fait preuve témoigne dans la République parlementaire de difficultés qui dépassent la valse des ministères, thème apprécié de la presse humoristique.

2. Progrès et prospérité

La force de la France lui vient aussi, dit-on, de sa richesse, de son équilibre et des changements qui ont assuré sa modernisation, tout particulièrement depuis 1900. Des arguments nouveaux sont venus confirmer sur plusieurs points une description mise en cause au début du siècle par les premiers socialistes amants de la croissance — Albert Thomas, Francis Delaisi — puis par certains historiens anglo-saxons.

1. On attribue à ceux que détenait Briand le fait que le Sénat ait finalement, le 22 mars 1910, voté la loi sur les retraites.

La prospérité nationale.

Pour beaucoup de Français de l'entre-deux-guerres, la Belle Époque c'est d'abord la stabilité monétaire. En 1914 la République reste fidèle au franc germinal; la monnaie métallique fixée par Bonaparte représente encore le tiers de la circulation monétaire, la part relative des billets de banque ayant récemment reculé au profit de la monnaie de banque, des dépôts bancaires. Ces pièces sonnantes et trébuchantes on s'en sert toujours pour les transactions quotidiennes et ce sont elles qu'on enfouit dans les bas de laine protecteurs. En fait sinon en droit la stabilité monétaire repose sur l'étalon-or.

En termes non plus de conscience collective mais de réalité objective la prospérité nationale se mesure d'abord à la production. Les calculs de M. Lévy-Leboyer [1], qui a utilisé les pondérations de T.-J. Markhovitch [2], tendent à montrer que le produit national a triplé depuis le début du XIXe siècle et que son taux de croissance, fortement ralenti depuis la fin du second Empire, a retrouvé une réelle vigueur aux alentours de 1895 et surtout dans les trois ou quatre années qui précèdent immédiatement la guerre. Une formulation aussi générale a le mérite de mettre l'accent sur l'essentiel : l'augmentation du produit national brut et plus nettement encore celle du revenu placent la France dans le peloton vigoureux des nations modernes; assez éloigné des États-Unis certes et même de l'Allemagne dont le taux d'accroissement annuel moyen du PNB sur un demi-siècle est de 2,8 %, mais assez proche du Royaume-Uni — 2,1 % —, le taux français est de 1,6 % [3]. Calculé par tête et non plus globalement, le taux de croissance national — 1,4 % — est légèrement supérieur à celui du Royaume-Uni, légèrement inférieur à celui de l'Allemagne. L'agriculture n'est pas absente de ce progrès global. Les vieilles cultures tinctoriales, l'élevage du mouton ont reculé au profit des fleurs, des fruits et des légumes — grande nouveauté —, de la vigne dont la culture est dans certaines régions devenue industrielle, de la betterave à sucre qui se perfectionne, des cultures fourragères [4] surtout grâce aux-

1. Voir (160). — 2. Voir (161).
3. De 1,8 % entre 1896 et 1913 d'après (86).
4. La production de fourrage a plus que doublé en trente ans.

quelles l'élevage des bovins pour la viande et le lait a fait un véritable bond en avant. Mais si la valeur brute de la production agricole a, en un tiers de siècle, augmenté d'un demi-milliard, si le
revenu agricole progresse rapidement depuis 1900, le produit net
sur trente ans a régressé[1], en contraste marqué avec celui de
l'industrie. Pour étudier ce fait majeur, la croissance industrielle,
F. Crouzet a construit un indice particulièrement raffiné[2]. Il
constate que le taux de croissance annuel moyen de 1815 à 1913
atteint 2,97 % si on le calcule sur les industries les plus dynamiques
et tombe à 1,61 %[3] si l'on prend en compte l'ensemble de la
production industrielle. Entre 1896 et 1913 il passe à 2,4 %[4]. A
partir de 1905, quatre ou cinq ans avant que l'agriculture sorte
enfin de son malheur prolongé, et bénéficie à son tour -- mais il
est bien tard — de la remontée des prix mondiaux, c'est un taux de
5,2 % qui emporte le premier indice et même le second atteint
3,56 %. L'élan pris par l'industrie au début du siècle est encore
plus marqué si l'on fait porter la comparaison non plus sur la
croissance séculaire mais sur les vingt dernières années du
XIXe siècle si lourdement frappées par la stagnation, voire le
marasme. Les victoires de la croissance industrielle ne coïncident
pas tout à fait avec la remontée des prix qui commence en 1896.
Médiocres encore au tournant du siècle, ralenties en tout cas par
les difficultés cycliques de 1901-1904, elles ne s'affirment qu'après
1905 et le vent nouveau qui souffle sur l'industrie française atteint
sa vitesse maximale en 1910-1913. L'industrie retrouve alors, à
peu de chose près, les taux de croissance fastueux qui avaient
caractérisé la fin de la monarchie de Juillet et le début du second
Empire.

Le hosannah de la croissance est chanté d'autant plus vigoureusement qu'il s'agit d'industries plus récentes. A la traîne le
textile — quoiqu'il fournisse encore — toutes transformations
comprises — du travail à 41,7 % de la population industrielle —
et en particulier les textiles les plus anciens : chanvre, lin, laine.

1. D'après les évaluations de la *Statistique agricole* (1912).
2. (148).
3. Chiffre nettement plus bas que celui auquel arrive M. Lévy-
Leboyer.
4. D'après les calculs les plus récents (86).

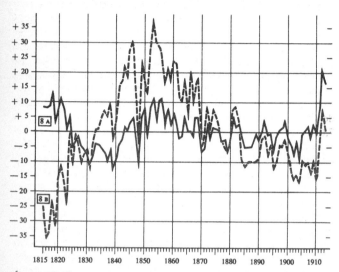

*Deux indices de la production industrielle française
au XIXᵉ siècle*

*Écarts relatifs, en pourcentage, par rapport à la tendance de longue durée
calculée selon la méthode de l'ajustement exponentiel.*

L'indice 8 A qui réunit 7 indices (y compris lin et chanvre) est représentatif de l'ensemble de l'industrie travaillant pour le marché.
L'indice 8 B, établi à partir des six premiers indices (plus coton et soie), est, pour l'essentiel, représentatif d'activités dynamiques et nouvelles.

(d'après F. Crouzet, « Un indice de la production industrielle française au XIXᵉ siècle », *Annales ESC*, janv.-févr. 1970.)

Il y a plus de tenue du côté de ce grand seigneur du début du XIXᵉ siècle, le coton, et plus de vivacité dans la soierie. Les performances du charbon ne sont pas non plus exceptionnelles : si la production de houille continue à croître — en 30 ans elle a doublé, elle atteint en 1914 42 millions de tonnes —, elle le doit essentiellement au bassin du Nord et du Pas-de-Calais où le taux d'accroissement maximum a été atteint à contre-courant du cycle et reste, au début du siècle de 2,72 % par an. Comme l'alimentation et le bâtiment, ces industries, motrices en raison de leur poids dans la production nationale, ne sont plus des industries vedettes [1].

C'est du côté des productions nées à la fin du XIXe siècle qu'il faut chercher le dynamisme maximum. Avec 24 usines et 20 000 ouvriers, Saint-Gobain domine l'industrie chimique qui emploie en 1914 quelque 127 000 travailleurs. Surtout l'essor de la métallurgie est éclatant à tous niveaux : quelque 900 000 personnes, non compris les mineurs de fer. On extrait en 1914 quatre fois plus de fer qu'en 1900 et le taux de croissance de la production de l'acier, qui a définitivement dépassé la fonte, atteint jusqu'à 7,6 % par an : c'est le triomphe de la Lorraine sidérurgique. Les rapides progrès de la houille blanche permettent aux vallées alpines de se spécialiser dans la mécanique de précision, les aciers spéciaux et l'aluminium dont la France est le deuxième producteur mondial. Des formes plus classiques de la métallurgie, comme les armements, spécialité, au Creusot, de Schneider, connaissent elles aussi un taux de croissance très élevé. Enfin cette grande vedette du siècle nouveau, l'automobile, fait des débuts prometteurs : entre 1895 et 1914, le parc auto français est passé de 300 unités à 107 535 [2], la production française n'est dépassée que par celle des États-Unis et, si on y ajoute les industries connexes — y compris le pneu Michelin à Clermont-Ferrand — quelque 100 000 travailleurs s'affairent autour de la nouvelle reine [3].

La France est entrée dans l'ère industrielle. Il se peut que sa croissance ait été freinée par le peu d'intérêt que les banques ont porté à l'investissement industriel et par la pratique, très largement majoritaire, de l'autofinancement. Du moins le crime de non-croissance ne peut-il être imputé aux industriels français. Certes, malgré le bond en avant du début du siècle, la France n'est plus qu'au quatrième rang des grandes puissances industrielles : le développement inégal du capitalisme ne s'est pas fait en sa

1. Cf. la distinction, déjà classique, opérée par J. Marczewski.
2. P. Fridenson, « Une industrie nouvelle : l'automobile en France jusqu'en 1914 », *Revue d'histoire moderne et contemporaine*, oct.-déc. 1972.
3. J.-M. Laux, « Travail et travailleurs de l'industrie automobile jusqu'en 1914 », *Le Mouvement social*, oct.-déc. 1972.

faveur. Mais les causes en sont diverses, et en contemplant, à la veille de la guerre, la production et leurs profits, les entrepreneurs français pouvaient éprouver une satisfaction légitime.

Une vie plus aisée, des mœurs plus modernes.

Dans cette France plus riche le niveau de vie, les mœurs, ont évolué. Bornons-nous pour le moment à quelques considérations « moyennes » qui seront corrigées plus loin.

Niveau de vie : il reste en 1913 plus élevé qu'en Allemagne, moins qu'en Angleterre il est vrai, mais les progrès français, plus substantiels pendant les cinquante dernières années que ceux d'Albion, tendent à rapprocher le « Français moyen » de son nouvel ami. Une certitude en ce qui concerne l'alimentation, problème majeur : la consommation du pain, nourriture nationale par excellence, décline après avoir culminé dans les années 80; dans les troubles de subsistance de 1911, il n'occupe plus qu'une place secondaire. Même dans les familles ouvrières la viande lui dispute largement la première place : d'après l'enquête de M. Halbwachs[1] elle représenterait le quart au moins de leur dépense. Le vin triomphe : 11,4 % des familles ouvrières étudiées par Halbwachs lui consacrent plus de 15 % de leur budget; on le boit chez soi, au travail, au café : le bistrot. A l'autre extrémité de la société, l'importance des dépenses en vins fins, liqueurs, des « familles bourgeoises » surprend. Plus que celle de la viande la consommation du vin est cependant en France un fait de culture qui ne témoigne pas forcément d'une aisance grandissante, sauf, sans doute, à la campagne. Hors ces trois postes, la nourriture où le lait, le sucre, les fruits, les vitamines A et C, restent gravement déficitaires, est dans l'ensemble mieux équilibrée qu'aux débuts de la IIIᵉ République.

La publicité offre un autre mode d'approche des changements qui apparaissent dans les mœurs. « Je ne fume que le Nil » : cette réclame pour un célèbre papier à cigarettes figure quotidiennement pendant des années au fronton de *la Dépêche de Toulouse.*

1. Il en publie les résultats en octobre 1914 dans le *Bulletin de la statistique générale de la France.*

La pharmacopée envahit agressivement de nombreux journaux : voici le temps des pilules Pink pour personnes pâles et de la Jouvence de l'abbé Soury. Surtout « la toilette », ce nouveau plaisir, pénètre jusque dans les campagnes avec les catalogues envoyés à domicile : D. Halévy met le vêtement d'agrément à égalité — ou presque — avec la bicyclette parmi les goûts neufs qu'il remarque en visitant en 1910 les « paysans du Centre ».

La bicyclette! En province elle ne triomphe vraiment qu'au début du siècle. Pour pousser à la vente les marchands se mettent à donner des leçons gratuites, à louer la machine au mois, à la journée, même à l'heure, à pratiquer la vente à crédit. Ce forcing rejoint la popularité naissante des sports : le Tour de France commence en 1903. Le patriotisme s'en mêle : c'est en formant des corps sains que l'on reprendra l'Alsace et la Lorraine. Ce slogan emporte tôt la conviction de l'Église : les patronages, l'ACJF[1] organisent des centres sportifs, des sociétés de gymnastique. L'Université et l'école laïque résistent davantage. Le temps est venu en tout cas où pour vendre la « ceinture électrique Herculex », censée restituer au sexe fort une virilité peut-être menacée, l'illustration représente un sportif en plein effort[2].

Plus modernes encore ces objets — ces gadgets? — qui annulent ou abrègent les distances. Le téléphone par exemple : phénomène parisien en 1900, il se répand en province : en 1910 la Nièvre a 200 abonnés. La diffusion de l'automobile se fait au même moment. Produit essentiellement urbain en 1900, elle s'est ruralisée en 1913 : 55,5 % du parc auto est à cette date au service des propriétaires terriens. Pour que viennent les temps du « purotin de l'auto », *l'Auto-Vélo*, fondé en octobre 1900 par H. Desgrange et qui tire bientôt à 120 000 exemplaires voue aux gémonies le « rond de cuir » au dos voûté et à l'œil glauque (?) et réclame un code du piéton. Mais dans le pays les réactions restent très critiques : l'auto est considérée comme homicide et les chauffeurs comme chauffards.

---

1. Elle compte, en 1914, 3 000 groupes et 140 000 adhérents.
2. *Le Rire*, 1903.

Une existence plus socialisée.

C'est à l'école primaire que commence la socialisation, voire pour ceux qui peuvent y entrer, à la maternelle où triomphent les idées de Pauline Kergomard : le petit enfant y apprend à se moucher, à lacer ses souliers, à dire bonjour et à observer le monde selon une pédagogie originale confirmée par divers décrets. Par « la grande école » tout jeune Français a plus ou moins passé. Le nombre d'illettrés constaté au moment de la conscription n'a cessé de reculer : 6 % en 1901, 4 % en 1914. Plus autoritairement que la maternelle l'école primaire enseigne non seulement la discipline de la vie collective et l'idéologie de la réussite sociale par le travail, l'épargne et le respect des corps constitués quand on est en République, mais tout ce qu'un adulte est censé savoir : perspective encyclopédique que lui reprochent de rares pédagogues novateurs, certains anarchistes et un socialiste comme Jaurès : « Sachez bien lire », écrit ce dernier et le reste viendra par surcroît. Ce disant il tire conclusion du faible taux de lecture constaté chez les adultes [1] et s'efforce d'y trouver remède.

L'école est en 1914 un acquis trentenaire. C'est dans les vingt dernières années qu'ont changé les cadres de vie des adultes. Depuis la fin du XIXe siècle se développe un réseau d'associations auxquelles les lois de 1884-1901 ont fourni des cadres juridiques. Nous ne reviendrons ni sur le syndicalisme ouvrier, ni sur l'organisation de partis de gauche, inégalement structurés, ni sur le réseau multiple de sociétés grâce auxquelles la France radicale a été autre chose qu'un gouvernement radical : à la veille de la guerre un salarié socialiste adhère en principe non seulement à son groupe politique, mais au syndicat de sa profession et souvent à une coopérative; de la Ligue des Droits de l'homme à la franc-maçonnerie plus vivante que jamais [2], bien d'autres groupements

1. E. Morel constate en 1908, dans un gros livre fort documenté, qu'en province le nombre annuel de livres prêtés par habitant est de 0,1 (*Essai sur le développement des bibliothèques publiques et de la librairie dans les deux mondes*, 2 vol., Paris, Mercure de France, 1908).
2. A son congrès de Lyon (févr. 1912) la SFIO renonce, malgré la pression guesdiste, à demander à ses adhérents de quitter la maçonnerie.

le requièrent. L'aménagement de quelques milieux professionnellement définis est suggestif. Ainsi à partir de 1895 se multiplient à l'Université les sociétés amicales [1]. En 1908 elles sont 202 à encadrer les cinq sixièmes du personnel enseignant des lycées de garçons et de jeunes filles : floraison dont le ministère se félicite dès lors que le comportement est « sage [2] » et ne conduit pas au syndicalisme redouté. Ces professeurs se regroupent sur des bases catégorielles de types divers : fonction exercée [3], titre — la Société des agrégés est créée en 1914 —, enfin discipline. Les associations de spécialistes se multiplient en 1910 lorsque le bruit court que les horaires de l'enseignement secondaire vont être révisés et certains programmes réduits. Chaque discipline veut bien sûr sauver le sien : philosophie, histoire, mathématiques, lettres classiques. L'adhésion n'entraîne pas automatiquement le militantisme : la sclérose guette ces organisations dont les membres sont unis par la volonté de défendre des intérêts étroitement entendus.

A l'opposé du syndicalisme contestataire et de l'université laïque, les forces religieuses et sociales conservatrices continuent en 1914 à animer de nombreuses associations. Vieille tradition qui tire sa vitalité d'un regret — celui de la destruction des corps intermédiaires au profit de citoyens atomisés — et d'une espérance : le maintien à la campagne des hiérarchies sociales. La confusion entre les intérêts des notables et ceux de l'Église est nette dans les organisations agrariennes et en particulier dans la puissante Union centrale des syndicats des agriculteurs de France, dite « de la rue d'Athènes » aujourd'hui bien connue [4]. Certes, son discours s'affirme politiquement et confessionnellement neutre. Mais le culte du chef et la volonté de maintenir « avec l'aide de Dieu » la

1. Cf. P. Gerbod, « Associations et syndicalismes universitaires de 1828 à 1928 », *le Mouvement social*, avr.-juin 1966.
2. C'est le conseil que, sous la plume de A. Balz, donne en 1907, *la Revue universitaire*.
3. Professeurs de lycée, de collèges communaux, professeurs adjoints et répétiteurs de lycée, répétiteurs de collège, principaux, surveillants généraux, censeurs, fonctionnaires de l'économat : autant d'associations.
4. Voir (155). Et en particulier l'étonnant « Testament syndical » laissé par E. Duport, l'administrateur de l'Union la plus dynamique, celle du Sud-Est.

paix sociale fait de cette organisation un puissant agent de conservation. La création en 1910 d'une Fédération radicale concurrente [1], animée par les cultivateurs capitalistes du Bassin parisien et appuyée par Joseph Ruau, ministre de l'Agriculture de 1905 à 1910, constitue sans doute un contrepoids politique. Mais dans les deux cas, si les adhérents sont nombreux, — un million à la « rue d'Athènes » — attirés par les services réels que rendent les associations, seuls les notables les dirigent.

3. Un sujet d'inquiétude avoué : la situation démographique

La République radicale servie depuis le tournant du siècle par un bon Kondratiev, a-t-elle vraiment assuré à tous les Français le régime prospère et équilibré dont quelques traits viennent d'être esquissés? Le progrès a-t-il fondu les villes et les campagnes, les régions, traité sur pied d'égalité les âges, les sexes et les classes? Avant d'évoquer dans leurs grandes lignes les tensions anciennes et nouvelles, voyons d'abord ce qu'il en est du comptage de ces sujets de notre histoire : les Français.

A la veille de la guerre le silence officiel sur la démographie, que le Dr Bertillon [2] qui en rendait responsable le célibat des hommes politiques avait en vain tenté de rompre depuis 1896 en fondant l'Alliance nationale pour l'accroissement de la population française, est brisé. Moins en raison des besoins de la croissance industrielle qu'à cause des perspectives de guerre et de la crainte qu'inspire la féconde Allemagne. Les chiffres peuvent en effet donner quelque souci à ceux qui se réclament de préoccupations patriotiques. Non pas en valeur absolue : avec 39,6 millions d'habitants lors du recensement de 1911, la France reste fortement

1. C'est la Fédération nationale de la mutualité et de la coopération agricole, dite « du boulevard Saint-Germain ».
2. Voir (142).

peuplée, moins il est vrai que l'Allemagne, mais autant que la Grande-Bretagne, plus que l'Italie. L'inquiétude provient de la stagnation quasi totale du croît : il était encore en moyenne de 75 000 pendant les vingt dernières années du XIXe siècle, il est tombé à 50 000 depuis 1901. Le taux de reproduction de la population — 1,02 en 1891 — n'est plus que de 0,96 en 1911. La famille française qui comptait en moyenne 2,2 enfants à la fin du XIXe siècle n'en compte que 2 à la veille de la guerre. L'essor impétueux du capitalisme n'a pas trouvé son répondant en démographie : la baisse de la natalité n'a pas été stoppée : elle est tombée à 19‰. Si dans ces conditions le chiffre total de la population n'a pas commencé à baisser, la France le doit aux immigrés et à la diminution très tardive, mais, depuis 1890-1895, sensible, de la mortalité. La diffusion de l'asepsie, les vaccins et les sérums, bref l'œuvre de Pasteur et de ses disciples — Roux, Calmette, Guérin —, en sont largement responsables. Pas plus que pour l'industrie, évidemment, les découvertes ne se suffisent à elles-mêmes : c'est l'école qui diffuse les notions de l'hygiène élémentaire. L'espérance de vie s'est nettement accrue : 49 ans. Il n'y a pas lieu pourtant de chanter cocorico : le taux de mortalité générale — 19 ‰ entre 1901 et 1910, 17,7 ‰ en 1913 — reste supérieur à celui des pays scandinaves et anglo-saxons, de la Belgique, des Pays-Bas et de la Suisse, et il est particulièrement élevé pour la petite enfance.

Pourquoi? La hantise subsiste de maladies qu'on ne sait comment enrayer ou qui sont soignées trop tard. C'est le cas des maladies vénériennes et en particulier de la syphilis. Le « mal napolitain » reste chargé de honte. Les médecins les plus grands — l'hôpital Broca se spécialise dans la dermato-syphiligraphie — s'appliquent à le dédramatiser, à le guérir. Mieux avouée, la tuberculose se dissimule pourtant sous toutes sortes de voiles : maladies de langueur, anémies[1]. On débat éperdument de ses origines, des conditions de sa propagation, des remèdes à lui apporter. Sur 25 médecins célèbres dont la mémoire sera plus tard évoquée[2]

---

1. Dr A. Beauvy, « Tuberculose et vie urbaine », *Revue de Paris*, 9 janv. 1909.
2. E. Rist, *Vingt-cinq portraits de médecins français, 1900-1950*, Paris, Masson, 1955.

près de la moitié ont voué à la tuberculose l'essentiel de leur vie. On conseille encore la chaleur et le soleil : la Côte d'Azur, voire l'Algérie [1], mais les premiers sanatoriums apparaissent dans le Jura à partir de 1900 et c'est là que sont pratiqués les premiers pneumothorax, d'invention italienne. Le BCG sera découvert en 1913. Troisième plaie — la première peut-être — l'alcoolisme. Responsable dit-on — mais est-ce sûr? — de la forte natalité ouvrière [2], en tout cas pour une large part de la mortalité infantile. Les zones de grande culture de la vigne l'ignorent : le vin fonctionne souvent comme un antidote : le Languedocien n'est pas un alcoolique. L'alcoolisme empoisonne par contre les terres à fruits distillés : celles en particulier où comme en Normandie règne le pommier. Les travailleurs des villes et des mines, mal nourris, écrasés de labeur, grands buveurs, y cherchent un sursaut d'énergie. « La blanche » est aussi fille de l'ennui et de la solitude. La consommation de l'alcool amorce pourtant un déclin qu'il faut sans doute mettre en relation avec le repos obligatoire et la tendance générale à la réduction du temps de travail.

Sur la mort et ses causes directes pèsent hautement les inégalités sociales. La mortalité différentielle frappe particulièrement les grandes villes. Le cas de Paris a été étudié à partir des chiffres de 1911-1913 : dans les arrondissements opulents — VIIIe, XVIe, IXe — le taux de mortalité générale est de 11 $^0/_{00}$, celui de la mortalité infantile de 51 $^0/_{00}$; dans les arrondissements miséreux — XIIIe, XIXe, XXe — les chiffres respectifs sont de 16,5 $^0/_{00}$ et de 107 $^0/_{00}$ [3]. Pour la mortalité tuberculeuse générale l'écart entre les quartiers très riches et les quartiers très pauvres va du simple au double. Non seulement « les pauvres et leurs enfants meurent beaucoup plus que les riches », mais il y a de véritables maladies de classe : la tuberculose en fait partie au premier chef.

Le fait majeur aux yeux des populationnistes reste pourtant

1. Gide va se soigner à Biskra et en rapporte *l'Immoraliste*.
2. « Le père est rentré plein d'absinthe, y a de l'occupation là-haut », dit la concierge de l'hôtel meublé de Ménilmontant que Léon Frapié évoque dans *la Maternelle*.
3. L. Hersch, « Mortalité différentielle à Paris », *Revue d'économie politique*, 1920, dont les conclusions sont reprises et élargies par A. Armengaud, *Démographie et Sociétés*, Stock, 1966.

le fléchissement de la natalité, particulièrement marqué dans la vallée de la Garonne [1]. Majeur parce que depuis le début du siècle, s'amorce un phénomène nouveau : la baisse non plus seulement du taux de natalité — elle est déjà ancienne — mais du taux de fécondité calculé sur les femmes de 15 à 50 ans en âge de procréer. Majeur aussi en ce qu'il touche toutes les classes sociales. La classe ouvrière, si longtemps « lapinière » comme disent les anarchistes, est en train de virer de bord. Les calculs faits en milieu industriel en 1906 montrent que l'écart entre ouvriers et patrons s'est beaucoup réduit; ce sont d'ailleurs les employés qui constituent le secteur le plus malthusien. Géographiquement enfin le fait est général : seules la Bretagne, la région du Nord, la zone est du Massif central conservent une natalité élevée. Techniquement parlant le « crime d'Onan » souvent mis en cause n'est pas le principal responsable. Les couples font appel essentiellement au coïtus interruptus : ce sont les « funestes secrets » dont se plaignaient les prêtres languedociens dès avant la Révolution. Mais les populationnistes les plus ardents, comme le Dr Bertillon, n'ont pas tout à fait tort de mettre en accusation ce qu'ils appellent « la propagande criminelle des néo-malthusiens ». La Ligue de la régénération humaine, fondée en 1900 par Paul Robin, un ancien élève de la rue d'Ulm, libre penseur et anarchiste, organise l'enseignement des pratiques anticonceptionnelles; après le retrait de Robin en 1908, l'entreprise est poursuivie par un de ses premiers collaborateurs, Eugène Humbert. Journaux, tracts, papillons, brochures et images d'Épinal appellent à « avoir peu d'enfants » et font connaître les techniques [2]. L'actif soutien des groupes anarchistes et parfois socialistes [3], de certaines bourses du travail, est acquis. Des pharmacies diffusent les produits, des sages-femmes, des médecins apportent leur concours. Pour les néo-malthusiens les

1. En Lot-et-Garonne, en cas de deuxième naissance, on vient présenter au couple ses condoléances. Les plus amicaux tentent d'excuser le mari.
2. Dans l'état actuel de l'élaboration de la documentation voir R.-H. Guerrand, *la Libre Maternité*, Paris, Casterman, 1971.
3. Les principaux leaders de la SFIO ne sont pourtant pas favorables au malthusianisme.

plus engagés politiquement il s'agit de rendre la guerre plus difficile en lui refusant sa part de « chair à canon » et de pousser à la hausse des salaires en raréfiant l'armée de réserve du capital. Pour tous le but est de « substituer la réflexion à l'instinct, la prévoyance à l'insouciance, l'homo sapiens à la brute [1] ».

La propagande néo-malthusienne a donc un caractère de masse, en milieu urbain tout au moins. Pour expliquer les aspects nationaux — en fait internationaux — et inter-classistes du déclin de la natalité, elle n'est pourtant pas suffisante. Les corrélations religieuses sont peu concluantes, et la relation de cause à effet discutable : combien d'hommes et de femmes cessent d'aller à confesse parce qu'ils transgressent les interdits sexuels de l'Église et non pas l'inverse? Arguer des progrès de la rationalité serait sans doute plus près du réel. Philippe Ariès a mis pour sa part en avant l'idée nouvelle qu'on se fait de la place de l'enfant dans la famille : la fortune du couple tend de plus en plus dit-il à reposer sur l'enfant et son avenir auquel tout doit être sacrifié; la famille autonomise ainsi l'enfant. Il est certain qu'à l'époque la psychologie [2], la médecine — la Société française de pédiatrie est fondée en 1899 —, l'école maternelle et la littérature tendent à le constituer comme un être à part. Dès 1893 un journal socialiste de province préconisait de « remplacer les dieux ... par un petit dieu unique que nous créons nous-mêmes : l'enfant, c'est-à-dire l'espèce de demain [3] ». Reste à expliquer pourquoi cette image guide née en bourgeoisie gagne la classe ouvrière et la paysannerie. Ne faudrait-il pas mettre cette évolution en relation avec un certain mieux-être des travailleurs, une moindre insécurité, des échanges plus fréquents? Bref, l'achèvement du marché national et une vie quotidienne un peu moins soumise à la fatalité, à l'ignorance et au malheur.

---

1. Cf. les réponses à l'enquête lancée en 1909 par le journal d'Humbert, *Génération consciente*.
2. C'est en 1910 qu'Alfred Binet publie *les Idées modernes sur les enfants*, Paris, Flammarion.
3. *La Voix des travailleurs du Tarn*, 7 mai 1893.

4. Tensions anciennes et nouvelles

Campagnes et villes.

Dans la balance démographique la France rurale pèse toujours plus lourd que celle des villes. La population des campagnes — villages et localités de moins de 2 000 habitants — représente en 1911 à peu près 56 % de la population globale. Elle n'a diminué que relativement, et d'ailleurs modérément : 10 % en trente ans. Aux alentours de 1900 un équilibre semble avoir été passagèrement atteint : ceux qui partent ensuite, moins nombreux, sont attirés par les nouvelles sirènes d'usines à moins qu'ils ne viennent des régions les plus archaïques, les plus lentes à réagir. Thème de lamentations littéraires — *la Terre qui meurt* de René Bazin date de 1899 — et politiques — les pleurs de Méline sur l'abandon de la terre au profit de la ville impie et sans patrie ne tarissent pas —, la notion d'exode rural doit donc être maniée avec une grande prudence. Nous n'en sommes pas au « désert français ». La population active employée dans le secteur primaire constitue encore entre 41 et 43 % du total, selon les statistiques utilisées. Elle a moins fléchi en pourcentage que la population rurale et au début du siècle elle atteint, en chiffre absolu, son maximum : 8,7 millions environ.

Parmi ceux qui sont partis beaucoup n'appartenaient pas au secteur primaire et d'autres — les jeunes filles qui allaient « se placer » en ville — n'étaient pas, à la campagne, classées dans la population active. Au village la vie s'est, si l'on ose dire, empaysannée. Certes, la serrurerie se maintient dans le Vimeu, l'horlogerie dans le Jura, mais pour l'essentiel ils se sont tus les métiers qui jadis battaient pour l'entrepreneur urbain. Beaucoup d'artisans traditionnels n'ont pas été remplacés après leur mort ou s'en sont allés travailler à l'atelier, à la mine, à l'usine. Dans les monts du Beaujolais et du Lyonnais, forgerons et tuiliers, vanniers et voituriers, ferblantiers et tonneliers sont en voie de disparition. Il en est de même en Picardie. Beaucoup de « messieurs » aussi ont quitté les villages, à la recherche d'une activité mieux adaptée aux goûts plus dispendieux de leur famille alors que le produit de la rente du sol a partout fléchi. Sans doute de nouvelles professions apparaissent-elles au bourg. A Mazières-en-Gâtine, R. Thabault relève en 1906 la présence de deux boulangers, deux petits quincailliers, un grainetier. Surtout la fonction publique est maintenant largement représentée : instituteurs et commis de perception, cantonniers et facteurs, gendarmes et agents-voyers. Il n'en reste pas moins que le village est voué au secteur primaire bien plus que par le passé.

A l'échelle de l'ensemble du territoire, les progrès techniques de l'agriculture — engrais, sélection des espèces — restent lents quoiqu'un outillage modeste se soit sans doute répandu dans les plaines. Même si le commerce extérieur des bovins atteint un solde positif, l'agriculture ne suffit pas à nourrir la France. Dans les dernières années, les investissements n'ont pourtant pas manqué mais le retard pris au cours de la deuxième moitié du XIXe siècle n'a pas été rattrapé. Bien des motifs concourent à expliquer la longue faiblesse des investissements modernisateurs : chez les petits et les moyens a sans doute joué, au temps des économies, la quête d'un statut social « honorable », lié à l'achat de nouvelles terres plutôt qu'à la transformation des cultures; surtout la bourgeoisie rentière a constamment prélevé une ponction considérable sur le revenu de la terre. L'arrivée du protectionnisme, soutien rassurant des pratiques passéistes, son renforcement en 1910, n'ont rien arrangé. Alors que la faiblesse relative de l'exode rural ne contraignait pas à la mécanisation, l'État républicain modéré, soucieux de conserver une clientèle plus sûre que la population urbaine, a longtemps joué le rôle d'endormeur et c'est par de multiples emplâtres et de menues faveurs, plutôt que par une large politique, qu'il a manifesté sa sollicitude à la paysannerie. L'organisation du Crédit rural, les subventions de l'État aux sociétés mutuelles d'assurances ne se sont vraiment développées qu'au début du siècle : elles témoignent d'un esprit d'initiative plus vif chez les radicaux que chez leurs prédécesseurs.

Si l'on veut tenter de comprendre les difficultés qui, au-delà d'une conjoncture passagèrement favorable, se préparent à assaillir la campagne française, il faut regarder aussi du côté des villes. Non que l'urbanisation soit déjà un fait massif. Les villes de plus de 100 000 habitants sont peu nombreuses : 16 seulement. Les très grandes métropoles régionales font toujours défaut, à l'exception de Lyon [1] et de Marseille qui ont dépassé le demi-million d'habitants. La France urbaine c'est essentiellement celle des cités comprises entre 5 000 et 20 000 habitants, sous-préfectures, préfectures parfois : Guéret a 6 000 habitants, Gap moins de 7 000, Pamiers moins de 8 000. Quelques villes cependant qui, vers 1880, comptaient aux alentours de 50 000 habitants, se sont rapidement développées : Grenoble, Nancy, Nice; chacune joint à une activité spécifique une fonction régionale. Vers les centres régionaux les petites villes du département servent de relais : G. Dupeux a montré que la croissance de Bordeaux s'est faite aux deux cinquièmes seulement à partir du vivier campagnard. Et comment poussent-elles? Tout autour, des banlieues bourgeonnent, que l'habitat pavillonnaire commence à gagner : entre 1900 et 1914 la commune d'Écully près de Lyon passe de 2 964 à 3 215 habitants : les nouveaux se logent dans de petites maisons cubiques, dissimulant le long de rues étroites potagers, poulaillers et clapiers.

La ville par excellence, c'est Paris. Avec presque 3 millions d'habitants venus de toute la France c'est une cité géante [2] où apparaissent les modes les plus modernes de transports en commun : la première ligne de métropolitain est inaugurée en juillet 1900. Pendant que dans les communes maraîchères de banlieue — Bobigny, Montreuil — la population ouvrière pousse au milieu des choux, le peuplement de la banlieue nord, celui de la grande boucle occidentale de la Seine inaugurent une ère nouvelle. Une autre ville grandit là, d'une croissance anarchique qui contraste tragiquement avec les beautés organisées du cœur de la cité. Là règnent les odeurs fétides, la crasse, la violence : c'est « la banlieue, échec de l'histoire urbaine et déjà terreur du bourgeois [3] ».

La ville attire cependant par son animation, ses « illuminations

1. Il faut semble-t-il regarder avec suspicion les recensements lyonnais sans doute en excédent de 5 % : cf. J. Bienfait, « La population de Lyon à travers un quart de siècle de recensements douteux, 1911-1936 », *Revue de géographie de Lyon*, 1968.
2. Une cité multiple aussi où se retrouvent des réfugiés du monde entier : Turcs et Égyptiens, Persans et Vietnamiens, Chinois et Hindous, Russes, bien sûr.
3. M. Perrot, *Les Ouvriers en grève, France 1871-1890*, Paris, Mouton, 1974, t. I, p. 220.

électriques », ses salles obscures aussi, qui se multiplient après 1910.
Elle attire par l'espoir d'un gain moins aléatoire, du repos hebdomadaire inconnu aux champs, d'une réussite plus rapide. Elle
donne l'image de la vitalité. Séductrice elle apparaît en même temps
comme dominatrice. Du village à la cité s'organise en effet une vie
de relations qui placent la campagne dans la dépendance de la
ville et le secteur primaire dans celle des secteurs secondaire et tertiaire. Sans doute les relations sont réciproques : la France du
primaire freine par son nombre et sa lenteur le développement de
l'industrie et des services. Mais pour ceux-ci comme pour les
investissements, pour les achats et les ventes comme pour les
demandes d'emploi c'est vers la ville que se tournent les ruraux.
La domination urbaine c'est celle du capitalisme. Le profit du
producteur de betteraves dépend du prix fixé par le distillateur ou
le fabricant de sucre, celui de l'éleveur du tarif des laiteries. La
modernisation accroît cette dépendance : qui fixe le prix des
engrais, celui des engins mécaniques? A ces pressions tous ceux
qui vivent de la terre n'ont évidemment pas les mêmes possibilités
de résistance : le petit propriétaire n'a pas comme le gros better-
vier la solution de devenir de surcroît distillateur ou fabricant
d'engrais, mais face au capital industriel et bancaire, le monde
rural est dans son ensemble en état de moindre résistance. C'est
à cette image d'une société rurale menacée par la ville et manipulée
par elle que répond sans doute la vogue des romans rustiques. A
elle aussi la conscience « agrarienne » qui sert si bien les notables
ruraux et qu'ils capitalisent dans les Unions étudiées plus haut.
L'opposition ville-campagne qui n'est pas un fait nouveau s'est
renouvelée.

Régions et régionalisme.

Les écarts existent aussi entre les régions. Se sont-ils creusés?
Avec quelles conséquences? Bornons-nous à quelques exemples.
   Au nord de la Loire voici les terres où le capitalisme triomphe.
Du Bassin parisien à la région du Nord [1] et à la Lorraine c'est là
que sont concentrés les plus vastes ensembles industriels de l'an-

1. A propos de laquelle on a pu pourtant parler de « croissance sans
développement ».

cienne et de la nouvelle France. La grande culture y est fortement développée : agriculture salariée tournée vers le blé, la betterave et la viande, qui exige d'importants investissements et rapporte de bons profits. Aux ouvriers agricoles permanents, écrasés de misère, religieusement indifférents s'ajoute lors des grands travaux tout un peuple de migrants. Au cœur, Paris et sa naissante banlieue rouge où grandissent des industries d'un type nouveau. Malgré le rayonnement institutionnel et bancaire de la capitale, malgré la toile d'araignée qu'inlassablement elle tisse, elle n'a dévoré ni la vieille Lorraine, patriote et catholique, la Lorraine de *Colette Baudoche* et de *la Colline inspirée*, bouleversée par ses nouvelles destinées sidérurgiques, ni le bassin du Nord et du Pas-de-Calais où les affaires restent largement familiales et le profit charbonnier très convenable : de bons systèmes bancaires régionaux s'y sont développés au service de l'industrie. Mais la conquête du marché national [1] — voire international — développe dans les couches dirigeantes un esprit d'entreprise qui ne laisse guère place à un régionalisme antiparisien. Le Nord de la France — c'est presque un slogan — travaille : il dirige l'économie française.

Et le Midi, dit-on, gouverne. Comment faut-il l'entendre? Laissons les Bouches-du-Rhône et les Alpes-Maritimes, en rapide ascension mais en situation géographique marginale, et tournons-nous vers cet ensemble de départements qu'on appelle languedociens. Cette vaste région est entrée dans un profond déclin. Les cycles industriels fondés sur le textile ou sur le charbon se désagrègent. La bourgeoisie industrielle encore active en Bas-Languedoc à la fin du siècle, notamment dans le Biterrois, s'écarte des affaires et les banques régionales se replient devant la poussée des établissements nationaux de crédit [2]. Nulle part la décadence n'est plus frappante ni plus ancienne que dans les pays de la Garonne où la vieille polyculture à faire-valoir direct n'a pas été relayée par la culture industrielle de la vigne. Là où elle s'est développée

1. M. Gillet a montré comment les hommes du charbon découpent la France en zones dont la conquête est systématiquement entreprise.
2. C'est le cas en 1912 pour le Nîmois Armand Gaidan, l'homme de la bourgeoisie protestante qui dirigeait depuis 1893 le Comptoir commercial d'escompte.

celle-ci a créé une économie porteuse d'énormes profits mais susceptible d'effondrements brutaux sur un marché saturé et où s'accélère la concurrence des vins d'Algérie. Au total des structures qui s'engourdissent ou qui témoignent d'une redoutable fragilité. Le recul marqué et précoce du taux de natalité renforce ces analyses. Le Midi, région massivement sacrifiée.

En compensation les méridionaux ont acquis un horizon nouveau : le tertiaire. D'où l'illusion qu'ils gouvernent par postiers, douaniers et professeurs interposés. D'où aussi la nécessité d'une bonne connaissance du français et, peut-être, la sévérité des instituteurs qui interdisent à l'école l'usage du « patois ». Mais dans ces départements volontiers « rouges » et nettement anticléricaux, les traditions culturelles sont restées vivantes : coutumes villageoises d'autant mieux conservées que plus du dixième du terroir languedocien est encore en propriété collective, parler d'oc aux riches variantes dont la sonorité et les grâces sont opposées au langage « pointu » des pays d'Oïl. La langue d'oc est celle du peuple. On la parle à la maison, au travail, au café, ce haut-lieu de la sociabilité méridionale. Au village les félibres locaux chansonnent les événements familiaux, les scandales. Et le mouvement félibréen que Mistral, qui meurt en 1914, avait fondé soixante ans plus tôt, a fait reconnaître son pouvoir poétique. Mais peut-on déceler dans ce goût des traditions, dans ces mouvements littéraires où s'exprime souvent un conformisme politique et social folklorisant, les bases d'un régionalisme anti-Nord, voire d'un patriotisme occitan? Si Mistral dont les sentiments vont à droite, y est sensible, les hommes de gauche s'y refusent. Or la gauche est majoritaire dans ces départements. Ferroul, maire de Narbonne, héros de 1907, est certes un « homme du Midi » : mais c'est aussi un habile politique qui n'entend pas couper sa région du Nord. Aspiration à la renaissance culturelle des pays d'Oc, désir d'assurer à leurs habitants l'aisance, sans que soient perçues les vraies raisons de la fin du dynamisme économique, voilà le régionalisme du Midi.

Autre terre dont les difficultés contrastent avec l'épanouissement du Bassin parisien, autre région à la forte originalité : la Bretagne bretonnante. Privée d'industrie sauf dans les ports, surchargée d'enfants, malgré une forte émigration vers Paris, la Bretagne a commencé à créer une agriculture intensive au prix d'un travail acharné. Mais le petit exploitant assure à grand-peine la subsistance de sa nombreuse famille. Malgré la force des traditions les bases d'un mouvement indépendantiste sont pratiquement nulles : le prestige de l'État protecteur des pêcheurs et distributeur du travail régional — les arsenaux, la marine — est trop grand, le besoin du débouché parisien pour la population excédentaire trop vivement ressenti. Mais à la différence du Midi la Bretagne catholique et paysanne, où la bourgeoisie urbaine est peu influente, n'a pas l'illusion de gouverner le pays. Aussi les mouvements régionalistes extrêmes, quoique sans base de masse, y prennent-ils une forme plus organisée qu'en terre occitane : qu'ils soient entièrement tournés vers un passé féodal et celtique comme l'Union régionaliste bretonne (1898-1911), ou que, comme le parti nationaliste breton (constitué en 1911), ils soient plutôt encadrés par des éléments petits-bourgeois contestataires. Les socialistes bretons eux-mêmes maintiennent entre eux une confédération lorsque cinq fédérations départementales sont créées en 1907 conformément aux statuts de la SFIO. Et le député radical de Lorient, Paul Guieysse, demande (en vain) en 1909 la création d'un enseignement du breton. Une certaine conscience nationalitaire s'esquisse à la veille de la guerre.

La place manque, plus encore que les informations[1], pour évoquer le fossé qui s'approfondit entre la France du Nord et les hautes terres du Massif central, ou la façon dont l'orgueilleuse région lyonnaise hésite entre son passé et son avenir. L'inégalité croissante du développement ne semble pas porter atteinte à l'unité nationale : aux yeux des masses celle-ci apparaît plutôt comme un recours. Mais au fond c'est la nation tout entière qui en est appauvrie et des signes divers témoignent d'une certaine inquiétude devant un centralisme culturel aliénant et d'un intérêt nouveau pour une problématique régionaliste.

1. Elles sont rassemblées, pour le Massif central, par A. Fels et synthétisées pour la région lyonnaise dans un article de P. Léon, « La région lyonnaise dans l'histoire économique et sociale de la France », *Revue historique*, janv.-mars 1967.

Une société de citoyens.

Citoyens! le mot, commun aux radicaux et aux socialistes, rapproche les amants du suffrage universel mais exclut ceux qui n'y participent pas, les étrangers, les jeunes, les femmes.

Les immigrés — ils sont 1 160 000, 2,9 % de la population — appartiennent à deux catégories qui parfois se chevauchent. Les politiques d'abord, auxquels la République est accueillante. Les militants russes et les juifs de Russie chassés par les pogroms y occupent une place importante. Ils seraient au début du siècle entre 25 000 et 40 000. On les rencontre surtout à Paris mais aussi dans les villes universitaires de province, Montpellier en particulier. Ils logent dans les mêmes quartiers — à Paris, le IVe et le XIe arrondissement, la butte Montmartre sont peuplés de casquettiers et de fourreurs juifs, le Ve et le XIVe sont « slaves » —, ont leurs journaux, leurs liaisons politiques, leurs restaurants à deux sous. La police s'égare dans le dédale des groupes : elle tient les bolcheviks pour « plus modérés » que les anarchistes et les mencheviks. De plus grande ampleur, l'immigration ouvrière urbaine ou rurale. Plus d'un tiers d'émigrants — 36 % — sont Italiens, un quart Belges. Loin derrière, Espagnols, Allemands et Suisses. A partir de 1906 commencent à apparaître les Polonais. Les uns souhaitent s'intégrer : c'est le cas pour beaucoup d'Espagnols au Languedoc. Bertillon déplore le laxisme du processus de naturalisation depuis 1891. Dans le bassin de Longwy le prolétariat des mines et de la sidérurgie s'est bâti sur les immigrés. En 1910 quelque 10 000 Belges et autant d'Allemands y travaillent, surtout 28 000 Italiens que des militants socialistes de leur pays aident à s'organiser. Ils se groupent pour faire leurs achats à l'économat patronal, dorment à deux ou trois par lit. Après quelques années, s'ils survivent — beaucoup de jeunes broyeurs de scories meurent en quelques mois —, ils rentrent au pays. Enfin de nombreux ouvriers agricoles ne viennent que pour la saison : dans les grosses exploitations briardes on distingue les Flamands, abandonnés à eux-mêmes et les Polonais accompagnés de leur curé.

Le comportement des Français à leur égard n'a pas été sérieusement étudié. Les manifestations d'hostilité en milieu ouvrier semblent moins nombreuses que dans les années 80 : le chômage a reculé. Mais la majorité des projets de loi déposés à leur sujet a un caractère discriminatoire : les décrets Millerand du 10 août 1899 ont fixé un pourcentage maximum d'étrangers dans les travaux exécutés pour l'État. En classe ouvrière on les accuse volontiers d'être cléricaux ou de briser les grèves : réflexe ouvriériste plus que nationaliste, mais que le nationalisme peut aisément récupérer. Au total peu de gens se préoccupent de ces travailleurs qui ne votent pas et ne font pas grève.

Les Français eux-mêmes n'acquièrent qu'à 21 ans la pleine citoyenneté. L'adolescent en est exclu lors même qu'il travaille comme un adulte. Dans les sociétés rurales méridionales, le groupe de jeunesse, le « jovent », occupe traditionnellement une place centrale : pour maintenir l'équilibre des sexes il détient par exemple le « droit » d'interdire le départ des filles ou d'empêcher l'installation d'un étranger. La vie urbaine détruit ces coutumes qui autonomisaient la jeunesse : le jeune ouvrier n'a ni les droits de l'adulte ni les privilèges coutumiers de l'adolescence. La disparition quasi totale de l'apprentissage le livre aux bas salaires et l'ouvrier adulte voit en lui un concurrent, une sorte d'étranger. En outre sa famille le maintient en tutelle : il faut bien qu'à son tour il contribue à nourrir ceux qui l'ont nourri. Le récit émouvant et drôle que nous a laissé René Michaud de ses débuts [1] rend le même son que les propos célèbres de la Maheude, un quart de siècle plus tôt, dans *Germinal*. Seuls les étudiants se constituent, en ce début du siècle, en un groupe qui fait boule de neige — ils sont 42 000 en 1914 contre moins de 30 000 en 1900 — et que structurent des associations laïques, chrétiennes ou collectivistes assez bien organisées : « Hors le milieu étudiant il n'est pas de jeunes hommes, il n'est que des hommes jeunes [2]. »

A côté de la société des hommes, voici enfin la plus belle moitié de l'humanité et la plus nombreuse : ces silencieuses, ces passives, n'ont jamais autant fait parler d'elles qu'en cette aube du XXᵉ siècle. Les représentations de la femme, les images que lui renvoient la littérature, la publicité, le discours patronal, clérical ou radical,

1. R. Michaud, *J'avais vingt ans*, Paris, Éditions syndicalistes, 1967.
2. Ph. Béneton, « La génération de 1912-1914 », *Revue française de science politique*, oct. 1971.

restent assurément très traditionnelles : elles oscillent du thème de la femme-douce-et-fragile-objet-du-désir-de-l'homme à celui de la mère-de-famille-vraie-maîtresse-au-logis dont « la prévoyante et instinctive prudence » détourne heureusement le mari de la grève [1]. Le travail hors du foyer est toujours considéré comme un crime de lèse-majesté féminine, à tout le moins comme un phénomène éphémère sur lequel il ne vaut pas la peine de s'appesantir. La tension entre le discours et la réalité est ici à son comble : la proportion de la main-d'œuvre féminine dans la population active n'a jamais été aussi forte — 37 % — et rien qu'à Paris il y a en 1911 plus de 10 000 veuves d'ouvriers chargées de plus de trois enfants. Mais ces stéréotypes permettent de dissimuler la mise en concurrence acharnée des femmes et des hommes par le patronat. L'enquête faite par l'Office du travail entre 1891 et 1897 [2] montre que le salaire moyen qui se monte à 3,24 francs pour un homme en province n'y est pour une femme que de 2,01 francs; dans la Seine l'écart, supérieur, va du simple au double : 3,24 francs pour une femme, 6,30 francs pour un homme. C'est que la main-d'œuvre féminine est employée avec prédilection dans les métiers et les fonctions peu qualifiés. C'est aussi qu'à travail égal le salaire féminin n'est pratiquement jamais égal.

Ce n'est pourtant pas à la femme ouvrière qu'on s'intéresse à la veille de la guerre. Les problèmes des femmes sont essentiellement posés à l'occasion de l'avènement d'un nouveau secteur du travail féminin, le tertiaire. Dames-dactylographes, postières et vendeuses, institutrices, ces métiers sont considérés comme promotionnels. Authentiques vedettes : les professions libérales ou les fonctions scientifiques. Il y a quelques centaines de femmes-médecins en 1914, mais il a fallu une loi pour autoriser les femmes à accéder au barreau. Les années 1906-1913 ont été décisives : Mme Curie enseigne la physique à la Sorbonne à partir de 1906; en 1911, le Grand Prix de Rome de sculpture va à une femme; en 1912,

1. Cf., entre mille, le discours du président du PLM, Noblemaire, à l'assemblée annuelle de l'Association fraternelle des agents de la Cie (juill. 1899) recueilli dans *Hommes et Choses des chemins de fer*, 1905, p. 273.
2. Elle a été bien exploitée dans un mémoire de maîtrise soutenu à Nanterre en 1973 par J. Desruelles.

Maria Vérone plaide pour la première fois en cour d'assises et une femme — horreur! — est reçue première à l'agrégation masculine de grammaire. La grande presse « masculiniste » fait à ces exploits un écho amusé et le problème des métiers que l'on peut conseiller aux filles devient un objet de débats.

Pour les premières féministes, le problème du travail n'est pourtant pas l'essentiel. Le mouvement est né dans les années 80 pour obtenir l'égalité civile et, chez les plus ardentes, l'égalité politique. La valorisation du droit de vote domine le mouvement suffragiste, nettement libre penseur, d'Hubertine Auclert à Marguerite Durand et à Madeleine Pelletier. Mais beaucoup d'organisations qui déclarent défendre les droits des femmes se limitent à leurs droits civils : ainsi la Ligue française pour le droit des femmes ou le Conseil national des femmes françaises animé par des protestantes. Les tentatives pour constituer un mouvement féministe ouvrier et révolutionnaire restent isolées malgré les efforts de Nelly Roussel et de Gabrielle Petit. En 1914, les choses ont pourtant bougé : le mouvement suffragiste s'est amplifié, pour la première fois la CGT autonomise les problèmes posés au mouvement révolutionnaire par les femmes travailleuses, enfin une poignée d'institutrices féministes et syndicalistes constitue un groupe dont l'audience en milieu enseignant et prolétarien ira croissant après la guerre.

« Ce drame dont les héros sont les classes. »

Interrogeons maintenant les classes sociales telles qu'en elles-mêmes les change la fin de la « Belle Époque ». La République gambettiste avait déclaré s'appuyer sur les « couches nouvelles ». Les radicaux, au temps du Bloc, prirent appui sur le « peuple ». En 1914, la République à la direction de laquelle les radicaux participent sans en détenir toutes les clefs déclare volontiers être portée par le soutien des classes moyennes : leurs vertus sont vantées dans les congrès et les banquets. Qu'est-ce à dire? Un paradoxe d'abord : l'emploi, sous la plume non seulement de sociologues et de politologues mais d'hommes politiques radicaux, de ce vocabulaire classiste dont par ailleurs ils récusent le caractère opératoire : « Je me refuse, dira Herriot, à croire à la théorie des classes pour un pays comme la France où la variété des conditions est si grande, la propriété si morcelée, l'artisanat si développé [1]. » C'est que justement ces classes moyennes se présentent comme une absence de classe : nul rôle commun joué dans la production, une infinité de transitions insensibles ou peu sensibles, par lesquelles, dit-on, leurs membres transitent du prolétariat au patronat. Il y a accord à l'époque sur les catégories sociales que le concept de classes moyennes subsume : artisans et petits patrons, commerçants, membres des professions libérales, fonctionnaires, employés, petits rentiers. Une hésitation : faut-il y faire entrer les petits et moyens propriétaires, la « démocratie rurale »? Nous les intégrerons, quand ils vivent de l'affermage de leurs terres, nous les exclurons quand ils exploitent eux-mêmes.

En commun les classes moyennes ont le souci de ne pas travailler de leurs mains : ni mains huileuses, ni mains terreuses. Leurs membres jouissent d'une certaine aisance ou à tout le moins d'un emploi permanent qui garantissent contre cette double hantise : l'âge et le chômage. Le souci des respectabilités est évident et la vie urbaine le renforce. Il implique un loyer assez élevé, l'emploi d'une domestique, un gros effort en faveur de l'éducation des enfants. La nourriture quotidienne peut être frugale, les vêtements constamment « arrangés » mais décents, les distractions très rares : les vacances voyageuses ne sont pas encore entrées dans les mœurs. Les budgets sont très strictement gérés, les économies considérées comme un devoir. L'extraordinaire faiblesse de l'impôt les facilite. On comprend que les classes moyennes n'aient rompu que peu de lances en faveur de l'impôt sur le revenu. On pressent aussi, dans ces milieux, une réelle confiance dans l'avenir et le progrès, souvent dans le régime porteur des réussites individuelles.

La diversité professionnelle du milieu est extrême et les revenus dépourvus d'homogénéité. La répartition des couches qui composent les classes moyennes s'est d'ailleurs sensiblement modifiée pendant les trente dernières années. La boutique et la petite entreprise, voilà les assises traditionnelles des classes moyennes.

1. *Jadis*, Paris, Flammarion, 1948, p. 146. Herriot explique pourquoi, candidat au conseil municipal de Lyon en 1904, il ne se présenta pas sous l'étiquette socialiste.

Le nombre des patentés a nettement augmenté — ils sont 1,7 millions en 1911 — surtout celui des tenanciers de bistrots, près d'un demi-million [1]. Autre élément ancien du socle : ceux qui ne vivent que de leurs rentes; sur 550 000 rentiers, 500 000 peuvent être rattachés aux classes moyennes [2]; le produit de la rente foncière a nettement fléchi pendant la grande dépression; beaucoup de petits propriétaires non exploitants ont alors vendu pour s'orienter vers les valeurs immobilières. Beaucoup d'hommes en pleine force s'arrêtent de produire, la cinquantaine venue, pour vivre « de leurs rentes ». En revanche, si le poids des professions libérales est grand, leur nombre est dérisoire : stable chez les hommes de loi — 6 500 avocats, 8 500 notaires —, il a plus que doublé en quarante ans chez les médecins. Outre le nombre croissant des employés du secteur privé — il a largement doublé en trente ans —, le grand fait qui a renouvelé la composition des classes moyennes, c'est l'ascension de la fonction publique. En y englobant les tenanciers de bureaux de tabac, les fonctionnaires communaux et tous les militaires de carrière, on atteint en 1913 le chiffre de 1 300 000. Les petits postes sont toujours l'objet d'un multiple et intense désir malgré la faiblesse des traitements; chez les fonctionnaires moyens, extraordinairement hiérarchisés, les tendances conservatrices l'emportent d'autant plus aisément que la fonction, longtemps convoitée, n'apporte que des satisfactions financières et une considération sociale souvent médiocres [3]; périodiquement brimé, le syndicalisme ne progresse que lentement.

Faut-il admettre à la dignité de membre des classes moyennes quelque 5 millions de Français? Le chiffre peut naturellement être discuté [4], il ne paraît pas invraisemblable. D'où tirent-elles les forces neuves qui les étoffent? La République fait profession d'assurer l'ascension régulière des salariés méritants venus des

1. Toute tentative pour augmenter les impôts sur le commerce des boissons se heurte à d'efficaces levées de boucliers dans cette profession très unie. — 2. Voir (28).
3. De sensibles différences séparent pourtant l'enseignement secondaire — 6 000 à 7 000 candidats à l'agrégation pour une centaine de postes chaque année — et l'administration proprement dite où il y aurait, depuis 1911, une véritable crise du recrutement.
4. C'est celui que retient J.-B. Duroselle (28).

secteurs primaire et secondaire et celle de leurs enfants, dès que le pied est mis à l'échelle petite-bourgeoise. Il y a beaucoup de vrai dans cette affirmation. De cette promotion le système scolaire est l'instrument privilégié. Les boursiers issus du peuple sont nombreux dans l'enseignement, 14 % des membres de l'enseignement secondaire qui exercent entre 1900 et 1914 sont fils d'agriculteurs, 9 % fils d'ouvriers, 15 % fils d'instituteurs [1]. Les écoles pratiques de commerce et industrie, surtout les écoles nationales professionnelles facilitent l'accès à la maîtrise, voire aux responsabilités de l'ingénieur. Mais le système scolaire est loin de jouer systématiquement en faveur de la capillarité sociale. D'abord en raison des deux circuits qu'il comporte : celui des écoles primaires, qui conduit aux écoles primaires supérieures et au brevet; celui des classes élémentaires des lycées et collèges, qui mène à l'enseignement secondaire, fabricant de bacheliers. D'autre part, la promotion des adultes est réduite à presque aussi peu de chose que la formation des apprentis. Enfin — l'étude en a été faite pour l'Université —, l'effet de nivellement qu'exerce la sélection scolaire n'annule « à aucun niveau de la hiérarchie intellectuelle de la profession l'action propre des inégalités sociales [2] » : avantages et désavantages sociaux cumulent dans chaque cas leurs effets.

La place tenue par les fils de la « démocratie rurale » dans cette esquisse de mobilité sociale n'est cependant pas négligeable. Le terme, vague, englobe tous les petits exploitants, qu'ils soient ou non propriétaires. Ceux qui ont tenu bon au moment de la grande dépression, lorsque les toutes petites propriétés ont achevé de disparaître, ont pu arrondir leur domaine ou tout au moins se porter acquéreurs de quelque parcelle en profitant de la baisse du prix de la terre, et, au début du siècle, de la remontée des cours agricoles. Parmi les exploitants — 2,7 millions en 1906 — les petits propriétaires, les fermiers surtout ont mieux tiré leur épingle du jeu que les métayers. On le constate en Aquitaine, dans le Loir-et-Cher, dans le Pays d'Auge et, *a contrario* dans le Bourbonnais où 1 800 métayers adhèrent en quelques années à la Fédération

1. G. Vincent, « Les professeurs du second degré au début du xxᵉ siècle », *Le Mouvement social*, avr.-juin 1966.
2. V. Karady, « Note sur l'origine sociale et la réussite d'une profession intellectuelle », *Revue française de sociologie*, 1972.

des travailleurs de la terre. Le prix payé pour les progrès ainsi réalisés par les moins démunis est lourd : le mode de vie s'améliore peu; faute d'hôpital ou d'hospice le vieil homme qui doit cesser de travailler passe à la charge de ses enfants et la dureté qu'il leur a enseignée se retourne souvent contre lui.

Les paysans, ce sont aussi les ouvriers agricoles journaliers ou domestiques de ferme à plein temps. Ils sont encore 2,6 millions en 1906. Leur place dans la production les situe fondamentalement dans la même classe que les ouvriers de l'industrie qui sont plus de 5 millions[1]. D'ailleurs aux champs comme à l'usine, les salaires se meuvent au même rythme : ils montent continûment, surtout depuis 1895 et le salaire réel s'élève lui aussi jusqu'en 1910; la flambée de vie chère est alors si forte qu'il fléchit comme dans toute l'Europe. Pour tous l'insécurité règne toujours, le logement est souvent infâme[2], la nourriture constitue encore 60 à 70 % du budget et le vêtement reste marqué par la pauvreté et par des habitudes spécifiques. L'instabilité du logement témoigne de la faible intégration sociale de la classe ouvrière dont nous avons d'autres témoignages et contre laquelle ne prévaudront pas — mais c'est une autre affaire — les comportements de l'Union sacrée.

Classe séparée donc, mais aussi classe extrêmement diversifiée. L'éventail des salaires a pu être calculé d'après l'enquête de 1891-1897 : il va de 1 franc par jour — pour une femme, manœuvre dans l'industrie chimique en province — à 12 francs pour un homme contremaître à Paris dans la construction mécanique. Beaucoup plus élevés, les salaires parisiens sont aussi beaucoup plus rigides. Dans une même industrie, ils diffèrent selon que la main-d'œuvre est masculine ou féminine. Il est des secteurs où le malheur est roi : la chimie, le lin; il en est de promotionnels : la métallurgie. En 1914, enfin, l'organisation du travail ouvrier résulte de sérieuses modifications imposées par le développement du machinisme et de la division du travail que le patronat utilise pour élever le rendement. Le travail au temps, qui est le fait du manœuvre non spécialisé, ou, à l'autre bout de la chaîne ouvrière, du professionnel qualifié formé comme un artisan, est peut-être

1. Auxquels il faut ajouter 1 million de domestiques.
2. Cf. en particulier l'enquête du Dr Dumesnil en 1899.

encore majoritaire chez les hommes. Dès la fin du XIXe siècle il ne l'était plus chez les femmes. Le jeune prolétaire est de plus en plus souvent payé aux pièces : ce mode d'organisation est adapté aux ouvriers spécialisés qui n'ont qu'à répéter quelques opérations simples. A la veille de la guerre les tentatives de lui superposer certaines techniques du taylorisme, et notamment la fixation chronométrée d'un temps-modèle annoncent des transformations qui deviendront décisives dans les années 20.

Même si ce phénomène est atténué par la position ambiguë des ouvriers petits exploitants — en 1892 près de la moitié des journaliers sont dans ce cas —, le prolétariat ne bénéficie au total que faiblement de la séduisante capillarité sociale et, sauf exception, ni ses membres ni les petits exploitants ne sont partie prenante dans la constitution du capital. Entre les classes moyennes et les classes dirigeantes les liens sont d'une autre nature. Il ne s'agit pas seulement de la possibilité, réelle, quand on connaît les détours d'un sérail, de passer de fonctions de gestion à des fonctions de responsabilité plus prestigieuses et plus rentables. La petite bourgeoisie, quoiqu'elle refuse d'admettre l'existence des classes, participe à la formation du capital et se trouve donc liée à lui par une complicité dont sa méfiance devant « les gros » lui permet d'esquiver en partie les conséquences, en tout cas la conscience. Parmi ses membres les rentiers modestes ne sont pas seuls à posséder des valeurs mobilières. Et le petit patron qui vit familièrement avec ses ouvriers, c'est de leur travail qu'il tire la plus-value grâce à laquelle son entreprise prospère. Ainsi une large fraction des classes moyennes se trouve-t-elle par mille liens solidaires des hommes qui tiennent les clefs des grandes affaires, même quand politiquement elle a pour tradition de les combattre.

Ces grands capitalistes ont acquis une place prépondérante dans les classes dirigeantes. De ces milieux restreints — quelque 200 000 chefs de famille peut-être — ils sont les vrais leaders bien plus que les nobles à château ou à salon dont Proust était amoureux. Entre ceux-ci et ceux-là d'ailleurs bien des liens se sont tissés. Des propriétaires terriens ont vendu, lors de la grande dépression, tout ou partie de leurs terres et ont réinvesti leur argent dans les affaires, alors qu'une partie de la haute bourgeoisie parisienne achetait les grosses fermes de l'Ile-de-France pour y introduire les méthodes capitalistes. Dans l'armée, la diplomatie, la haute administration, les deux milieux se sont rapprochés. Ces liens nouveaux doivent être interprétés en liaison avec la montée du nationalisme et le retour en force du catholicisme comme idéologie de la bourgeoisie. Entre ceux qui vivent « noblement » et ceux qui sont installés sur un pied de grande bourgeoisie, la frontière a été franchie, mais l'initiative appartient de plus en plus aux industriels et aux banquiers, et, quoiqu'ils aient perdu le monopole de la direction politique, ils ont su garder dans les affaires de l'État une grande influence.

5. 1914

La France de la Belle Époque au régime confirmé, à l'économie dynamique, aux multiples et confuses tensions, va entrer dans la guerre. Il y a peu de moments plus étranges dans son histoire que cette année 1914 où se prépare le massacre de toute une génération. Avant d'évoquer l'enchaînement tragique du bel été, il faut cerner les clarifications, plus apparentes que réelles, qui se manifestent depuis le vote de la loi de trois ans, le 19 juillet 1913 à la Chambre, le 7 août au Sénat. Acquis au terme d'un débat passionné de quatre mois, ce vote marque un tournant — mais de quelle ampleur? — dans la vie politique de la nation.

Les nationalistes.

Le débat et sa conclusion ont mis en évidence la force du courant nationaliste au Parlement et dans le pays et sa capacité à s'unir lorsqu'il est porté par un thème mobilisateur. L'allongement du service militaire se révèle le meilleur : présenté comme une riposte aux projets de réarmement de l'Allemagne[1], il est réclamé par le Conseil supérieur de la Guerre où dominent, autour du colonel de Grandmaison, les partisans de l'offensive à outrance

1. La campagne commence pourtant en mai 1912, alors que les propositions de l'État-Major allemand datent de janvier 1913.

et par Joffre, un « républicain » nommé en 1911 chef d'État-Major général. Le nouveau président de la République en est si chaud partisan qu'il sera prêt, plus tard, à bien des « sacrifices politiques » pour sauvegarder « sa » loi. Du *Temps* à *la Libre Parole*, de *la Croix* au *Matin*, de *la République française* à *l'Écho de Paris*, une campagne d'affolement d'une extrême violence se déclenche, plus ou moins inspirée : ni les fonds secrets russes ni les marchands de canon ne sont mythiques. Pendant quelques semaines les Français peuvent croire que la guerre est pour demain. Le débat, qui concerne tout le pays, permet un regroupement massif autour des leaders du nationalisme. De très nombreux radicaux ont pris position pour la loi, tout comme des catholiques de vieille souche — Albert de Mun — ou fraîchement et d'autant plus ardemment convertis, tel Psichari. Péguy — « je suis un vieux républicain, je suis un vieux révolutionnaire » — a, invoquant la Convention, donné la main aux pères antisémites de *la Croix*, et Maurras à Briand. Les questions de sécurité sont présentées comme devant rester à l'écart des « questions politiques » : voilà le maître mot auquel l'alliance réalisée donne une certaine crédibilité.

Le mouvement semble ensuite se prolonger, s'amplifier même dans la jeunesse des Écoles, mais, la loi votée, les dissentiments apparaissent dans le camp nationaliste. Ils sont nourris par l'absence de grave crise diplomatique, par les problèmes que pose le financement de la loi, et par la pression qu'exercent — en vain — les forces de la droite antiparlementaire qui poussent Poincaré à un comportement politique peu respectueux de la jurisprudence constitutionnelle. Si flou d'ailleurs que soit ce chef-d'œuvre à face de mollusque inventé par Briand, Millerand, Étienne et quelques autres en décembre 1913, la Fédération des gauches, la campagne électorale d'avril-mai 1914 n'est que modérément propice au front commun entre les laïques et « les curés ». Les grandes démonstrations nationalistes auprès de la statue de Strasbourg, drapée de deuil, place de la Concorde, le défilé organisé pour la fête de Jeanne d'Arc, le 24 mai, rassemblent un public plus restreint que celui qui, au printemps 1913, s'affolait pour les « trois ans ». Et lorsque pour le septième centenaire de Bouvines, le gouvernement finit en juin par donner son accord à l'organisation d'une fête en l'honneur de la victoire de Philippe Auguste

sur l'empereur germanique Othon, c'est à la condition expresse
que l'on n'y verra pas de curés [1].

La gauche se ressaisit.

C'est qu'à gauche la contre-offensive politique a commencé,
et que des forces séparées, voire opposées depuis la crise de 1905-
1907 sont en train de se rapprocher. L'élan est donné par la
campagne de masse contre la loi de trois ans. Les socialistes
jouent un rôle décisif dans son organisation : leur pétition populaire a recueilli fin juin 700 000 signatures. Des incidents sérieux
éclatent dans les casernes à l'annonce du maintien sous les dra-
peaux de la classe libérable. La SFIO capitalise alors les résultats
de la longue lutte menée essentiellement par Jaurès pour la paix.
Elle apparaît comme la seule force organisée capable d'impulser
des actions qui s'inspirent d'un militantisme éthique et politique,
de promouvoir des initiatives efficaces. Le nombre de ses adhérents augmente rapidement — il approchera les 90 000 en juillet
1914 — et pour la première fois depuis longtemps de jeunes
revues littéraires se tournent vers le parti, des intellectuels que
sa parlementarisation en avait écartés y adhèrent.

Le dynamisme socialiste, quelques mois avant les élections
législatives, contraste avec le vote majoritaire des radicaux pour
la loi de trois ans. Il les inquiète et suscite une réflexion sur la
faiblesse structurelle du parti radical. Au congrès de Pau (16-
18 octobre 1913) le parti cherche à s'affirmer en tant qu'organisation : les nouveaux statuts font obligation aux élus d'appartenir
au groupe parlementaire du parti radical et radical-socialiste
s'ils veulent se parer de la fructueuse étiquette radicale aux élections prochaines, et la discipline de vote est imposée pour les
scrutins qui mettent en cause l'existence du gouvernement. Surtout le parti se donne un nouveau leader, Joseph Caillaux, dont
l'évolution vers le radicalisme est récente, mais dont l'attachement à la paix et à l'impôt sur le revenu sont connus. Il ne s'agit
évidemment pas de rapprocher le radicalisme du peuple. Avec
Caillaux c'est un nouveau secteur des milieux d'affaires qui accède

1. G. Duby, *Le Dimanche de Bouvines*, Paris, Gallimard, 1973, p. 226.

— cette fois officiellement — à la direction du parti : le temps où les grandes affaires dirigeaient dans les coulisses et où Pelletan, innocent, croyait présider, est fini. C'est un relais de générations. La banque pacifiste est au pouvoir. Voici Caillaux à la barre.

Cet avènement est porteur d'un rapprochement avec les socialistes. Pour la première fois depuis 1902 les désistements entre socialistes et radicaux aux élections législatives (26 avril-10 mai 1914) sont significatifs d'une ligne politique. Les nationalistes sont battus, le groupe de Briand ridiculisé. Avec 103 sièges et 1 400 000 voix, la SFIO apparaît comme le grand vainqueur dans les régions ouvrières et de plus en plus dans les campagnes. Quant aux radicaux, sur 238 élus qui se déclarent tels, 172 seulement font obédience rue de Valois, mais le parti conserve un nombre de sièges supérieur à celui de la SFIO. Un ministère Caillaux-Jaurès était-il dès lors vraisemblable? Nous en connaissons le projet concret par un récit de Ch. Paix-Séaille, mais il est rendu assez peu crédible par d'autres témoignages [1], comme par les positions statutaires, constamment réaffirmées, de la SFIO.

Jaurès avait lui-même une conception plus large de l'unité : il avait toujours attaché une importance fondamentale à celle du prolétariat. Concrètement, en France, cela signifiait un libre accord entre la SFIO et la CGT. Pendant la campagne anti-trois-anniste, la CGT accepte de participer à des meetings communs. Au lendemain des élections, Jouhaux, dans *la Voix du Peuple*, applaudit au succès du parti socialiste et le présente comme « la conséquence du mouvement syndical des quinze dernières années ». Pour accélérer ce processus, Jaurès aurait envisagé de choisir comme successeur à Dubreuilh, au secrétariat du parti, le secrétaire de la Fédération de la Seine, Dormoy, connu pour ses orientations procégétistes.

Les faiblesses du rassemblement à gauche.

La gauche rassemblée est en réalité beaucoup moins forte qu'il n'y paraît. D'abord en raison de l'affaiblissement d'une

---

1. Notamment celui de Paul-Boncour (*Encyclopédie permanente de l'administration française*, juin 1963) qui affirme que Jaurès refusait toujours de dîner à la même table que Caillaux.

partie de ses composantes. Ainsi la CGT : sa « crise » reflète sans doute les mutations en cours dans les structures de la classe ouvrière ; l'échec de la grève générale contre la guerre, le 16 décembre 1912, la campagne contre Merrheim, secrétaire de la Fédération des métaux, soulignent le reflux de sa vitalité. De son côté le développement rapide de la SFIO se produit dans le silence ou le ralliement de ceux qui constituaient naguère son extrême gauche. Surtout les équivoques du parti radical ne sont nullement levées. Le parti ne s'est pas transformé en un jour pour avoir été béni par Caillaux. Un certain nombre de ses élus, pour conserver leur siège, n'ont pas pris position contre la loi — ainsi Messimy : ils sont 29 —, d'autres ont inscrit son abolition à leur programme, mais pas dans leurs intentions de vote. Puis il y a les radicaux « non radicaux » — une centaine — et les socialistes « non socialistes » — une trentaine — de qui dépend toute majorité : sur 602 élus, 325 au total se sont déclarés favorables à la loi et 277 seulement ont demandé le retour immédiat ou graduel aux deux ans. Bref, sur ce point que la situation a rendu fondamental, la gauche reste minoritaire et incohérente, en raison essentiellement des liaisons complexes des classes moyennes. Ajoutons que Caillaux a dû renoncer à toute fonction gouvernementale depuis que le 18 mars sa femme a tué le directeur du *Figaro*, Calmette, qui menait contre lui une campagne soigneusement orchestrée par Briand et au moins tolérée par Poincaré.

La gauche n'a pas non plus d'analyse théorique à sa disposition et c'est une des raisons pour lesquelles en 1914 elle ne croit pas à l'imminence de la guerre. Les socialistes les plus lucides se persuadent volontiers, lorsque la tension diplomatique diminue, que les trusts internationaux veulent la paix et qu'il faut essentiellement contrôler les comportements imprudents des gouvernements, tout en préparant pour l'avenir l'éducation internationale de la classe ouvrière et son recours à la grève préventive. Aussi dans l'immédiat mettent-ils leur confiance dans l'arbitrage et les rencontres parlementaires franco-allemandes auxquelles participent également de nombreux radicaux. Leur contestation de l'efficacité des trois ans suffit cependant à les faire accuser de trahison. Passion sincère ? ou orchestrée par des possédants plus inquiets de l'ascension socialiste que torturés par Strasbourg ?

La faiblesse — bien connue de la police — des organisations vraiment antimilitaristes[1] fait pencher pour la deuxième hypothèse.

Ce sont ces équivoques qui se traduisent par les bizarreries de la vie parlementaire au lendemain des législatives. Après le tour de piste ridicule du vieux Ribot (9-13 juin) c'est à un républicain-socialiste, Viviani, que Poincaré confie le soin de former le gouvernement. Il constitue un cabinet plus à gauche que tous ceux que la France a connus depuis 1911, s'engage à propos de l'impôt sur le revenu, mais déclare qu'il n'est pas question de modifier immédiatement la loi militaire. Pour les nationalistes l'essentiel est sauf. En raison de la situation financière désastreuse, le Sénat finit en juin par se rallier à l'impôt sur le revenu dans sa dernière formule proposée par R. Renoult. La loi de finances qui l'incorpore est votée le 15 juillet.

Le bel été.

Avec l'assassinat lointain d'un archiduc mal connu (Serajevo, 28 juin), les Français entrent dans la carrière. Mais pendant près d'un mois nul ne s'en doute. Une crise boursière très sérieuse — annonce-t-elle la fin du cycle? — secoue Paris comme Berlin et Saint-Pétersbourg, Londres semblant un peu moins touché. Mais elle n'est pas plus perçue dans les masses que l'approche de la guerre. L'accouchement de l'impôt sur le revenu, redouté depuis vingt ans par les possédants, et finalement toléré contre le maintien de la loi de trois ans, le congrès extraordinaire de la SFIO où est votée la motion Jaurès en faveur de la grève ouvrière préventive, internationalement organisée, dans la perspective du congrès de l'Internationale — et non d'une grave crise européenne —, les vacances pour les riches, les moissons pour les paysans, voilà ce qui occupe. Une crise balkanique de plus... les autres ont bien été résolues : pourquoi pas celle-là?

Faut-il créditer Poincaré d'une plus grande lucidité? La ques-

1. Cf. le petit nombre d'inscrits au « carnet B » et la faible audience, constatée dans le Languedoc, des groupes antimilitaristes les plus convaincus.

tion est au fond secondaire. A supposer qu'il en ait été ainsi, c'est l'usage qu'il en fit qui revêt de l'importance. Or au cours du voyage officiel qu'il entreprend en Russie avec Viviani, le 15 juillet, le président de la République ne semble pas avoir prodigué des conseils de prudence à la grande alliée. Le renforcement des liens militaires, diplomatiques et surtout financiers entre Paris et Saint-Pétersbourg eût pourtant conféré grand poids à toute incitation en ce sens. Poincaré est-il allé jusqu'à donner au tsar des assurances formelles? A tout le moins — outre la recherche d'une solution favorable à une série de questions auxquelles les hommes d'affaires français attachaient la plus grande importance —, son souci principal, en cette période où mûrissaient les décisions, a-t-il été la consolidation de l'alliance au prix d'un soutien résolu donné à l'alliée? D'autant plus résolu peut-être qu'il fallait effacer le mécontentement né récemment en Russie de la mainmise des firmes françaises[1]. Le 23 juillet, lorsque est connu l'ultimatum autrichien à la Serbie, encouragé par Guillaume II, et que les risques de guerre, brusquement, surgissent aux yeux de tous, le gouvernement français promet à la Russie « d'exécuter les obligations de l'alliance », c'est-à-dire d'intervenir par les armes au cas où l'Allemagne soutiendrait l'Autriche-Hongrie. Le 29 juillet, le chef de l'État et le président du Conseil rentrent à Paris : il est de toute façon bien tard pour que la France puisse prendre une quelconque initiative. Dès le lendemain la Russie mobilise avant l'Allemagne malgré un appel à la prudence de Viviani, tardif lui aussi. Le 31, c'est l'ultimatum allemand à la Russie mais aussi à la France. Ce soir-là Jaurès qui vient de décider de « dégager la responsabilité du parti » est assassiné au café du Croissant. Le 1er août, le gouvernement français ayant répondu à Berlin que la France agira « selon ses intérêts », le pays se couvre des affiches blanches de la mobilisation générale. Le 3 août l'Allemagne déclare la guerre à la France.

Il n'est pas question de traiter ici du problème des « responsabilités ». Certes, la classe ouvrière n'a pas fait grand-chose. La IIe Internationale a révélé non seulement son impuissance mais

---

1. R. Girault a publié dans sa thèse une note préparée par le Quai qui souligne la délicatesse de cette mission.

son incapacité à agir et ses illusions : le 30 juillet au soir, la direction de la SFIO et celle de la CGT, ralliée aux positions du parti, décident d'organiser un grand rassemblement prolétarien... le 9 août pour l'ouverture à Paris du congrès de l'Internationale. L'assassinat de Jaurès n'a pas non plus déclenché la révolte que redoutait le ministre de l'Intérieur Malvy et celui-ci, bien informé, a pu se permettre de ne pas appliquer les décisions prévues pour le « carnet B ». La paysannerie a manifesté tour à tour stupéfaction, résignation, confiance, mais le 1er août seulement[1]. Sur le plan national, pas de grande vague de nationalisme. Un vif amour, entretenu par l'École, pour la République porteuse de toutes les vertus, a préparé de longue date la perversion — plutôt que la submersion — de la conscience de classe par la conscience d'appartenir à une nation si digne d'être défendue. Tout ceci était sans doute prévisible. Mais qui donc prévoit ?

De toute façon, ce sont les dirigeants qui dirigent : direction politique, classes dirigeantes. L'historien n'a pas de preuve de l'intervention belliciste, en pleine crise, des ou de milieux d'affaires. Nous savons d'ailleurs qu'ils étaient divisés. Mais la concurrence n'est pas un mythe inventé par les marxistes et les liens d'homme à homme et de cabinet ministériel à conseil d'administration, les intérêts précis pris en charge politiquement, c'est aussi cela la République française. L'Union sacrée était déjà en germe depuis qu'au lendemain des élections Poincaré avait fait appel à Viviani : ce n'était pas Maurras qui était président de la République, mais un avocat d'affaires, républicain au sens traditionnel du mot, c'est-à-dire laïque et dreyfusard, devenu ou redevenu un nationaliste modéré; et ce n'était pas Jaurès qui était Premier ministre, mais un ancien socialiste, somme toute « acceptable ». Au reste, la France n'était pas seule en cause et ni son opinion politique, ni son gouvernement, ni ses hommes d'affaires n'ont sans doute, à la dernière heure, joué de rôle déterminant dans les malheurs qui allaient fondre sur la classe 14. Les responsabilités étaient plus anciennes. « Chaque peuple paraît, à travers les rues de l'Europe, avec sa petite torche à la main, et maintenant voilà l'incendie. »

1. Cf. J.-J. Becker, « L'appel de guerre en Dauphiné » (141).

Conclusion

Il est bien des modes d'approche d'une époque. On peut en juger d'après ce qu'elle a fait, ce qu'elle a dit sur elle ou d'après ce sur quoi elle débouche. On peut en juger en l'insérant dans un long terme ou en s'en tenant aux dates qui la délimitent, d'après ses événements ou ses structures. Dans ce livre on a voulu commencer par la dimension politique parce que de 1898 à 1906-1907 la vie des Français est passionnément politique, autant que la vie d'un peuple peut l'être dans une période non révolutionnaire. C'est alors que s'installe la République radicale. Ensuite le débat proprement politique se ternit en ville et au village. A l'exception des socialistes, les groupes se décomposent, les journaux perdent de leur alacrité. Les structures arrivent au premier plan : la prospérité bourgeoise, l'ascension des grandes affaires et d'abord des banques, la reprise, dangereuse, de l'expansion coloniale et la mainmise des affaires sur certaines colonies et semi-colonies. Peut-on dire pour autant qu'apparaît alors et alors seulement le point d'interrogation de la République radicale? Poser cette question c'est s'interroger sur la fonction du parti radical au début du siècle. Elle semble éminente. Le radicalisme, comme à un autre moment de notre histoire le gaullisme, a assuré le transit du pays vers d'autres horizons. Les radicaux, en conquérant la direction de l'État et des communes, en y casant leurs hommes, en multipliant les comités, en prenant la tête de la fonction publique, ont pu faire accepter à leur base rurale et petite-bourgeoise l'expansion coloniale comme une intéressante nécessité, l'expansion tout court comme une vertu. Ils ont permis à l'œuvre économique majeure commencée sous le second Empire — l'entrée de la France dans le capitalisme — d'être entérinée par ceux qui, pour de nombreuses raisons, lui étaient au temps de Napoléon III restés hostiles ou indifférents. Ils ont rallié les couches qui bénéficient et davantage encore croient bénéficier de l'expansion et de la stabilité, et ils ont coloré l'une et l'autre des couleurs bien vivantes et bien réelles de la laïcité. L'année où Herriot devient maire de Lyon, où Daladier passe l'agrégation d'histoire — 1905 —, leur rôle pour l'essentiel est déjà fini. En 1914, ils ont perdu le pouvoir depuis plusieurs années. Pourtant le radicalisme n'est pas mort, on retrouvera Herriot et Daladier. Mais c'est un peu comme le gaullisme après de Gaulle. Les hommes sont là; l'institution tourne, les idées même ne font pas forcément défaut. La fonction a été remplie.

C'est à l'ombre du radicalisme que se préparent non seulement le grand massacre, mais la profonde crise des valeurs culturelles, politiques, la crise sociale dont presque tous les éléments de base sont en place avant 1914. A cet égard la coupure de la guerre n'est pas très pertinente. Elle a accéléré plus qu'elle n'a créé. Et c'est au temps de la République radicale que se sont dessinés les traits du monde tragique, du monde en lutte qu'ont connu les fils des radicaux du début du siècle.

Chronologie sommaire

1898	13 janvier	Émile Zola : « J'accuse. »
	18-25 janvier	Violentes manifestations et pogroms antisémites à Alger.
	9 avril	Loi sur les accidents du travail.
	8-22 mai	Élections législatives.
	4 juin	Ligue des Droits de l'homme.
	28 juin	Delcassé arrive aux Affaires Étrangères.
	10 juillet	Marchand à Fachoda.
	31 août	Suicide du colonel Henry.
	13 octobre	Échec de la grève générale des cheminots.
	1er novembre	Ministère Dupuy.
	4 novembre	Évacuation de Fachoda.

Francis Jammes, *De l'Angélus de l'aube à l'Angélus du soir.*
Pierre et Marie Curie découvrent le radium.

1899	14 janvier	L'emprunt indochinois est couvert 36 fois.
	15 janvier	Formation du Comité d'entente socialiste.
	18 février	Loubet élu président de la République.
	23 février	Tentative de coup d'État de Déroulède.
	21 mars	Accord franco-anglais en Afrique.
	11 juin	Manifestation républicaine de Longchamp.
	22 juin	Ministère Waldeck-Rousseau.
	5 août	Arthur Fontaine devient directeur du Travail.
	7 août-9 sept.	Procès de Dreyfus à Rennes.
	9 août	Convention diplomatique secrète avec la Russie.
	septembre	Le convent du Grand Orient élimine les loges antisémites.
	10 octobre	1er manifeste du Sillon.
	19 novembre	Fête républicaine pour l'inauguration du *Triomphe de la République* de Dalou.
	3-8 décembre	1er Congrès général des organisations socialistes.

Création de la Banque française pour le commerce et l'industrie.
René Bazin, *La Terre qui meurt.*
Eugène Le Roy, *Jacquou le croquant.*
Georges Méliès, *Le Miroir de Cagliostro.*
Fondation du journal *Ouest-France.*

| 1900 | février | Jaurès : premiers fascicules de l'*Histoire socialiste de la Révolution française.* |

	14 avril	Inauguration de l'Exposition universelle.
	6 mai	Élections municipales.
	2 juin	Grève et répression à Chalon-sur-Saône.
	19 juillet	Le premier tronçon du métro est mis en service.
	28-30 sept.	Congrès socialiste de Wagram.
	30 septembre	Loi Millerand-Colliard.
	1er décembre	Le barreau est ouvert aux femmes.
	décembre	Accords secrets avec l'Italie.

Edmond Rostand, *L'Aiglon*.
La Schola Cantorum devient l'École supérieure de musique nationale.

1901	27 avril	Insurrection de Margueritte en Algérie.
	6 mai	Fin de la grève de Montceau-les-Mines.
	mai	Fondation de l'Alliance démocratique.
	21-23 juin	Congrès de fondation du parti radical et radical-socialiste.
	1er juillet	Loi sur les Associations.
	juillet	Fondation de l'Action libérale populaire.
	décembre	Ratification des nouveaux protocoles militaires franco-russes.
		Création de la Banque française pour le commerce et l'industrie (Rouvier).

Paul Bourget, *L'Étape*.
Anatole France, *Crainquebille* et *M. Bergeret à Paris*.

1902	27 février	*Pelléas et Mélisande*.
	24 mars	Formation du parti socialiste français.
	27 avril-11 mai	Élections législatives.
	8 mai	La Martinique : éruption de la Montagne-Pelée.
	6 juin	Ministère Combes.
	10 juillet	Accords diplomatiques secrets avec l'Italie.
	22-27 sept.	Congrès de Montpellier de la CGT.
	26-28 sept.	Création du parti socialiste de France.
	novembre	Admission à la cote de l'emprunt italien.

André Gide, *L'Immoraliste*.
Alfred Loisy, *L'Évangile et l'Église*.
Romain Rolland, 1er tome de *Jean-Christophe*.

1903	10-20 février	Débat à la Chambre sur les « bouilleurs de cru ».
	1er juin	Bombardement de Figuig.
	3 juillet	Régie directe du gaz à Paris.
	juillet	Premier Tour de France.
	28 juillet	Admission à la cote de l'emprunt ottoman pour le Bagdadbahn.
	octobre	Campagne ouvrière contre les bureaux de placement.

Ernest Lavisse, t. 1 de l'*Histoire de France : Tableau de la géographie de la France*.
Romain Rolland, *Le Théâtre du Peuple*.

1904   janvier   Fondation de la Fédération nationale des jaunes de France. Grèves des ouvriers agricoles de l'Hérault et de l'Aude.

          8 avril   Entente cordiale avec l'Angleterre.

          18 avril   Premier numéro de *l'Humanité*.

          12 juin   Paribas accède au marché marocain.

          5 juillet   Loi interdisant l'enseignement à tous les congréganistes, autorisés ou non.

          30 juillet   Rupture des relations diplomatiques avec le Vatican.

          15 novembre   Démission du général André, ministre de la Guerre.

          20 décembre   Premier congrès du syndicalisme chrétien.

                          Création de la Banque de l'Union parisienne.
Léon Frapié, *La Maternelle*.
E. Guillaumin, *La Vie d'un simple*.

1905   24 janvier   Ministère Rouvier.

          mars   Service militaire réduit à deux ans.

          31 mars   Guillaume II à Tanger.

          23-26 avril   Congrès du Globe : fondation de la SFIO.

          6 juin   Chute de Delcassé.

          29 juin   Journée de travail de 8 h dans les mines.

          13 juillet   Première Fédération des syndicats d'instituteurs.

          juillet   Loi sur l'assistance obligatoire.

          novembre   Édouard Herriot, maire de Lyon.

          9 décembre   Loi sur la Séparation de l'Église et de l'État.

                          Cézanne achève *les Grandes Baigneuses*.

1906   17 janvier   Fallières élu président de la République.

          11 février   Encyclique *Vehementer nos*.

          10 mars   Catastrophe de Courrières.

          14 mars   Ministère Sarrien.

          7 avril   Acte d'Algésiras.

          13 juillet   Repos hebdomadaire obligatoire de 24 heures.

          août   Encyclique *Gravissimo officii*.

          8-14 octobre   Congrès de la CGT à Amiens.

          25 octobre   Ministère Clemenceau.

          décembre   Rachat du Chemin de fer de l'Ouest. Création de *la Guerre sociale*.

                          Henri Bergson, *L'Évolution créatrice*.

1907   8 mars   Première grève des ouvriers électriciens de Paris.

          avril-mai   Conflit entre le gouvernement et les fonctionnaires syndicalistes.

          10-21 juin   La « révolte des gueux » culmine au Languedoc.

          3 juillet   Loi sur la protection du salaire féminin.

          11-14 août   Congrès SFIO de Nancy.

          11-14 octobre   Congrès du parti radical à Nancy.

          8 décembre   Encyclique *Pascendi*.

F. Simiand, *Le Salaire des ouvriers des mines de charbon.*
Picasso, *Les Demoiselles d'Avignon.*

1908	3-10 mai	Élections municipales.
	27-30 juillet	Graves incidents à Draveil puis à Villeneuve-Saint-Georges.
	1ᵉʳ août	Arrestation des secrétaires de la CGT.
	15-18 octobre	Unanimité au congrès SFIO de Toulouse.

Jules Romains, *La Vie unanime.*

1909	9 février	Accord franco-allemand sur le Maroc.
	mars	Grève des postiers.
	12 juillet	Jouhaux secrétaire général de la CGT.
	24 juillet	Ministère Briand.
	25 juillet	Blériot traverse la Manche.
	octobre	Fondation de *la Vie ouvrière.*
	10 octobre	Discours de Briand à Périgueux.
	fin octobre	La Chambre rejette la R.P.

Ligue pour la restauration du Vietnam.
Maurice Barrès, *Colette Baudoche.*
Diaghilev, Les Ballets russes au Châtelet.
Max Linder, Début de la série des *Max.*
Matisse, *La Danse.*

1910	5 avril	Loi sur les retraites ouvrières et paysannes.
	24 avril-8 mai	Élections législatives.
	25 août	Pie X condamne le Sillon.
	10-17 octobre	Grève générale des cheminots.
	3 novembre	2ᵉ ministère Briand.
	14 novembre	Jaurès dépose à la Chambre son projet d'*Armée nouvelle.*
	16 novembre	*Excelsior :* les photos en pleine page.

1911	2 mars	Ministère Monis.
	avril	Scandale de la Ngoko-Sangha. Manifestations des vignerons de l'Aube.
	27 juin	Ministère Caillaux.
	1ᵉʳ juillet	La canonnière allemande *Panther* à Agadir.
	28 juillet	Joffre chef d'État-Major général.
	4 novembre	Convention franco-allemande (Maroc, Congo).

1912	14 janvier	Ministère Poincaré.
	13 mars	Arrestation des leaders « Jeunes Tunisiens ».
	30 mars	Traité de protectorat avec le Maroc.
	5-12 mai	Élections municipales.
	22 mai	Paul Deschanel président.

Paul Claudel, *L'Annonce faite à Marie.*
Charles Péguy, *Les Tapisseries.*
Louis Pergaud, *La Guerre des boutons.*

1913	17 janvier	Poincaré élu président de la République.
	21 janvier	Troisième ministère Briand.
	22 mars	Ministère Barthou.
	29 mai	*Le Sacre du printemps* au Théâtre des Champs-Élysées.
	7 août	Loi de trois ans.
	9 septembre	État de siège en Tunisie.
	16-19 octobre	Congrès du parti radical et radical-socialiste à Pau.
	9 décembre	Ministère Doumergue.

Alain-Fournier, *Le Grand Meaulnes*.
Guillaume Apollinaire, *Alcools*.
Maurice Barrès, *La Colline inspirée*.
Blaise Cendrars et Sophie Delaunay, *Prose du transsibérien, premier livre simultané*.
Maxime Leroy, *La Coutume ouvrière*.
Ernest Psichari, *Le Voyage du centurion*.
Marcel Proust, *Du côté de chez Swann*.
Maurice Ravel, *Ma Mère l'Oye*.
Gaston Leroux, *Le Mystère de la chambre jaune*.

1914	13 janvier	Création de la Fédération des gauches.
	février	Nouvel emprunt russe.
	16 mars	Mme Caillaux tue le directeur du *Figaro*.
	19 mars	Grand emprunt ottoman.
	26 avr.-10 mai	Élections législatives.
	9 juin	Ministère Ribot.
	13 juin	Ministère Viviani.
	20 juin	Emprunt pour la défense nationale et le Maroc.
	28 juin	Attentat de Serajevo.
	14-16 juillet	Congrès extraordinaire de la SFIO.
	15 juillet	Départ de Poincaré et de Viviani pour la Russie.
		Vote de l'impôt sur le revenu.
	23 juillet	Ultimatum autrichien à la Serbie.
	27 juillet	Manifestations syndicalistes contre la guerre.
	28 juillet	L'Autriche-Hongrie déclare la guerre à la Serbie.
	29 juillet	Poincaré et Viviani rentrent à Paris.
	30 juillet	Mobilisation russe. Rencontre de la SFIO et de la CGT.
	31 juillet	Ultimatum allemand à la Russie et à la France. Assassinat de Jaurès.
	1er août	Mobilisation générale.
	2 août	Invasion de la Belgique.
	3 août	Déclaration de guerre de l'Allemagne à la France.

Louis Feuillade, *Fantomas*.
André Gide, *Les Caves du Vatican*.

Orientation bibliographique

Les travaux sur cette période ont été longtemps et sont encore souvent moins élaborés que pour les débuts de la IIIᵉ République. Aussi fera-t-on place à un certain nombre d'articles ou de travaux universitaires encore inédits, voire à des études contemporaines de la période étudiée. Le lieu d'édition n'est précisé que quand ce n'est pas Paris.

PRINCIPAUX INSTRUMENTS DE TRAVAIL ET OUVRAGES DE RÉFÉRENCE

1. Atlas

1. *Atlas historique de la France contemporaine, 1800-1965*, dirigé par R. Rémond, A. Colin, 1966.
2. *Atlas pittoresque de la France*, dirigé par O. Reclus, Attinger, s. d., (1913).
3. F. Goguel, *Géographie des élections françaises de 1870 à 1951*, A. Colin, 1951.

2. Chroniques

4. A. Daniel, *L'Année politique*, Perrin, (jusqu'en 1905.)
5. G. Bonnefous, *Histoire politique de la IIIᵉ République*. I. *L'Avant-guerre (1906-1914)*, PUF, 1956.

3. Dictionnaires biographiques

6. *Dictionnaire biographique du mouvement ouvrier français*. Troisième partie : *1871-1914*, dirigé par Jean Maitron, Éd. ouvrières, 1964.

En cours de parution.

7. *Dictionnaire des parlementaires français*, dirigé par Jean Jolly, PUF, 1960, 7 vol. parus.

Le premier volume comprend une liste de tous les ministères de 1889 à 1940.

4. Correspondances, mémoires, recueils de texte

Ne sont retenus ici qu'un très petit nombre de textes.

8. M. Barrès, *Mes cahiers*, II à X, Plon, 1929-1938.
9. C. Bouglé, *Syndicalisme et Démocratie*, Rieder, 1908.
10. H. Brisson, *La Congrégation. Opinions et discours, 1871-1901*, Cornély, 1902.
11. J. Caillaux, *Mes Mémoires*, I et II, Plon, 1942, 3 vol.
12. P. Cambon, *Correspondance, 1870-1924*, II et III, Grasset, 1940, 3 vol.
13. É. Combes, *Une campagne laïque*, Simonis, Empis, 1904.
14. A. France, *Trente ans de vie sociale*, Émile-Paul, 1949-1963, 3 tomes.
15. G. Goyau, *Autour du catholicisme social*, Perrin, 1897-1912, 5 tomes.
16. D. Halévy, « Apologie pour notre passé », *Cahiers de la quinzaine*, 1910.
17. J. Jaurès, *Œuvres*, I à IX, Rieder, 1931-1939.
18. Ch. Maurras, *Œuvres capitales*, Flammarion, 1954.
19. J. Paul-Boncour, *Entre-deux guerres*. I. *Les Luttes républicaines, 1877-1918*, Plon, 1945.
20. Ch. Péguy, *Œuvres en prose*, I et II, Gallimard, 1959-1961.

5. Bibliographies fondamentales

21. J. Maitron, *Histoire du mouvement anarchiste en France*, Maspero, 1975, réédition.

Sur l'anarchisme.

22. J.-M. Mayeur, *Un prêtre démocrate, l'abbé Lemire, 1853-1928*, Casterman, 1968.

Sur les questions religieuses.

23. P. Sorlin, *Waldeck-Rousseau*, A. Colin, 1966.

Sur les problèmes politiques.

24. Cl. Willard, *Le Mouvement socialiste en France, les guesdistes*, Éd. sociales, 1965.

Sur le socialisme.

6. Ouvrages de référence

25. G. Bourgin, *La IIIᵉ République (1871-1914)*, A. Colin, 1967, révisé par J. Néré.
26. A. Dansette, *Histoire religieuse de la France contemporaine*, Flammarion, 1965.
27. G. Duby, *Histoire de la France*, III, Larousse, 1972.
28. J.-B. Duroselle, *La France de la Belle Époque. La France et les Français, 1900-1914*, Éd. Richelieu, 1972.

29. J.-M. Mayeur, « La France bourgeoise devient laïque et républicaine », *Histoire du peuple français*, V, Nouvelle Librairie de France, 1964.

30. A. Prost, *L'Enseignement en France, 1800-1967*, A. Colin, 1968.

31. R. Rémond, *La Droite en France*, Aubier, 1968.

32. Ch. Seignobos, « L'évolution de la IIIᵉ République », t. VIII de l'*Histoire de la France contemporaine*, dirigée par E. Lavisse, Hachette, 1921.

33. P. Sorlin, *La Société française*, I, Arthaud, 1969.

34. *Histoire générale de la presse française. III. 1871-1940*, PUF, 1972.

7. *Biographies*

Il n'existe aucune *bonne* biographie de plusieurs grands leaders radicaux (Brisson, Buisson, Pelletan), ni de Briand (les volumes de G. Suarez ne peuvent être utilisés qu'avec beaucoup d'esprit critique).

35. M. Barthélémy-Madaule, *Marc Sangnier (1873-1950)*, Éd. du Seuil, 1973.

36. P. Droulers, *Politique sociale et Christianisme : le père Desbuquois et l'Action populaire*, Éd. Ouvrières, 1969.

37. H. Goldberg, *Jean Jaurès*, Fayard, 1970.

38. B. Goriély, *Le Pluralisme dramatique de Georges Sorel*, Rivière, 1962.

39. P. Miquel, *Poincaré*, Fayard, 1961.

40. J. Rabaut, *Jaurès*, Librairie académique Perrin, 1971.

41. B. W. Schaper, *Albert Thomas*, PUF, s. d.

42. Z. Sternhell, *Maurice Barrès et le Nationalisme français*, Colin, 1972.

43. D. R. Watson, *Georges Clemenceau, a Political Biography*, Londres, Eyre Methuen, 1974.

Ajouter **(22)** et **(23)**.

ÉTUDES PAR CHAPITRES

1. *L'affaire Dreyfus*

44. R. Gautier, *Dreyfusards!*, Julliard, 1965.

45. R. Girardet, *La Société militaire dans la France contemporaine*, Plon, 1963.

46. M.-R. Marrus, *Les Juifs de France à l'époque de l'affaire Dreyfus*, Calmann-Lévy, 1972.

47. P. Pierrard, *Juifs et Catholiques français*, Fayard, 1970.

48. J. Ponty, « La presse quotidienne et l'affaire Dreyfus en 1898-1899 », *Revue d'Histoire moderne et contemporaine*, avr.-juin 1974.

49. H. Sée, *Histoire de la Ligue des Droits de l'homme*, 1927.

50. P. Sorlin, *La Croix et les Juifs*, Grasset, 1967.

51. M. Thomas, *L'Affaire sans Dreyfus*, Fayard, 1961.

52. J. Verdès-Leroux, *Scandale financier et Antisémitisme catholique*, Le Centurion, 1969.

53. « Les intellectuels dans la société française contemporaine », n° spécial de la *Revue française de science politique*, décembre 1959.

2. La France du Bloc et l'ascension du radicalisme

54. J. Bruhat « Anticléricalisme et mouvement ouvrier avant 1914 », *Le Mouvement social*, oct.-déc. 1960.

55. F. Buisson, *La Politique radicale*, Giard et Brière, 1908.

56. L. Dintzer *et al.*, « Le mouvement des Universités populaires », *Le Mouvement social*, avr.-juin 1961.

57. J. Kayser, *Les Grandes Batailles du radicalisme*, Rivière, 1962.

58. P. Lévêque, « Libre pensée et socialisme », *Le Mouvement social*, oct.-déc. 1966.

59. D. Ligou, *F. Desmons et la Franc-Maçonnerie sous la IIIᵉ République*, Gedalge, 1966.

60. J.-M. Mayeur, *La Séparation de l'Église et de l'État*, Julliard, 1966.

61. A. Millerand, *Le Socialisme réformiste*, Bibliothèque socialiste, 1903.

62. J.-Th. Nordmann, *Histoire des radicaux, 1820-1973*, La Table ronde, 1974.

63. J. Ozouf, *Nous, les maîtres d'école*, Julliard, 1967.

64. M. Rebérioux, « Le socialisme français », t. II de l'*Histoire générale du socialisme*, PUF, 1974.

65. M. Ruby, *Le Solidarisme*, Gedalge, 1971.

66. De Tarr, *The French Radical Party*, Londres, 1961.

67. R. Vandenbussche, « Aspects de l'histoire politique du radicalisme dans le département du Nord (1870-1905) », *Revue du Nord*, avr.-juin 1965.

3. Crise et mort du Bloc, 1904-1907

68. M. Augé-Laribé, *La Viticulture industrielle du Midi de la France*, Giard et Brière, 1907.

69. R. Brécy, *La Grève générale en France*, EDI, 1969.

70. M. Dommanget, *Histoire du 1ᵉʳ mai*, SUDEL, 1953.

71. Ph. Gratton, *Les Luttes de classes dans les campagnes*, Anthropos, 1971.

72. J. Julliard, *Clemenceau briseur de grève*, Julliard, 1965.

73. M. Launay, « Aux origines du syndicalisme chrétien en France », *Le Mouvement social*, juill.-sept. 1969.

74. J.-M. Mayeur, « Géographie de la résistance aux Inventaires », *Annales ESC*, nov.-déc. 1966.

75. J. Michel, « Syndicalisme minier et politique dans le Pas-de-Calais : le cas Basly, 1880-1914 », *Le Mouvement social*, avr.-juin 1974.

76. C. Molette, *L'Association catholique de la Jeunesse française, 1886-1907*, A. Colin, 1968.

77. N. Papayannis, « Alphonse Merrheim and the strike of Hennebont: the struggle for the eight-hour day in France », *International Review of Social History*, vol. XVI, 1971, 2ᵉ partie.

78. H. O. Sieburg, *Die Grubenkatastrophe von Courrières 1906*, Wiesbaden, Steiner, 1967.

79. D. Tartakowsky, *La Grève des postiers de 1909*, Sorbonne, 1969, mémoire de maîtrise non publié.

4. *Les temps de l'impérialisme*

80. Ch.-R. Ageron, *Les Algériens musulmans et la France, 1871-1919*, I et II, PUF, 1968.

81. Ch. Andrew, *Théophile Delcassé and the Making of the Entente Cordiale*, Londres, 1968.

82. M. Astier-Loufti, *Littérature et Colonialisme. L'expansion coloniale vue dans la littérature romanesque française, 1871-1914*, Mouton, 1971.

83. J. Bouvier, *Un siècle de banque française*, Hachette-Littérature, 1973.

84. J. Bouvier, F. Furet, M. Gillet, *Le Mouvement du profit en France au* XIXᵉ *siècle*, Mouton, 1965.

85. M. Brugière, « Le chemin de fer du Yunnan. Paul Doumer et la politique d'intervention française en Chine (1899-1902) », *Revue d'histoire diplomatique*, juill.-sept. 1963.

86. J.-J. Carré, P. Dubois, E. Malinvaud, *La Croissance française. Essai d'analyse économique causale de l'après-guerre*, Éd. du Seuil, 1972.

87. F. Caron, *Histoire de l'exploitation d'un grand réseau français. La Compagnie de chemin de fer du Nord de 1846 à 1936*, Mouton, 1973.

88. C. Coquery-Vidrovitch, *Le Congo au temps des grandes compagnies concessionnaires, 1898-1930*, Mouton, 1972.

89. M. Crubellier, *Histoire culturelle de la France*, A. Colin, 1974.

90. M.-G. Dezès, « Participation et démocratie sociale : l'expérience Briand de 1909 », *Le Mouvement social*, avr.-juin 1974.

91. A. Daumard, « L'évolution des structures sociales en France à l'époque de l'industrialisation, 1815-1914 », *Revue historique*, avr.-juin 1972.

92. M. Frajerman et D. Winock, *Le Vote de l'impôt général sur le revenu, 1907-1914*, Microéditions, 1973.

93. J. Ganiage et D. Hémery, *L'Expansion coloniale de la France sous la* IIIᵉ *République (1871-1914)*, Payot, 1968.

94. M. Gillet, *Les Charbonnages du Nord de la France au* XIXᵉ *siècle*, Mouton, 1973.

95. R. Girault, *Emprunts russes et Investissement français en Russie, 1887-1914*, Mouton, 1973.

96. R. Girardet, *L'Idée coloniale en France de 1871 à 1962*, La Table Ronde, 1972.

97. R. Griffiths, *Révolution à rebours. Le renouveau catholique dans la littérature en France de 1870 à 1914*, Desclée de Brouwers, 1971.

98. P. Guillen, *L'Allemagne et le Maroc de 1870 à 1905*, PUF, 1967.

99. P. Guillen, « Les questions coloniales dans les relations franco-alle-mandes à la veille de la Première Guerre mondiale », *Revue historique*, juill.-sept. 1972.

100. G. Haupt et M. Rebérioux, *La Deuxième Internationale et l'Orient*, Cujas, 1967.

101. C. Hirtz, *L'Est Républicain, 1899-1914*, Presses universitaires de Grenoble, 1973.

102. Le Thanh Khoi, *Le Vietnam, histoire et civilisation*, Éd. de Minuit, 1955.

103. Ch.-A. Michalet, *Les Placements des épargnants français de 1815 à nos jours*, PUF, 1968.

104. P. Milza, *Les Relations internationales de 1871 à 1914*, A. Colin, 1968.

105. R. Poidevin, *Les Relations économiques et financières entre la France et l'Allemagne de 1898 à 1914*, A. Colin, 1969.

106. Ch. Poitevin, *Les Spoliations coloniales en Tunisie au début du XXe siècle*, mémoire de maîtrise, 1973, université de Paris-VIII.

107. P. Renouvin, *La Politique extérieure de Th. Delcassé, 1898-1905*. Tournier et Constant, 1954.

108. G. Sadoul, *Histoire du cinéma mondial des origines à nos jours*, Flammarion, 1949.

109. H. Sieberg, *Eugène Étienne und die Französische Kolonial-Politik, 1887-1904*, Cologne, 1968.

110. J. Thobie, *Les Intérêts économiques, financiers et politiques français dans la partie asiatique de l'Empire ottoman de 1895 à 1914*, Publications de la Sorbonne, 1975.

5. Les avant-gardes

111. J. Baubérot, *Un christianisme profane?*, PUF, 1978.

112. G. Bertrand, *L'Illustration de la poésie à l'époque du cubisme*, Klinksieck, 1971.

113. Sous la direction de L. Brion-Guerry, *L'Année 1913*, Klincksieck, 1971, 2 tomes.

114. P. Cabanne et P. Restany, *L'Avant-garde au XXe siècle*, A. Balland, 1969.

115. T. B. Caldwell, *Workers Institution in France, 1890-1914*, thèse, université de Leeds, 1962, multigraphié.

116. E. Carassus, *Le Snobisme et les Lettres françaises : de Bourget à Marcel Proust*, A. Colin, 1966.

117. J. Caron, *Le Sillon et la Démocratie chrétienne 1894-1910*, Plon, 1967.

118. F. Chatelet, *Histoire de la philosophie*, VII, Hachette-Littérature, 1973.

119. M. Decaudin, *La Crise des valeurs symbolistes*, Toulouse, Privat, 1960.

120. H. Dubief, *Le Syndicalisme révolutionnaire*, A. Colin, 1969.

121. P. Francastel, *Peinture et Société*, Gallimard, 1950.

122. M. Guilbert, *Les Femmes et l'Organisation syndicale avant 1914*, CNRS, 1966.

123. J. Jaurès, *Histoire socialiste de la Révolution française*, Rouff, 1901-1904.

124. J. Julliard, *Fernand Pelloutier et les Origines du syndicalisme d'action directe*, Éd. du Seuil, 1971.

125. J. Laude, *Les Arts de l'Afrique noire*, Le Livre de poche, 1968.

126. M. Le Bot, *Peinture et Machinisme*, Klincksieck, 1973.

127. E. Poulat, *Histoire, Dogme et Critique dans la crise moderniste*, Casterman, 1962.

128. M. Rebérioux, « Avant-garde esthétique et avant-garde politique », *Esthétique et Marxisme*, Plon, 1974.

129. E. F. Ridley, *Revolutionary Syndicalism in France*, Cambridge Univ. Press, 1970.

130. P. N. Stearns, *Revolutionary Syndicalism and French Labor. A cause without rebels*, New Brunswick, 1971.

131. E. Weber, *L'Action française*, Stock, 1962.

132. « Critique littéraire et socialisme au tournant du siècle », nᵒ spécial du *Mouvement social*, avr.-juin 1967.

133. *Les Sources du XXᵉ siècle*, catalogue de l'exposition du musée d'Art moderne, 1960-1961.

6. La France en 1914

134. Ph. Ariès, *Histoire des populations françaises*, Éd. du Seuil, 1971.

135. A. Armengaud, « Mouvement ouvrier et néo-malthusianisme au début du XXᵉ siècle », *Annales de démographie historique*, 1966.

136. A. Armengaud, *La Population française au XIXᵉ siècle*, PUF, 1971.

137. M. Augé-Laribé, *La Politique agricole de la France, de 1880 à 1940*, PUF, 1950.

138. P. Barral, *Le Département de l'Isère sous la IIIᵉ République 1870-1940*, A. Colin, 1962.

139. P. Barral, *Les Agrariens français, de Méline à Pisani*, A. Colin, 1968.

140. J. Bastié, *La Croissance de la banlieue parisienne*, PUF, 1964.

141. J.-J. Becker, *Le Carnet B*, Klincksieck, 1973.

142. J. Bertillon, *La Dépopulation de la France*, Alcan, 1911.

143. L. et M. Bonneff, *La Vie tragique des travailleurs*, Rouff, 1908.

144. S. Bonnet, Ch. Santini, J. Barthélémy, « Les Italiens dans l'arrondissement de Briey », *Annales de l'Est*, 1962.

145. Ch. Brun, *Le Régionalisme*, Bloud, 1911.

146. R. Brunet, *Les Campagnes toulousaines*, Toulouse, Privat, 1965.

147. H. Chardon, *Le Pouvoir administratif*, Perrin, 1910.

148. F. Crouzet, « Essai de construction d'un indice de la production industrielle française au XIXᵉ siècle », *Annales ESC*, janv.-fév. 1970. Voir aussi *Revue du Nord*, juill.-sept. 1972.

149. Cl. Digeon, *La Crise allemande de la pensée française*, PUF, 1959.

150. G. Dupeux, *Aspects de l'histoire sociale et politique du Loir-et-Cher, 1848-1914*, Imprimerie nationale, 1962.

151. R. Dugrand, *Villes et Campagnes en Bas-Languedoc. Le réseau urbain du Bas-Languedoc méditerranéen*, PUF, 1963.

152. D. Fabre et J. Lacroix, *La Vie quotidienne des paysans du Languedoc au XIXᵉ siècle*, Hachette-Littérature, 1973.

153. A. Fels, *Les Hautes Terres du Massif-central. Tradition paysanne, économie agricole*, PUF, 1962.

154. P. Fridenson, *Histoire des usines Renault. I. Naissance de la grande entreprise, 1898-1939*, Éd. du Seuil, 1972.

155. G. Garrier, *Paysans du Beaujolais et du Lyonnais, 1800-1970*, Presses universitaires de Grenoble, 1974, 2 tomes.

156. D. Halévy, *Visites aux paysans du Centre*, présentation de M. Agulhon, rééd. Le livre de poche, 1978.

157. H. Hatzfeld, *Du paupérisme à la Sécurité sociale, 1850-1940*, A. Colin, 1971.

158. B. Kayser, *Campagnes et Villes de la Côte d'Azur. Essai sur les conséquences du développement urbain*, Monaco, 1960.

159. A. Kriegel et J.-J. Becker, *1914. La Guerre et le Mouvement ouvrier français*, A. Colin, 1964.

160. M. Lévy-Leboyer, « La croissance économique en France au XIXᵉ siècle » *Annales ESC*, juill.-août 1968.

161. T.-J. Markhovitch, « L'industrie française de 1789 à 1964. Sources et méthodes », *Cahiers de l'ISEA*, 1965.

162. E. Masson, *Les Bretons et le Socialisme*, Maspero, 1972.

163. M. Ozouf, *L'École, l'Église et la République*, A. Colin, 1963.

164. M. Perrot, *Le Mode de vie des familles bourgeoises*, A. Colin, 1961.

165. M. Phlipponeau, *La Vie rurale dans la banlieue parisienne*, A. Colin, 1956.

166. Ph. Pinchemel, *Structures sociales et Dépopulation rurale dans les campagnes picardes de 1836 à 1936*, A. Colin, 1957.

167. A. Siegfried, *Géographie électorale de l'Ardèche sous la IIIᵉ République*, A. Colin, 1949.

168. A. Siegfried, *Tableau politique de la France de l'Ouest*, A. Colin, 1964, réédition.

169. R. Thabault, *1848-1914. L'Ascension d'un peuple. Mon village. Ses hommes. Ses routes. Son école*, Delagrave, 1945.

170. R. Trempé, *Les Mineurs de Carmaux, 1848-1914*, Éd. ouvrières, 1971.

171. G. Vincent, « Les professeurs de l'enseignement secondaire dans la société de la Belle Époque », *Revue d'histoire moderne et contemporaine*, janv.-mars 1966.

172. « 1914 : la guerre et la classe ouvrière européenne », *Le Mouvement social*, oct.-déc. 1964, nᵒ spécial.

173. « Droite et gauche de 1789 à nos jours », *Actes du Colloque de Montpellier 9-10 juin 1973*, Montpellier, Université Paul Valéry, 1975.

COMPLÉMENTS BIBLIOGRAPHIQUES

Ouvrages de référence

Philippe Ariès et Georges Duby (sous la direction de), *Histoire de la vie privée*, tome IV, *De la Révolution à la grande guerre*, volume dirigé par Michelle Perrot, Paris, Éd. du Seuil, 1987.

Georges Duby et Armand Wallon (sous la direction de), *Histoire de la France rurale*, tome III, *Apogée et crise de la civilisation paysanne, 1789-1914*, volume dirigé par Étienne Juillard, Paris, Éd. du Seuil, 1976.

Georges Duby (sous la direction de), *Histoire de la France urbaine*, tome IV, *La ville de l'âge industriel*, volume dirigé par Maurice Agulhon, Paris, Éd. du Seuil, 1983.

Yves Lequin, *Histoire des Français, XIXᵉ-XXᵉ siècles*, tome I, *Le peuple et son pays*, tome II, *La société*, tome III, *Les citoyens et la démocratie*, Paris, Armand Colin, 1983-1984.

Annie Moulin, *Les Paysans dans la société française. De la Révolution à nos jours*, Paris, Éd. du Seuil, coll. « Points Histoire », 1988.

Gérard Noiriel, *Les Ouvriers dans la société française, XIXᵉ-XXᵉ siècles*, Paris, Éd. du Seuil, coll. « Points Histoire », 1986.

Théodore Zeldin, *Histoire des passions françaises*, t. I, II, III, IV et V, Paris, Recherches, 1978, Éd. du Seuil, coll. « Points Histoire », 1980-1981.

Histoire littéraire de la France, tome V, *1848-1913*, Paris, Éd. Sociales, 1977, ouvrage collectif.

Biographies

Jean-Claude Allain, *Joseph Caillaux*, Paris, Imprimerie nationale, 1979.

Pierre Andreu, *Georges Sorel, entre le noir et le rouge*, Paris, Syros, 1982.

Jean-Denis Bredin, *Joseph Caillaux*, Paris, Hachette-littérature, 1980.

L. Derfler, *Alexandre Millerand. The Socialists Years*, Paris, Mouton, 1977.

Jean-Baptiste Duroselle, *Clemenceau*, Paris, Fayard, 1988.

Jolyon Howorth, *Edouard Vaillant, la création de l'unité socialiste en France*, Paris, EDI, 1982.

Georges Leroy, *Péguy entre l'ordre et la Révolution*, Paris, Presses de la FNSP, 1981.

Roland Lewin, *Sébastien Faure et la Ruche*, La Batellerie (Maine-et-Loire), Éd. Ivan Davy, 1985.

N. Papayanis, *Alphonse Merrheim (1871-1925)*, Amsterdam, Nijhoff Publishers, 1985.

Shlomo Sand, *L'Illusion du politique : Georges Sorel et le débat intellectuel*, Paris, La Découverte, 1984.

Jaurès et ses images, Paris, Société de bibliologie et de schématisation, 1985.

L'affaire Dreyfus

Jean-Denis Bredin, *L'Affaire*, Paris, Julliard, 1983.

Christophe Charle, *Les Élites de la République (1880-1900)*, Paris, Fayard, 1987.

Lucien Mercier, *Les Universités populaires 1899-1914*, Paris, Éd. Ouvrières, 1986.

Pascal Ory et Jean-François Sirinelli, *Les Intellectuels en France de l'Affaire Dreyfus à nos jours*, Paris, Armand Colin, 1986.

Nelly Wilson, *Bernard Lazare*, traduction, Paris, Albin Michel, 1985.

Nelly Wilson, *Ideology and Experience. Antisemitism in France at the Time of the Dreyfus Affair*, États-Unis, Associated University Press, 1982.

Michel Winock, *La Fièvre hexagonale. Les grandes crises politiques 1871-1968*, Éd. du Seuil, coll. « Points Histoire », 1987.

Les temps de l'impérialisme

Charles-Robert Ageron, *France coloniale ou Parti colonial?*, Paris, PUF, 1978.

Jean Bouvier, René Girault, Jacques Thobie, *La France impériale*, Paris, Mégrelis, 1982.

Jacques Marseille, *Empire colonial et Capitalisme français. Histoire d'un divorce*, Paris, Albin Michel, 1984 et Éd. du Seuil, coll. « Points Histoire », 1989.

Jean-Yves Mollier, *L'Argent et les Lettres. Histoire du capitalisme d'édition, 1880-1920*, Paris, Fayard, 1988.

Georges Oved, *La Gauche française et le Nationalisme marocain*, tome I, Paris, L'Harmattan, 1984.

Les avant-gardes

Auguste Anglès, *André Gide et le Premier Groupe de la NRF*, tomes II et III, Paris, Gallimard, 1986.

Jean Bauberot, *Le Retour des Huguenots*, Paris, Le Cerf, 1985.

Serge Bonnet, *L'Homme du fer : mineurs de fer et ouvriers sidérurgistes lorrains*, Nancy, PUN, 1975.

Yolande Cohen, *Les Jeunes, le Socialisme et la Guerre. Histoire des mouvements de jeunesse en France*, Paris, L'Harmattan, 1989.

Jacques Julliard, *Autonomie ouvrière. Études sur le syndicalisme d'action directe*, Paris, Gallimard-EHESS-Éd. du Seuil, 1988.

Yves Lequin, *Les Ouvriers de la région lyonnaise*, 2 tomes, Lyon, PUL, 1977.

Daniel Lindenberg et Pierre-André Meyer, *Lucien Herr : le socialisme et son destin*, Paris, Calmann-Lévy, 1977.

Jean-Marie Mayeur, *Catholicisme social et Démocratie chrétienne*, Paris, Le Cerf, 1986.

Bernard H. Moss, *Aux origines du mouvement ouvrier français : le socialisme des ouvriers de métiers, 1830-1914*, Paris, Les Belles lettres, 1985.

Gérard Noiriel, *Longwy, immigrés et prolétaires*, Paris, PUF, 1984.

Claude Pennetier, *Le Socialisme dans le Cher, 1851-1921*, Paris, Éd. de la Maison des Sciences de l'Homme, 1982.

Madeleine Rebérioux, *Les Ouvriers du livre et leur fédération*, Paris, Temps actuels, 1981.

Madeleine Rebérioux (sous la direction de), « L'expression plastique au XIXe siècle. Regards d'aujourd'hui », *Le Mouvement social*, Paris, avril-juin 1985.

Francis Ronsin, *La Grève des ventres : propagande néo-malthusienne et baisse de la natalité en France, XIXe-XXe siècles*, Paris, Aubier-Montaigne, 1980.

Jean Sagnes, *Le Mouvement ouvrier du Languedoc*, Toulouse, Privat, 1980.

Pierre Schlätter, *Naissance des Bourses du travail*, Paris, PUF, 1985.

Zeev Sternhell, *La Droite révolutionnaire, 1885-1914. Les origines françaises du fascisme*, Paris, Éd. du Seuil, coll. « Points Histoire », 1984.

J. Wallach-Scott, *Les Verriers de Carmaux. Histoire de la naissance d'un syndicalisme*, Paris, Flammarion, 1982.

La France en 1914

Jean-Jacques Becker, *1914 : Comment les Français sont entrés dans la guerre*, Paris, Presses de la FNSP, 1977.

U. Brummert (sous la direction de), *Jean Jaurès, la France, l'Allemagne et la Deuxième Internationale à la veille de la Première Guerre mondiale*, Tubingen, Gunter Narr Verlag, 1989.

Alain Cottereau (sous la direction de), « L'usure au travail », *Le Mouvement social*, juillet-septembre 1983, n° spécial.

Alain Cottereau (sous la direction de), « Les Prud'hommes, XIXe-XXe siècles », *Le Mouvement social*, octobre-décembre 1987.

Jean-Pierre Frey, *La Ville industrielle et ses urbanités. La distinction ouvriers-employés. Le Creusot 1870-1930*, Bruxelles, Pierre Mardaga, 1986.

P. Hilden, *Working Women and Socialist Politics in France, 1880-1914*, Oxford, Clarendon Press, 1986.

Gérard Jacquemet, *Belleville au XIXe siècle : du village à la ville*, Paris, EHESS, 1984.

Laurence Klejman et Florence Rochefort, *L'Égalité en marche : le féminisme sous la Troisième République*, Paris, Presses de la FNSP-Éd. des Femmes, 1989.

Jacques Léthève, *La Caricature sous la IIIe République*, Paris, Armand Colin, 1986.

Jean-Pierre Machelon, *La République contre les libertés ?*, Paris, Presses de la FNSP, 1976.

Michelle Perrot (sous la direction de), « Métiers de femmes », *Le Mouvement social*, juillet-septembre 1987.

Eugen Weber, *La Fin des terroirs, la modernisation de la France rurale, 1870-1914,* traduction, Paris, Fayard-Éd. Recherches, 1983.

Marie-Hélène Zylberberg-Hocquard, *Féminisme et Syndicalisme en France,* Paris, Anthropos, 1978.

« Travaux de femmes dans la France du XIXᵉ siècle », *Le Mouvement social,* octobre-décembre 1978, nº spécial.

Index

Table

Du même auteur

Jaurès : contre la guerre et la politique coloniale
éditions Sociales
coll. «Les classiques du peuple», 1959

La Deuxième Internationale et l'Orient
(en collaboration avec Georges Haupt)
Cujas, 1967

Jaurès et la Classe ouvrière
Maspero, 1975

L'Expression plastique aux XIXᵉ siècle
(sous la direction de Madeleine Rebérioux)
Le Mouvement social, avril-juin 1985

Les Ouvriers du livre et leur Fédération
Temps Actuels, 1981

Les Femmes en France dans une société d'inégalité
(sous la direction de Madeleine Rebérioux et Andrée Michel)
La Documentation française, 1982

Ils ont pensé les droits de l'homme
EDI-Ligue des Droits de l'homme, 1989

L'Exposition internationale de 1989 et la vulgarisation
(sous la direction de Madeleine Rebérioux)
Le Mouvement social, octobre-décembre, 1989

CONTRIBUTIONS À

Histoire générale du socialisme
t. II, PUF, 1974 ; t. IV, PUF, 1978

Esthétique et Marxisme
10/18, 1974

Histoire du marxisme contemporain
t. III, 10/18, 1977

Mélanges d'histoire sociale offerts à Jean Maitron
éditions Ouvrières, 1976

Anna Kuliscioff e l'eta del riformismo
Milan, Mondo operaio, 1978

Les lieux de mémoire : la République
(sous la direction de Pierre Nora)
Gallimard, 1984

La Gloire de Victor Hugo
éd. de la Réunion des Musées nationaux, 1985

Jaurès et ses images
Société de bibliologie et de schématisation, 1986

La Banlieue-Oasis
Presses Universitaires de Vincennes, 1987

Le Féminisme et ses enjeux
EDILIG, 1988

Jean Jaurès : la France, l'Allemagne
et la Deuxième Internationale à la veille
de la Première Guerre mondiale
Tübingen, Gunter Narr Verlag, 1989

Lettres à la Révolution
Maison de la culture d'Amiens, 1989

IMPRIMERIE BRODARD ET TAUPIN À LA FLÈCHE (9-89)
DÉPÔT LÉGAL 1er TRIMESTRE 1975. N° 3515-7 (6134B-5)

Collection Points

SÉRIE HISTOIRE

Collection Points

Collection Points

SÉRIE ROMAN